当代国外马克思主义前沿问题研究丛书

总主编　江　洋

国家出版基金项目

NATIONAL PUBLICATION FOUNDATION

当代资本主义社会
阶级关系新论

吕梁山　主编

New Theory of the Class
Relations in Contemporary
Capitalist Society

中国人民大学出版社
·北京·

总　序

2017年9月29日，习近平总书记在主持中共十八届中央政治局第四十三次集体学习时强调："世界格局正处在加快演变的历史进程之中，产生了大量深刻复杂的现实问题，提出了大量亟待回答的理论课题。这就需要我们加强对当代资本主义的研究，分析把握其出现的各种变化及其本质，深化对资本主义和国际政治经济关系深刻复杂变化的规律性认识。当代世界马克思主义思潮，一个很重要的特点就是他们中很多人对资本主义结构性矛盾以及生产方式矛盾、阶级矛盾、社会矛盾等进行了批判性揭示，对资本主义危机、资本主义演进过程、资本主义新形态及本质进行了深入分析。这些观点有助于我们正确认识资本主义发展趋势和命运，准确把握当代资本主义新变化新特征，加深对当代资本主义变化趋势的理解。对国外马克思主义研究新成果，我们要密切关注和研究"①。总书记的重要讲话，对于开展马克思主义研究特别是国外马克思主义研究具有重要的指导意义。

为深入贯彻落实习近平总书记重要讲话精神，我们特别策划了"当代国外马克思主义前沿问题研究丛书"（十卷本）。本丛书以问题为着眼点，聚焦国内外马克思主义理论界最为关切的关于当代资本主义研究的十大理论和现实问题，从经济、政治、社会、生态和未来走向等多个维度，全面展示21世纪以来国外马克思主义研究的最新成果。

本丛书共分十卷，分别为《资本主义的危机与矛盾》《资本主义民主的批判与反思》《当代资本主义社会阶级关系新论》《马克思主义与女性主义》《生态马克思主义与生态文明》《晚期资本主义的空间理论

---

① 习近平谈治国理政：第2卷. 北京：外文出版社，2017：66-67.

与城市化》《资本主义、剥削与公正》《马克思主义异化理论的当代诠释》《新帝国主义论》《共同体、未来社会与美好生活》。

丛书的出版得到多方面的支持和帮助，在此表示真诚的谢意。感谢"当代国外马克思主义前沿问题研究丛书"所有作者和译者的辛勤工作，感谢本丛书所获得的所有期刊和出版社的慷慨授权。特别感谢段忠桥、杨金海、李惠斌、郇庆治四位老师在本丛书论证过程中给予的学术指导，感谢陈学明、王凤才等前辈及同仁在国外马克思主义研究领域对我们的长期帮助。感谢国家出版基金对"当代国外马克思主义前沿问题研究丛书"的高度重视和全力支持，感谢中央党史和文献研究院各级领导和同事们对本研究的支持和帮助，感谢中国人民大学出版社学术出版中心诸位编辑为本丛书的出版付出的智慧和辛劳。鉴于编译者水平有限，丛书中值得商榷或者不当之处在所难免，敬请学界同仁批评指正。

"当代国外马克思主义前沿问题研究丛书"编委会

2021 年 9 月 20 日

作者简介

　　埃里克·奥林·赖特（Erik Olin Wright），美国威斯康星大学麦迪逊分校的社会学教授，工作主要涉及社会学马克思主义传统的发展，尤其关注阶级分析。1997年的著作《阶级分析比较研究》（*Foundations of Class Analysis：A Marxist Perspective*）包含了阶级与性别相互影响的大量的分析。

　　哈罗德·金凯德（Harold Kincaid），开普敦大学经济学院教授，行为经济学和神经经济学研究部门主任，著有《分布式认知》（*Distributed Cognition*）、《意志：个体意志和社会背景》（*Classifying Psychopathology Mental Kinds and Natural Kinds*）和《什么是上瘾？》（*What Is Addiction？*）。

　　阿维萨·马加利特（Avishai Margalit），耶路撒冷希伯来大学以色列荣誉哲学教授。2006年至2011年，接替普林斯顿高级研究学院的乔治·F.凯南教授的席位。著有《犹太国家的政治与文化》（*Views in Review：Politics and Culture in the State of the Jews*）、《西方主义：敌人眼中的西方》（*Occidentalism：The West in the Eyes of Its Enemies*）和《论背叛》（*On Betrayal*）等。

　　阿瑟·克拉克·埃弗林（Arthur Clark Everling），美国纽约州立大学帝国州立学院劳动研究所教授，著有《社会经济：资本主义发展的逻辑》（*Social Economy：The Logic of Capitalist Development*）和《全球经济中的阶级斗争辩证法》（*Dialectics of Class Struggle in the Global Economy*）。

　　威廉·I.鲁滨逊（William I. Robinson），美国加州大学圣巴巴拉分校社会学教授，研究领域包括政治经济学、全球化、拉丁美洲和历史唯物主义，著有《全球资本主义理论：跨国生产、跨国资本家和跨国国家》（*A Theory of Global Capitalism：Transnational Production，Transnational Capitalists，and the Transnational State*）等。

杰里·哈里斯（Jerry Harris），美国芝加哥德锐大学人文社会科学学院历史学教授，美国全球研究协会秘书长，全球资本主义批判研究网站的创始会员，著有《全球化的辩证思考：跨国领域的经济和政治斗争》（*The Dialectics of Globalization：Economic and Political Conflict in a Transnational World*）。

弗雷德·马格多夫（Fred Magdoff），美国佛蒙特大学植物与土壤科学系荣誉教授。2009 年与约翰·贝拉米·福斯特合著《大金融危机》（*The Great Financial Crisis*）等。

约翰·贝拉米·福斯特（John Bellamy Foster），美国俄勒冈大学社会学教授，《每月评论》（*Monthly Review*）编辑，生态马克思主义领军人物。著有《马克思的生态学》（*Marx's Ecology*）、《生态革命》（*The Ecological Revolution*）等。

斯皮洛斯·萨凯拉罗普洛斯（Spyros Sakellaropoulos），希腊雅典派迪昂大学社会政策系教授，研究兴趣集中在国家理论、现代希腊和塞浦路斯社会研究，以及资本主义生产方式的发展理论方面。

迈克尔·D. 耶茨（Michael D. Yates），经济学家和工人教育家，曾在美国马萨诸塞州阿默斯特学院的劳动中心任教多年，现在是《每月评论》的编辑总监，认同社会主义经济学观点，著有《工人阶级的短期清算》（*In and Out of the Working Class*）等。

贾宁·巴克斯特（Janeen Baxter），澳大利亚塔斯马尼亚大学社会学高级讲师，研究兴趣为有偿和无偿工作、家庭、生命等方面的性别不平等，是《阶级分析与当代澳大利亚》（*Class Analysis and Contemporary Australia*）合编者之一，以及《在家工作：国内劳动力分工》（*Work at Home：The Domestic Division of Labour*）的作者，也发表了大量的学术论文。

阿里·希塔斯（Ari Sitas），包括加州大学伯克利分校、牛津大学罗斯金学院在内的许多机构的高级研究员和研究助理，南非社会学协会前任主席，国际社会学协会副主席，非洲社会学协会执行成员，著有《曼德拉十年：南非后种族隔离时期的劳动、文化与社会》（*The Mandela Decade：Labour，Culture and Society in Post-Apartheid*

South Africa）等。

洛伊克·华康德（Loïc Wacquant），美国加州大学伯克利分校伯爵沃伦法学院社会学和研究助理教授，在医学人类学和城市人种学研究中心从事研究工作，欧洲社会学研究中心研究员。专门从事城市社会学/城市贫困和种族不平等等领域研究，著有《贫穷的监狱》（*Prisons of Poverty*）和《惩罚穷人》（*Punishing the Poor：The Neoliberal Government of Social Insecurity*）等。

目　录

第四编　阶级、种族与性别

导　言

　　随着 2008 年全球金融危机的爆发，作为新自由主义标签的华盛顿共识逐渐走向失败，日趋紧张的保护主义使金融自由化和贸易自由化的神话宣告终结。在全球经济陷入下行状态的同时，欧美国家在意识形态领域日益陷入两极分化的状态：一方面，阶级不平等的现状日益为公众所注意，在"占领华尔街"运动中，美国普通群众向占人口 1％的站在社会顶端的富豪人群发起声讨；另一方面，欧美政治却又呈现出民粹化的趋势，欧洲极右翼政党不断开疆拓土。例如，美国前总统特朗普就曾在很大程度上依靠工人的选票入主白宫。无论这种分化走向哪个方向，确定无疑的是，伴随着全球经济危机，世界各国的阶级结构正在发生新的变化，与马克思的时代相比呈现出一系列重大差异。社会的阶级问题也日渐成为公众讨论中的一项重要议题，对此，当代西方马克思主义学者及左翼学者从各自的视角展开深入的探讨，形成一系列具有重大影响的研究成果。这些成果无疑对我们研究当代资本主义国家阶级关系的新变化提供了有力的材料支持和数据支撑，也为我们进一步发展当代马克思主义阶级理论提供了有益的参考和借鉴来源。基于这一目的，我们编辑翻译了"当代国外马克思主义前沿问题研究丛书"，旨在为学界译介一批国外马克思主义研究者对当代西方阶级问题研究的优秀学术成果，为国内学界同仁提供重要的参考文献，希望能够借此抛砖引玉。

　　本卷由"阶级分析的一般理论"、"阶级与全球化"、"当代资本主义社会阶级结构"和"阶级、种族与性别"四部分构成。

一、阶级分析的一般理论

"阶级分析的一般理论"部分包括《工人阶级权力、资产阶级利益和阶级妥协》(*Working-Class Power，Capitalist-Class Interests，and Class Compromise*)(埃里克·奥林·赖特，2000)、《关于社会阶级实在性的争论》("Debating the Reality of Social Classes")(哈罗德·金凯德，2016) 及《你为什么背叛你的阶级?》("Why Are You Betraying Your Class?")(阿维萨·马加利特，2011) 三篇。

在马克思主义的阶级理论中，很少有关于阶级妥协的阐述。在传统马克思主义理论看来，无产阶级与资产阶级在根本利益上是对立的，提高无产阶级的利益就意味着损害资产阶级的利益，反之亦然。而在当代资本主义社会，资产阶级为了维护自己的统治，在经济基础和上层建筑方面做出了大量的调整，大大地缓和了阶级矛盾，使资本主义的生产关系能够在很大程度上依然适应生产力的发展。资本主义国家的政府都试图通过调整工人阶级与资产阶级的利益冲突，在不损害资产阶级根本利益的情况下，通过提高工人阶级的利益来缓和两大阶级之间的矛盾和斗争。针对这种现实，赖特在《工人阶级权力、资产阶级利益和阶级妥协》一文中阐述了工人阶级与资产阶级之间阶级妥协的可能性。他认为"阶级妥协"存在三种意义完全不同的理解：第一种是完全否认阶级妥协存在的可能性，认为阶级妥协只不过是一种不可实现的幻想，阶级妥协只不过是单方面的投降而不是互相让步。第二种理解认为阶级妥协就像战场上出现的僵局，实力相近的双方军队僵持在战场上，其中每一方都足以使另一方付出沉重的代价，却没有一方能强大到足以击败对方。在这种僵持的情况下，开战的双方可能同意"妥协"，通过互相让步来避免两败俱伤。这种妥协为"消极的阶级妥协"。第三种意义上的阶级妥协是对立阶级之间相互合作的一种形式，这种妥协是工人阶级和资产阶级之间存在的一种双方通过积极的相互合作都能够改善处境的博弈。这是赖特所主张的阶级妥协形式，他称为"积极的阶级妥协"。赖特认为，积极的阶级妥协的前提条件是资本主义制度在当代仍然具有现实的合理性和必然性。赖特主张的积极的阶级妥协的核心论点是，工人阶级力量的增强不仅可以促进工人阶级利益的实现，也有助于资产阶级利益的实现。他对工人的联合力量和资产阶级利益之间的关系做了一种标新立异的理解，认为这两者之间存在一种曲折的对立关系。在工人阶级力量增长的过程中，资产阶级的利益一开始会受到不利的影响。然而，一旦工人阶级力量的增长超过了某种限度，就会开始对资产阶级的利益具有积极的作用。

在《关于社会阶级实在性的争论》一文中，金凯德从多元主义的社会分层理论和个体-整体主义的争辩出发，主张关于各个社会阶级是不是社会实体的问题应当得到进一步讨论。通过丰富的经验证据，他还指出，在一些社会中，统治阶级和下层阶级确实可以被视作社会实体，但对于另一些阶级最好不要将之看作社会实体，倒不如把它们看作个体类型（types of individuals）。

马加利特在《你为什么背叛你的阶级?》中认为，社会正义的实现有赖于工人阶级的成长壮大。这并不是因为这个阶级的道德高尚，而是工人阶级在社会正义相关的各项改革中是能够获益最多的阶级。然而，作为实现社会正义的历史主体，发达国家的工人阶级正在迅速消亡。马加利特详细分析了产生这些状况的社会历史因素，并指出工人阶级在被分化为白领工人、专业和技术人员及蓝领工人之后，缺乏进行团结的动力，并使社会正义的实现困难重重。

二、阶级与全球化

"阶级与全球化"部分包括《全球化和阶级斗争》（"Globalization and Class Struggle"）（阿瑟·克拉克·埃弗林，2010）及《走向全球统治阶级? 全球化与跨国资产阶级》（"Towards a Global Ruling Class? Globalization and the Transnational Capitalist Class"）（威廉·I. 鲁滨逊、杰里·哈里斯，2000）两篇。

埃弗林的文章选自《全球经济中的阶级斗争辩证法》（*Dialectics of Class Struggle in the Global Economy*）一书。在这本著作中，埃弗林恢复了阶级斗争辩证法在人类社会生产中的核心地位。作者对阶级斗争的形式做出了两种区分：对象形式（objective form，例如资产阶级和工人阶级）和社会形式（social form，在其中不同阶级以一定的方式展开合作)。而这种区分就是一种辩证关系展开的基本方式。埃弗林批评西方马克思主义者与社会民主党只强调阶级再生产方面的正面类别(positive categories),却忽略了阶级压迫的存在。作者分析了从古至今阶级斗争的发展过程,并以对全球经济中的阶级斗争作为结尾,既揭示了人类经验的匮乏,又展现出了新发展的可能性。

鲁滨逊和哈里斯指出,全球资产阶级已经从国际化转变为跨国化,这主要体现在:跨国资本的扩张、国外直接投资的大幅增长、跨国兼并和收购的扩散以及全球企业结构内部更加紧密的联结。伴随着经济力量的扩展,跨国资产阶级已经形成了自己的政治认同。作者认为,跨国资产阶级的政治化由1970年代延续至1990年代,并且试图以超国家的治理机构以及"第三条道路"的方式把资本主义全球化体制化。作者对2000年以前跨国资本主义的发展及其特点进行了比较全面的概述,具有较高的学术价值。

这一部分所涉及的是阶级问题在当代的新发展,特别是经济全球化以后,生产的全球化也带来上层建筑的全球化,资产阶级的阶级意识已经从民主主义拓展到全球主义。这些内容是马克思主义早期经典作家所没有涉及也无法涉及的,因此,从这个意义上说,这些学者的观察与探讨可以说是对马克思主义经典理论的发展。

三、当代资本主义社会阶级结构

"当代资本主义社会阶级结构"部分包括《跨国资本主义与阶级构成》("Transnational Capitalism and Class Formation")(杰里·哈里斯,2014)、《美国工人阶级的困境》("The Plight of the U. S. Working Class")(弗雷德·马格多夫、约翰·贝拉米·福斯特,2014)及《欧共体/欧盟的阶级特征:通过马克思主义视角进行阐释》("On the Class Character of the European Communities/European Union:A Marxist Approach")(斯皮洛斯·萨凯拉罗普洛斯,2017)三篇。

哈里斯从政治经济学角度分析了全球资本主义条件下跨国资产阶级的形成,并强调了把全球资产阶级理解为具有内聚力的霸权阶级的重要性。从历史上看,鉴于经济和政治方面的需要,以民族国家为中心的资本主义是建立在它与本国工人阶级之间的充满张力的联盟关系的基础之上的，然而这种关系因跨国层面上的资本主义重组而破裂。

弗雷德·马格多夫与约翰·贝拉米·福斯特批评了韦伯有关资本主义理性化的学说，他们指出，在现实中所出现的恰恰是一系列非理性的过程。作者指出，美国金融大鳄巴菲特曾有言："阶级战争是存在的，这是我所在的阶级——富人发动的战争，并且我们正在逐步取得胜利。"作者认为，美国工人阶级的境况正在全面恶化，并多角度地给出了这种恶化情况的有力证据。

与主流政治理论不同，斯皮洛斯·萨凯拉罗普洛斯试图从马克思主义方法出发，对欧共体/欧盟的形成做出解释。作者认为，欧共体/欧盟的创立在很大程度上是为了抵制苏联对欧洲东部的影响力，并在随后的发展中，借助其所强力垄断的产业部门来试图进一步打开世界市场。新自由主义的兴起推进了欧洲体制向资本逐利一面的转变，在此过程中，德国脱颖而出，成为欧洲最强大的国家。

四、阶级、种族与性别

"阶级、种族与性别"部分包括《审视白人工人阶级》（"Thinking Clearly about the White Working Class"）（迈克尔·D. 耶茨，2018）、《一个玻璃天花板的假设：对美国、瑞典和澳大利亚的比较研究》（"The Glass Ceiling Hypothesis：A Comparative Study of the United States，Sweden，and Australia"）（贾宁·巴克斯特、埃里克·奥林·赖特，2000）、《德班罢工 30 年后：黑人工人阶级领导权与南非转型》（"Thirty Years Since the Durban Strikes：Black Working-Class Leadership and the South African Transition"）（阿里·希塔斯，2004）及《复仇主义美国的阶级、种族和超级监狱》（"Class，Race & Hyper-incarceration in Revanchist America"）（洛伊克·华康德，2010）四篇。

《审视白人工人阶级》系迈克尔·D. 耶茨对大卫·吉尔伯特（David Gilbert）的著作《历史地观察白人工人阶级》（*Looking at the White Working Class Historically*）所写的书评。这本书于 2017 年再版，可以说这次再版恰逢其时。伴随着特朗普总统的上台，作为其重要票仓，美国"铁锈带"（Rust Belt）的白人工人群体开始得到社会各界的广泛关注。作者暗示，当下美国对白人工人的主流看法，仍然是基于民主党与共和党两党的党争视野，但缺乏一个历史性的维度。与当下主流的"被侮辱与被损害的形象"不同，吉尔伯特指出，白人工人也曾因为自己的肤色而获得过一系列的优待。吉尔伯特这本书的再版可以让人们获得一个更为全面的视野。

《一个玻璃天花板的假设：对美国、瑞典和澳大利亚的比较研究》一文采取了国别比较的视角，多角度搜集了有关性别在晋升过程中的影响，并且用多元回归的方法对这些数据进行了全面分析，并信服地论证了女性晋升中"玻璃天花板"的存在。

在《德班罢工 30 年后：黑人工人阶级领导权与南非转型》一文中，希塔斯对德班罢工中的工人运动领袖（400 人）进行了长期的跟踪研究，并试图对这个群体成员的社会经济地位的变化提出解释模型。随着南非民主化进程的推进，这些人的社会地位发生了巨大的分化：一些人的社会地位得以上升，成为"工人贵族"；另一些人的生活与工作则停滞不前；更有一些人的生存境况急剧恶化，其中有部分人甚至在一些暴力案件中丧失了生命。然而，希塔斯认为，尽管他们各自的社会阶级地位发生了分化，但在德班罢工运动中产生的同志情谊依然是他们之间非常重要的联系纽带。

在《复仇主义美国的阶级、种族和超级监狱》一文中，华康德详细考察了美国监狱体系的过度膨胀与种族问题之间的内在关联。监狱体系的扩张与黑人囚犯的数量携手并进，更重要的是，其中还夹杂着严重的阶级问题。华康德指出，相当大比例的入狱黑人都是缺乏教育的无产阶级；在暴力犯罪与黑人之间相关性的表面叙事之下，是超级监狱与超级贫民区的"携手共进"。华康德认为，如果要遏制超级监狱现象的进一步发展，就必须大规模地积极重建各类社会公共服务。

需要说明的是，编者与本卷的每一位作者通过邮件取得联系，请求准许将其文章译成中文并授权出版，得到了所有作者的大力支持，每位作者都通过邮件的形式同意授权给我们。在此，编者和本卷的译者对所有文章的作者表示衷心的感谢！

吕梁山

第一编　阶级分析的一般理论

第1章 工人阶级权力、资产阶级利益和阶级妥协[*]

[美] 埃里克·奥林·赖特 著　吕梁山 译

"阶级妥协"概念可以体现出三种完全不同的意义。第一种意义即阶级妥协是一种幻想，工人阶级组织——特别是工会和政党的领导者与答应予以工人好处的资产阶级订下机会主义的交易，但最终都是一场空。阶级妥协就其本质来说，是单方面的投降，而不是体现互相让步的互惠协议。

第二种意义即阶级妥协就像战场上出现的僵局：实力相近的双方军队僵持在战场上，每一方都足以使另一方付出沉重的代价，却没有一方能强大到足以击败对手。在这种僵持的情况下，开战的双方可能会同意"妥协"，通过互相让步的交易来避免两败俱伤。尽管双方让步的幅度或许不同，但这种让步是实实在在的。尽管如此，对立的阶级之间也并没有达到真正的合作的地步。这种结果可以称为"消极的阶级妥协"。

第三种意义即把阶级妥协看作对立阶级之间相互合作的一种形式。这种情形并不仅出现于双方力量平衡时，在这种情形下，冲突的结果应介于某一方完全胜利和某一方完全失败之间。这里存在工人阶级和资产阶级之间非零和博弈的可能性，这是一种双方通过积极的相互合作都能够改善自身处境的博弈。这种结果可以称为"积极的阶级妥协"。

本章的根本目的是要探讨积极的阶级妥协的理论逻辑并提出在发达资本主义社会有益于这种妥协的条件的一般理论模式。尽管将通过

　＊　Erik Olin Wright. Working-Class Power, Capitalist-Class Interests, and Class Compromise. The University of Chicago，2000.

说明经验来澄清这种模式的因素，但本章并不尝试进行系统的经验研究。本章分析的前提是，只要资本主义的这种或那种形式仍然是组织经济的可用的方式，积极的阶级妥协——如果可以实现的话——就将普遍成为改善普通人的生活境遇和物质利益的最为有利的条件。如果一个人愿意增进这种利益，那么，了解促进或阻碍这种积极的阶级妥协的条件就是很重要的。

　　我的主要观点是，稳定的、积极的阶级妥协通常是以工人阶级的联合力量与资产阶级的利益的关系为转移的。新古典主义经济学家和传统马克思主义者一贯的主张是这两个变量之间存在相反的关系：工人阶级力量的增长会导致资产阶级利益的下降。这种观点的基础对于马克思主义学者是一目了然的：由于资产阶级的利益同其对工人阶级的剥削密切相关，所以工人阶级的利益和资产阶级的利益本质上是相互对抗的。任何增强工人阶级斗争力量及实现工人阶级利益的事情，都对资产阶级的利益有负面的影响。新古典经济学家一贯的主张并不太明了，因为他们否认在竞争均衡的情况下工人阶级是受到资产阶级的剥削的。这种工人阶级的联合力量被看作劳动力市场有效运作的阻碍，它会使工资难以向下调整并使雇主难以解雇工人。工会和其他形式的工人阶级力量被看作市场当中垄断的力量形式，产生类似于垄断薪资水平和低效率分配的情况。其结果是，组成工会的工人能够获得较高的工资，而这对于资产阶级和未参与工会组织的工人来说是不利的。

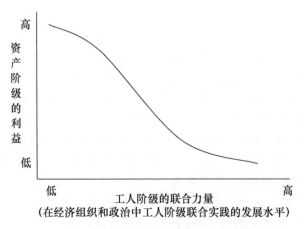

图 1-1　关于工人阶级的联合力量与资产阶级的利益关系的传统观点

本章将探讨对工人阶级的联合力量和资产阶级的利益之间关系的一种全新的理解：这与传统上认为两者间为对立关系不同，本章认为两者间存在一种曲折的"反向 J"的关系（见图 1-2）。按照惯常的理解，当工人阶级高度涣散、工人彼此之间以一种无序的方式相互竞争并缺乏联合力量的强大形式时，资产阶级的利益将得到最大的满足。随着工人阶级的联合力量的增长，资产阶级的利益最初会受到不利的影响。然而，一旦工人阶级的联合力量超过了某种限度，工人阶级的联合力量就会开始对资产阶级的利益产生积极的作用。下面我们将会把由于工人阶级和资产阶级之间高层的协商合作而带来的生产力和利润率的大幅度增长、技术升级和岗位培训的合理化系统、提高解决宏观经济问题的能力，以及工人由于工会的保护而接受相关岗位的技术变革等因素考虑在内。这条曲线向上弯曲的部分，表示工人阶级的联合力量增加的地方对资产阶级的利益具有积极的作用，即产生了积极的阶级妥协的条件。本章的目的是对图 1-2 所展示的这种关系背后的因果关系的一般理论模式加以阐述。

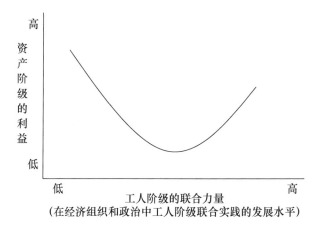

图 1-2　工人阶级的联合力量与资产阶级的利益之间的曲线关系

一、核心概念和方法

本章所应用的概念都不是很明晰，特别是"阶级""利益""力量"

这三者的概念存在着非常大的争议。我并不打算对这些概念做出准确的定义，但相对简要的澄清是有必要的。

1. 阶级

阶级和其相关的概念——"阶级结构""阶级斗争""阶级形态""阶级妥协"——可以在各种抽象层次上予以分析。在某种意义上，阐述阶级结构中因各种复杂的阶级地位而高度分化的阶级概念是很重要的。我对"中间阶级"和"阶级关系中矛盾的地位"问题的研究就是这种分析的实例。对于某些问题，如果不能在阶级当中像对"地位"、"性别"和"种族"那样做出详尽的区分和界定，就无法对其因果过程进行深入的研究。而围绕着资本主义核心的两极化的阶级关系却适合使用更为抽象的、简化的阶级概念："资产阶级"和"工人阶级"。这将是在本章大部分内容中所使用的阶级概念。

按照马克思主义的固有方式，我把"资产阶级"定义为拥有和支配用于生产的资本的人，"工人阶级"则是所有被排除在这种拥有和支配之外的受雇者。在对阶级结构的抽象分析中，我假定他们是相互排斥的类别，不存在所谓的中间阶级。工人不拥有任何股票。公司中的执行官、经理和专家要么因他们对股票的所有和对生产的支配而被并入资产阶级，要么只不过就是像雇员那样的工人阶级。当然，这是不切实际的。而我的观点是，这种对资本主义社会中阶级关系的抽象的、两极化的描述对于澄清目前的社会成员面临的现实机制依然是有用的，因此是发展阶级妥协理论的有益的出发点。我认为，一旦我们澄清了较为简单的问题就更容易对本身相当复杂的阶级妥协问题提出疑问。因此，本章的大部分内容将从只有两个阶级的简单阶级分析着手——拥有资本资产并控制着就业机会的资产阶级和拥有劳动力资产并向资产阶级出卖他们的劳动力的工人阶级。最初，我们将把这两个阶级看作内在相似的。当我们在文章的结尾讨论全球化的影响时，阶级中的异质问题就要被提出来了。

2. 利益

在本章中，我们的注意力将局限于根据人们的阶级地位而狭义地定义的"物质利益"，或者是我简写成的"阶级利益"上。一般而言，对利益的本质我将做出两个基本的简明假设：第一，阶级利益可以简化为单一的数量尺度以便人们可以谈论一个阶级的成员实现其物质利益的程度；第二，特定阶级地位中的所有人拥有同样的阶级利益。当我们研究具体的资本主义社会时，这两个假设都是有疑问的。

按照第一个假设，对于工人阶级和资产阶级来说，存在着与他们各自的阶级地位相关的完全不同的利益：工人阶级有着对于工作条件（包括工作的乐趣和意义）、收入、休闲和安全方面的利益，所有这些利益都具有多重的时间范围——短期利益、长期利益、他们的孩子的物质福利等等。同样地，对于资产阶级来说，存在着利润率、扩大规模、稳固性方面的利益，每种利益都具有短期利益和长期利益两个方面。不过，在本章中，我不会去系统地论述资产阶级和工人阶级的利益的多重尺度所造成的复杂性。因此，当我泛泛地谈到"资产阶级利益"和"工人阶级利益"时，我的意思是指各种定量考虑的未加以明确的混合物，侧重于中间值。

对于第二个假设，工人阶级和资产阶级的社会类别在本质上是不同的，这种异质性也影响到他们的物质利益。资产阶级按照行业、交易的活动领域及许多其他因素来区分（地区、国内、跨国资本），工人阶级则按照行业、技术和他们受雇的公司的性质来区分，并不涉及种族、性别和其他社会划分的非阶级因素，而真实的工人阶级和资产阶级的物质利益肯定会受到这些内在不同因素的影响。不过，为了我们将要在本章中探讨的模式，本章的大多数分析将把这些联合经营类别看作是没有区分的，因而略去了内在不同利益的问题。

3. 力量

像"利益"一样，"力量"在社会理论的许多不同领域中被加以应用。就阶级分析而言，力量可以被看作个人或组织实现其联合阶级利益的能力。就处于不同阶级——工人阶级和资产阶级——的人们的利益而言，这种力量是彼此对立的，这意味着工人们实现他们物质利益的能力部分地依赖于他们反抗资产阶级力量的能力。力量，在这种情况下，是一个关系概念。

在本章中，我们所涉及的主要是我所谓的工人阶级"联合"力量——工人的集体组织构成的各种形式，这包括工会和政党，可能也包括很多其他形式，如工人委员会或者是由工人共同决议的理事会代表制的形式，甚至还有一些社群组织。工人阶级的联合力量是与工人阶级的结构力量相对的。工人阶级的结构力量即仅取决于工人在经济体系中所处位置的力量，直接产生于供不应求的劳动力市场，或者产生于一个重要行业的特定工人群体，作为个体的这种力量即为工人结构力量的实例。虽然这种工人的结构力量本身可能影响联合力量，但我们主要关注的还是联合力量。

我们要研究的模式并不直接涉及在阶级妥协的各种构成形式中资产阶级的联合力量的作用。虽然就像新社群主义的著作所指出的那样，存在着雇主的联合力量起关键作用的阶级妥协的制度设置（Streeck and Schmitter，1985；Srteeck，1992；Pontusson，1997），但我们所关注的并不是作为联合力量的资产阶级，而是工人阶级的联合力量对资产阶级利益影响的方式。

二、阶级妥协的落脚点

在一个没有组织的"社会"里是不会发生阶级斗争和妥协的，但是在特定的机构环境里，如公司、市场、政府则有可能。产生图 1-2 中反向的 J 曲线的实际机制是内在于这种机构环境中的。有两个领域在发生阶级斗争和达成阶级妥协的过程中特别重要：

生产领域。这涉及一旦工人受雇以及资本投入公司里会发生什么，遍及整个劳动过程的各种冲突就是典型的例子。

政治领域。在国家政策形成和执行的过程中，在运行国家强制制度的政府中，也会发生阶级冲突和阶级妥协。

在各种不同的工人阶级集体组织与存在阶级冲突和阶级妥协的每一种机构领域之间存在着大致的对应关系。工会是这种冲突/妥协转换过程中的具有典型特征的组织形式，劳资协会以及相关的协会是生产领域中的典型形式，政党是政治领域中的典型形式。但这种对应仅仅是一种"选择性的联姻"。特别是，商业协会可能深入而直接地同时介入生产和政治两个领域中。当工会在竞选活动中动员工会成员投票或他们运用他们的资源去游说政客时，无论他们是否与某一个政党密切合作，他们都在政治领域形成了工人阶级的联合力量的一种形式。同样地，当工会在公司层面针对劳动过程当中的条件达成协议并通过像申诉程序或健康及安全委员会等起到积极的作用时，它们就构成了生产中工人阶级的联合力量的一种形式。简单地说，我通常假设机构的类型与社会关系的各领域存在大致的一致，但其中重要的理论问题是各组织力量形成和运行的活动场所，而不是这些组织所采取的特定形式。

因而，我们分析的中心任务就是研究能够使这些不同形式的工人阶级组织力量——工会、劳资协会、政党——在交换、生产和政治领域达成积极的联合经营的妥协机制。

三、处置阶级妥协概念

在大多数抽象的和概括性的术语中，阶级妥协——不管是积极的还是消极的——可以定义为这样一种状态：每个阶级为了各自的利益设法做出让步使某种交换条件在相冲突的阶级之间建立起来。阶级妥协中的"妥协"是基于阶级利益的妥协，即每个阶级的成员放弃某些好处。因此，阶级妥协总是以这种与不做出让步相反的事实来定义的。通常，这是一种威胁、武力和对抗在阶级交往中起到更为突出的作用的状态。

以这种方式定义，"阶级妥协"的概念与葛兰西（Antonio Gramsci）的"霸权"概念有着密切的联系（Gramsci，1971）。葛兰西运用霸权概念来区分资本主义社会的两种基本的状态。在非霸权制度中，资本主义的阶级关系主要是通过对政治高压的直接的、强制的使用而不断再生的；相反，在霸权制度中，阶级关系在很大程度上是通过处于下层阶级的主动同意来维持的。强制作为一种隐含的条件依然存在——在葛兰西的著名论断中，霸权是受到强权的保护的——它依然被用来支配人们的行动。引用亚当·普舍沃斯基（Adam Przeworski）的说法，"对于葛兰西来讲，一个霸权的制度是一种资本家的剥削得到被剥削者同意的资本主义社会"（Przeworski，1985：136）。由于霸权的持续存在，在普舍沃斯基的巧妙表述中，就必须有"赞同的物质利益"，这就需要某种阶级妥协。"霸权的事实预先假定对利益的顾及和各群体都受制于霸权的趋势，以及应形成某种妥协式平衡，此外，领导群体应当在公司经济上做出牺牲。"（Gramsci，1971：161）

葛兰西只是粗略地、片断性地发展了阶级妥协的概念。对这一概念进行系统而详尽的阐述的学者是普舍沃斯基。普舍沃斯基把阶级妥协的核心内涵变得清晰起来：

> 假定资本家是否用利润投资及如何投资并不确定，任何阶级妥协一定包含以下因素：工人答应将利润作为一种制度，即他们以使利润的正增长成为可能的方式来行事，资本家则把他们所获得的利润的一定比例用来增加工人的工资并把一定比例的利润用来投资。（Przeworski，1985：182）

普舍沃斯基这里的陈述接近我所谓的"消极的阶级妥协"，他强调工人对可能妨碍利润生产的斗争的节制以换取资产阶级在物质上的让步。此外，他还曾对二战以后在发达资本主义国家中为何凯恩斯主义受到工人组织和社会民主党的支持加以分析，并认为应积极面对阶级妥协，扩大总体需求，最终既有利于资产阶级也有利于工人（Przeworski，1985：205-211）我在本章中发展的阶级妥协的模式可以看作对普舍沃斯基阶级妥协的积极方面阐述的主要观点的扩展和引申。

在研究这个模式的细节以前，对各阶级成员之间的合作和妥协问题的各种处理选择加以大致的排序是很有必要的。表1-1按照两个尺度构成这种概念范围：第一，阶级妥协的策略基础主要是个人的策略还是集体组织的力量；第二，阶级妥协的形式主要是消极的还是积极的。由这两种尺度产生的四种类型构成了阶级之间产生合作和妥协的特定方式。

表 1-1　阶级妥协的概念区间

		阶级妥协的形式	
		消极妥协	积极妥协
阶级妥协的策略基础	没有联合力量的个人策略	效率工资：促进工人阶级努力	内部劳动力市场：工人阶级的忠诚
	联合力量	劳资谈判：阶级间相互让步	正和社会约定：凯恩斯主义与新阶级合作主义

作为个人策略根据的消极阶级妥协的实例就是所谓的"效率工资"。效率工资是一种工资性奖励——一种高于市场确定的工资平均额的工资——是雇主所支付的作为减轻部分雇员消极怠工情绪的策略的一部分。就像鲍尔斯（Bowles，1985）以及鲍尔斯和金蒂斯（Bowles and Gintis，1990；1998：36－39）在阿尔奇安和德姆塞茨（Alchian and Demsetz，1972）、夏皮罗和施蒂格利茨（Shapiro and Stiglitz，1984）、阿克洛夫和耶伦（Ackerlof and Yellen，1986）、威廉姆森（Williamson，1985）等人早期著作基础上所阐述的，雇主面临着从工人中"榨取劳动努力"——促使工人比他们本来要做的更努力——的问题，因为劳动合同的强制性是既非完整的也非无代价的。雇主必须在花费更多的钱来改进监督的效益和支付更高的佣金之间权衡。这种效率工资是在雇主面对个体工人的抵抗策略（怠工）时，针对纯粹的高压策略以高工资作为一种替代选择的消极的阶级妥协形式。

积极的阶级妥协也能够显露出雇主和工人之间在个人策略上的相互影响，最佳的实例也许是内部劳动力市场（internal labor markets）。尽管，如同效率工资的情况一样，内部劳动力市场可能会增加雇主被动处罚（negative sanctions）的有效性，因为内部劳动力市场内的工人如果受到纪律处分或被解雇，就会失去更多（Bartlett，1989：135－137），大多数对内部劳动力市场的分析都强调基于忠诚和承诺的积极合作及个人对集体组织的利益承担的义务方面。这是关于日本工作组织（Japanese work organization）的大量文献中的核心主题之一（Dore，1973；Ouchi，1981；Aoki，1988），但这在对资本主义企业内部组织的更广泛的分析中（Williamson，1985；Sorensen，1994），甚至在一些对阶级关系的更抽象的分析中也得到了体现。此外，就像在效率工资理论中一样，出发点是雇主所要面对的问题。这里最关键的问题是对雇员的培训和保持他们的实用技能水平以及引导他们保持一个较高水平的责任感，以及技术工人和经理对公司的创造性贡献。内部劳动力市场通过在长时间范围内把个人的事业和公司的命运联系起来，使雇员产生忠诚。这些制度设置可以增强个体之间的阶级合作并且使资产阶级在雇佣形式中做出让步（劳动安全、资历设置等等），这就可以认为是积极的阶级妥协的一种形式。

多数对阶级冲突和阶级妥协的探讨相对较少关注这些由个人的策略所造成的阶级之间的妥协——不管这些妥协是积极的还是消极的。相反，它们关注的是通过根植于以阶级为基础的联合力量的阶级斗争来实现的阶级妥协的方式，对产生于阶级斗争的消极阶级妥协的分析仅仅反映了各斗争势力之间力量的平衡。大卫·考茨（David Kotz）举了一个典型的例子：

积累的社会结构就是平息阶级冲突并使之不致导向过度分裂。
阶级冲突可以以两种表现极为相反的方式加以平息：压制一个阶级
以使其为自身的利益斗争的能力受到严重限制，或者是达成一种妥
协以使各斗争群体在某种程度上分享积累过程的成果。现实的积累
的社会结构表现为这两种运行模式的结合。（Kotz，1994：55）

这种观念基本上是一种消极的阶级妥协的观念，马克思主义者约
翰·R.克曼斯（John R. Commons）的劳资谈判的观念并未受到这种
观点的限制。克曼斯认为，在由大公司集团控制的发达资本主义经济
中，工会的认可和集体谈判是工人在与资产阶级进行"平等交易"的
过程中所能够做的最基本的事情。他还认为，正是为了资产阶级的利
益才应当进行劳资谈判，因为其他选择最终会导致专制的阶级斗争和
分裂。最后，克曼斯认为劳资谈判是对抗军事独裁的唯一可行性选择。

相对于极权主义的社会及自身内部的分裂，美国经济体制的
维持主要依靠劳资之间的谈判……如果美国的民主能够被"保持
下来"，那它也是被公司和工会的经济组织保持下来的。经济理论
中平等的个体之间的传统平衡被取代，现如今是在基于自我管理
的公司和工会力量平衡的经济、政府和用军事力量对这两种组织
或它们的领导人的压制之间选择。

工会也许是站在一般的"公共利益"上的，但克曼斯并不认为合
作和劳资谈判直接对资产阶级有利："也是为了公共利益，组织工会和
管理委员会将制止公司用其公司的力量来欺压个人。"（Commons，
1970：132）

消极的阶级妥协无疑是一个重要的现象，但其仅仅是问题的一部
分。积极的阶级妥协的核心思想是工会和其他形式的工人组织力量在
适当的情况下可以给资本也给工人带来实际的利益（Korpi，1983；
Soskice，1990；Esping-Andersen，1990）。尽管在文献中并不使用
"积极的阶级妥协"这种表达方式，但这种思想在大量的关于社会民主
和新社团主义以及侧重研究不同资本主义经济的经济表现方面的经济社
会学的著作中体现出来（Streeck and Schmitler，1985；Kenworthy，
1995；Gordon，1996；Crouch and Streeck，1997）。正如罗杰斯和斯垂克
所提出的："在资本主义世界中，民主主义的左派改善了工人的物质福
利、解决了资产阶级自身所不能解决的问题，并且在同资产阶级争夺

对表达普遍利益的垄断权上赢得了充分的政治威望。"（Rogers and Streeck，1994：130）

这种观点的代表性的形式源于凯恩斯主义宏观经济理论的一部分。这种观点是很常见的：

> 社会民主党的经济学的基本观点是资本主义经济中的不平等和不安全感应当在不削弱经济成果的情况下通过政府干预来从根本上减少。由于失业是经济不平等和不安全感的主要来源，就潜在的产量预报而言也意味着经济显而易见地无效率，充分就业的保障体现了"公平和效率的初次结合"。（Streeck，1994：130）

充分就业，就它所体现的对生产能力的高水平利用和对资产阶级公司产品的更高产量要求而言，潜在地促进了资产阶级的利益。但这也冒着由于工资的迅速上升和通货膨胀的持续所导致的利润收缩的风险。凯恩斯本人也承认这是一个严重的问题："当我们实现劳资谈判和充分就业的统一时，无疑就会出现一个如何对工资加以限制的问题。"（Glynn，1995：37）凯莱基（Kalecki）在一篇著名的文章《充分就业的政治视角》（*Perspektywa Polityczna Pelnego Zatrudnienia*）中认为，这些压力需要创新性的制度上的解决："充分就业的资本主义必须发展体现工人阶级增强了力量的新的社会和政治制度。资本主义要想能够适应充分就业，其中就势必要结合根本性的变革。"

在一些国家，能够对工人的工资（也对雇主）施加限制的强大的、集中化的工会的出现和巩固也许是这个问题的最成功的解决办法。在这个意义上，一个强大的工人运动不仅仅通过威胁资产阶级以便为工人取得利益来确立消极阶级妥协的基础。如果工人运动充分地遵守纪律，特别是当它处于团结一致的状态时，它就能够通过帮助解决宏观经济的问题而对资产阶级的利益做出积极的贡献。

积极的阶级妥协并不局限于凯恩斯的充分就业和限制工资，其对生产本身的阶级妥协的重要性也越来越关注。斯垂克对"多元性优质产品"的研究就是一个很好的例子，高附加值的产品就相当于资本主义发展的"高速公路"。多元性优质产品是资本主义生产的高要求形式，需要生产中高度的合作、技术构成的有效机制和工人不断地提升技术，像技术革新那样改造生产过程的适应性，等等。斯垂克认为，所有这些条件，都依赖于高度的社会稳定和信任，依赖于长期的稳定的劳资关系。

那么，现在的问题就是这些条件如何能够产生并得以维持，主要有两种可能性：通过雇主的自愿行为或者通过工会或政府所施加的限制。斯垂克认为，后者通常更有效：

> 自愿的就业保证是基于公司的开明的利己主义……对于工人的责任感来说，自愿就业在总体上要比源于制度化义务的安排在文化上或法律上更加稳定和有效……

在设置这些限制的过程中，工人阶级的联合力量起了决定性的作用，因为它承担着以下制度责任：

> 扼制公司企业只追求经济需要的本性（例如为削减价格而削减工资，为削弱技术工人的自治而不断改变工作要求，等等）。不仅要提供工资和管理的机会，还要对它们加以限制，某种形式的制度化的斗争似乎是对提供方加以高要求的调整的必不可少的条件。了解各种品质的生产需要对复杂的、"在发达的政治经济中各种组织起来的社会阶级冲突与合作之间的辩证关系"加以分析。

多德·索斯凯斯（Daud Soskice）对于工会在促进双方认可的劳资方的合作中所起的重要作用提出了相似的观点：

> （工会）作为劳资合作的保证者而行动……全国性的工会在这方面有所作为的原因之一是，作为最后的手段，它们能够对工人群体和公司层次的工会官员实施惩罚……形成劳动力合作和合作性地管理工人关系之间的一种复杂的平衡……这种协定的基本形式是工会担保这种制度的灵活性……相应地，工会在这种制度中占有一定的位置，以确保这种灵活性不被滥用。

再者，工人阶级的联合力量能够帮助资产阶级解决某种其自身难以解决的问题，在这种情况下它是处于生产的组织本身之中的。

多数对积极的阶级妥协的讨论都是建立在没有这种阶级妥协的情况下的经济问题和发生这种阶级妥协情况下的经济增长之间的二元对比基础上的。基本的观点是，从前者向后者的变化是一种使所有阶级都获利的双赢的情况。正如格林（Greene）所指出的那样，凯恩斯主义的阶级妥协"是真正的帕累托改进的鲜明的实例"。图1-2中说明的工人阶级的联合力量和资产阶级的利益之间的这种曲线型的关系相对很少有研究做出明确假设。

探讨工人阶级的联合力量和资产阶级的利益之间的曲线关系的著名的实证研究是卡姆弗尔斯（Lars Calmfors）和德里菲尔（J. Driffill）于 1988 年所做的研究，即工会中央化（union centralization）对经济运行的影响（另见：Pohjola，1992；Freeman，1988；Calmfors，1993；Garrett，1998：26－50；Rowthron，1992）。继曼库尔·奥尔森（Olson，1982）的最初想法之后，卡姆弗尔斯和德里菲尔认为"有组织的利益团体，当它们足以造成重大破坏，但不足以承担它们为其自身利益而行动所造成的任何社会成本时，往往是最有害的"（Calmfors and Driffill，1988：15）。他们证明，从 1963 年到 1985 年，在 18 个经合组织国家中，以各种方式衡量的经济表现在那些要么是高度集中要么是高度分散的工资谈判结构的国家中是最好的，而在中间状态的国家中是最差的。

本章的其余部分将试图在理论上说明积极的阶级妥协的这种曲线模式。我们首先将讨论工人和资产阶级在策略上斗争的博弈论观点，然后转向产生工人阶级的联合力量和资产阶级的利益之间这种曲线关系的机制问题。

四、策略博弈和阶级妥协

要分析工人阶级的联合力量、资产阶级的利益和阶级妥协的关系，我们必须首先更准确地了解工人利益和资产阶级利益冲突的背景。我们通过对一系列简洁的博弈理论模型的探讨做到了这点，这种博弈理论模型主要基于对工人阶级和资产阶级各自面对的二元策略选择的阶级冲突的高度简化描述：是与另一个阶级合作，还是反对那个阶级的利益。因为博弈中的行动者在生产系统中具有本质上不同的作用，"合作"和"对抗"对各自的意义是不同的。

正如表 1－2 中所总结的那样，工人阶级与资产阶级合作意味着他们应更加努力地工作以最大化地实现资产阶级的利润率。工人阶级主要依靠市场机制（转换工作）来表达其对工资和工作条件的不满，尽管其可能拥有集体的协会（工会），但其并没有为了改善条件而进行积极的斗争来联合起来给资产阶级施加压力，也没有为对抗资产阶级的利益、提高工人阶级的利益而从事政治斗争。与资产阶级对抗是单独或集体进行斗争，以便增加工人阶级的收入和提高工人阶级对其自身劳动努力的支配程度，进而减少资产阶级剥削和支配工人阶级的程度。这包括扩大工人阶级权利和组织集体协会的力量的政治斗争。对资产阶级而言，与工人阶级合作意味着其支付给工人的工资水平应尽可能地与维持公司再生产的利润率一致；接受工人的组织（工会和政党）并答应工人对工作条件的要求；节制自己的消费，将其用于创造就业的投资。与工人阶级对抗意味着尽可能少地支付工人工资，施加市场和技术限制；尽可能多地增加工人的劳动量；阻挠工人的联合。就像工人阶级的对抗情况一样，这种对抗包括像反对提高保留工资的失业救济金和福利保障网络以及支持阻止工会化的限制性劳动法律。对于每个阶级采取的两种选项就产生了表1-2中所展现的阶级斗争的四种可能的结构排列。根据这些选项，"阶级妥协"构成了两个阶级都同意合作的情形。

表1-2　工人阶级与资产阶级的策略选择

	工人阶级与资产阶级合作	工人阶级与资产阶级对抗
资产阶级与工人阶级合作	C, C	O, C
资产阶级与工人阶级对抗	C, O	O, O

注：表中 C 代表合作 cooperate，O 代表对抗 oppose。"合作"与"对抗"对于不同阶级的意义：对于工人阶级来说，合作意味着工作努力，使资产阶级的利益最大化。

对抗意味着将资产阶级对工人阶级的剥削和控制的程度降至最低。

对于资产阶级来说，合作意味着将工人的收益最大化，在工作时平等地对待工人，并接受工人组织；对抗意味着将工人的收益最大化，尽可能地剥削工人，拒绝接受工人组织。

图1-3展现了工人阶级与资产阶级的利益（其对所选择的策略组合的获利）可能受到合作和对抗的这四种组合情形影响的各种选择途径。模式Ⅰ可以称为一种单方面的资产阶级支配博弈。这种选项对资产阶级来说最好的结果是（C，O），即工人阶级与资产阶级合作（努力工作、不进行联合等等），资产阶级与工人阶级对抗（只付给他们市场水平的工资、反对集体性的组织等等）。第二好的结果是两个阶级相互对抗（O，O）。在这种博弈中，资产阶级相对于工人阶级足够强大，能够在工人阶级组织起来反对资产阶级时以相对很小的代价来惩罚工人阶级。工人阶级的境遇因而在相互对抗（O，O）的情形中要比在工人阶级单方面合作（C，O）的情形中更差，斗争并不值得。因此在（C，O）这种博弈中将是平衡的结果：资产阶级与工人阶级对抗总是会更好，假

设资产阶级与工人阶级对抗，而工人阶级与资产阶级合作会更好。

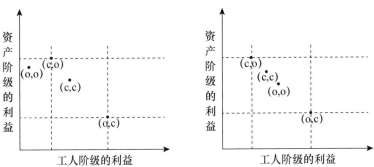

模式 I　单方面的资产阶级支配博弈　模式 II　传统的马克思主义模式：纯粹斗争博弈

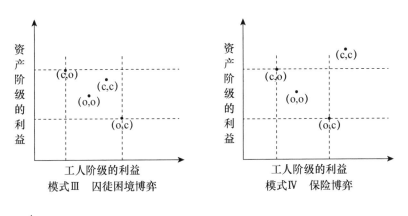

模式Ⅲ　囚徒困境博弈　　　　　　模式Ⅳ　保险博弈

模式 V　单方面的工人阶级支配博弈：民主社会主义

策略选择

	工人的策略	资产阶级的策略
O，C	对抗	合作
C，O	合作	对抗
C，C	合作	合作
O，O	对抗	对抗

图 1 - 3　可能的策略博弈及工人阶级和资产阶级的收益结果

　　模式 II 展现了标准的马克思主义阶级冲突的观点，即把工人阶级和资产阶级的利益看作一种零和纯粹冲突博弈。对于资产阶级最理想的情形是其与工人阶级对抗，而工人阶级又与其合作，即（C，O）。

第二种比较好的情形是相互合作。但是这种情形对于工人阶级而言要比在相互对抗的情形中更不利。在传统马克思主义观点中，因为工人阶级和资产阶级的利益是完全两极分化的，与资产阶级对抗——积极地反对资产阶级的利益——结果总会比自愿地合作更好。实际上，相互合作的方案是一种幻想：这种观点认为，"合作的"资产阶级对待工人阶级只是比那些激烈地与工人阶级对抗的资产阶级稍好一点点，但合作的工人阶级却不能迫使他们的雇主做出比不合作的工人阶级所能使资产阶级做出的让步。毕竟，当工人阶级协会积极地与资产阶级合作时，其就削弱了自身的动员能力并且最终招致资产阶级与工人阶级对抗，导致相互合作倒退到单方面合作。因此，长期来看，对于工人阶级来说这种相互对抗的选项要比相互合作的选项更有好处。当资产阶级真正对工人阶级做出让步时，作为这种斗争的结果还是有意义的——同意增加工资、改善工作条件等等。这些让步最多是消极的阶级妥协——面临斗争所做的让步。对于这种博弈中的两个阶级，无论另一个阶级怎么做，对抗都比合作更好，因此这种平衡将是相互对抗（O，O），即阶级斗争的主动形式。

模型Ⅲ是标准的囚徒困境博弈。这是一个关于两个阶级对称回报的博弈：（C，C）对各个阶级是第二好的结果，（O，O）是第三好的结果。然而，并不像在模型Ⅱ中那样，工人阶级在相互合作中比在相互对抗中过得更好。如果两个阶级彼此相互合作他们都将过得比相互对抗时更好。不过，如果这是只此一次的博弈，由于两个阶级都会用背离相互合作的方式来改善其回报，在标准的 PD 样式（standard PD fashion）中，这种平衡的结果就会是（O，O）。如果这是重复性的博弈，就像在现实世界中的阶级相互作用一样，那么结果将是非确定性的。就像阿克塞尔罗德（Axelrod）等人所说的，在一个重复的囚徒困境中，通过惩罚在早期回合中不采取合作的那些人，会使相互合作在未来的博弈中成为一种稳定的解决方案。由于一种稳定的（C，C）方案出现的可能性，积极的阶级妥协也将变得可能。

模型Ⅳ是标准的保险博弈：对于两个阶级最理想的方案是相互合作，而单方面合作还不如相互对抗。除非确信另一个阶级会采取合作，否则相互合作不可能发生。如果阶级冲突是一种保险博弈，合作失败主要是由于在部分成员中缺乏教育启蒙——他们仅仅知道什么对他们是最好的。这与某种天真的自由主义是相符的，这种观点认为，冲突始终是政党之间的误会，"双赢"的方案始终被设想成可能的。严格的保险博弈在资本主义经济中是不可能的，因为，如果资产阶级不必做出任何让步就能获得来自工人的充分合作，他们就会没有了作为回报的合作的动机。然而，在某些情况下，（C，C）收益可能会朝着保证博弈的方向移动，在这种情况下，（C，C）和（O，O）之间的差距一定会变得很大。

最后，模式Ⅴ为单方面的工人阶级支配博弈，这是与模式Ⅰ对称的模式。在这个模式中，工人阶级足够强大而资产阶级十分弱小，工人阶级能够强迫资产阶级单方面合作，包括迫使资产阶级以提高工人未来收入的方式投资［因此使（O，C）比（C，C）更可取］。这与民主社会主义的理论观点相符：一种工人阶级有效地支配资产阶级的经济。

潜藏在图 1-3 中的模式背后的是力量问题：工人阶级和资产阶级之间力量的平衡可以看作这些策略性博弈的决定性因素。正如图 1-4所阐明的，随着工人阶级力量从一种极低的水平向上提升（因此，工人阶级对资产阶级施以惩罚的能力也相应地增强），模式Ⅰ中的（O，O）选择就向右下方移动。这使结构朝着使工人阶级的战斗性变得持久的模式Ⅱ转变并且消极阶级妥协的可能性，即一种基于力量平衡的妥协形成。工人阶级力量的进一步增大开始使（C，C）选项转向右边，产生模式Ⅲ的囚徒困境。这就为积极的阶级妥协的可能性打下了基础。如果工人阶级的联合力量推动模式Ⅲ中的（C，C）向上朝向接近模式Ⅳ保险博弈的右上区域移动，积极的阶级妥协的可能性就逐渐增加，即稳定的、相互合作的收益增加。这就是本章所提出的核心博弈理论的逻辑：随着工人阶级力量的增大，单方面的资产阶级支配博弈开始转向一种纯粹的使消极的阶级妥协成为可能的冲突博弈；随着工人阶级力量的进一步增大，开始使（C，C）选项向右移动，产生了模式Ⅲ的囚徒困境。这为积极的阶级妥协创造了条件。当工人阶级的联合力量推动（C，C）模型Ⅲ向右上方推动，接近模式Ⅳ中的保险博弈时，积极的阶级妥协的可能性增加，即从稳定的相互合作中获得的收益增加。

就工人阶级力量的增大不仅促进工人阶级利益的实现而且也有助于资产阶级利益的实现来说，阶级妥协对工人阶级更为可靠和有益；而就工人阶级力量的每一点增大对资产阶级的利益造成进一步的威胁，资产阶级的阻挠可能更为强烈来说，阶级妥协即使实现了也并不稳定。

因此，阶级斗争的激烈程度不仅指不同阶级力量相对平衡的关系，而且还指从属的阶级对支配阶级的统治利益造成威胁的程度。

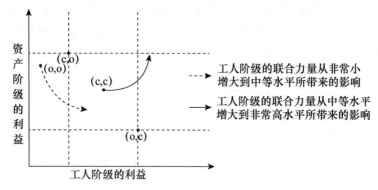

图 1-4　工人阶级的联合力量与阶级妥协的策略环境的变化

五、一种积极的阶级妥协的曲线模型

如果情况是工人阶级的联合力量的增大会在实际上推动（C，C）相互合作回报进入这种回报矩阵的右上方，那么工人阶级的力量与资产阶级的利益的总体关系就会呈一条 J 曲线，而非倒 J 曲线。亦即，对资产阶级最高的跨博弈平衡回报（across-game equilibrium payoff）就是保险博弈中的（C，C）相互合作回报，而非单方面的资产阶级支配博弈中的（C，O）回报。因此，为了资产阶级的利益，应接受（甚至鼓励）高水平的工人阶级力量以便为保险博弈的发生创造条件。本章所采用的马克思主义框架的一个核心的实质性假设是，由于资本主义社会中阶级关系的根本的对抗性和剥削性，这种情况不会发生。稳定的、相互的合作依然会发生，但这是因为，工人阶级阻止单方面合作（C，O）选项足以成为一种威胁，而不是因为相互合作是对资产阶级的所有可能回报中的最佳回报。图 1-5 中的两条曲线都是非线性的：一条（O，O）向下倾斜，另一条（C，C）向上倾斜。这些关系的非线性形状对于所提出的逆向 J 型阶级妥协模型是很重要的，因为如果这两条曲线都是线性的，它们就会在工人阶级的联合力量和资产阶级利益之间产生一个线性的整体关系。

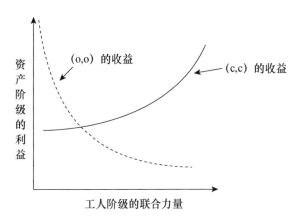

图 1 - 5　工人阶级的联合力量与在（O，O）和（C，C）情形中资产阶级收益的关系

之所以出现向下倾斜曲线（O，O），是因为相对适度水平的工人阶级的联合力量会对资产阶级的利益造成相当大的损害，但不足以为工人阶级带来多少可持续的收益。工人阶级的联合力量从微不足道增大到适度，从而大大提高了工人阶级的惩罚能力。然而，在超过某一限度后，额外的工人阶级力量所产生的对资产阶级的额外损害所带来的收益就会递减。

例如，一旦工人阶级强大到足以阻止资产阶级任意解雇工人，那么工人阶级的力量即便再强大也不会为其带来额外的工作保障。（C，C）曲线是非线性的，并且是向上倾斜的，因为只有当工人被充分地组织和团结起来，工人协会能够有效地制裁其和资产阶级合作的背叛者时，资产阶级才能凭借工人阶级的力量获得正收益。工人协会（至少是）在适度强大之前缺乏这种双重约束的能力，因此对资产阶级的利益产生不了什么积极影响。这就是本章论述的核心博弈论的逻辑：随着工人阶级力量的增强，单方面的资产阶级支配博弈最初转变为纯粹的冲突博弈，使消极的阶级妥协成为可能；随着工人阶级的联合力量进一步增强，策略环境会转向一种迭代化（iterated）的囚徒困境，这为积极的阶级妥协开辟了前景。博弈越倾向于"保险博弈"——尽管它不太可能真的变成"保险博弈"——积极的阶级妥协的可能性就会变得越稳定。因此，造成这种双重转变的根本问题是工人阶级的联合力量与资产阶级利益之间的关系问题，我们现在就来讨论这个问题。

在工人阶级力量增大到不仅有助于工人阶级物质利益的实现，而且有助于某些资产阶级利益的实现时，阶级妥协就可能更稳定，对工人阶级也更有利。而到工人阶级力量的每一次增大都对资产阶级利益构成越来越大的威胁的程度时，资产阶级的抵制可能会更加强烈，而这时阶级妥协即使实现了，也可能不稳定。因此，阶级斗争的激烈程度不仅取决于各阶级力量的相对平衡状况，而且取决于阶级力量对支配阶级利益的威胁程度。

如果工人阶级力量和资产阶级利益之间的关系仅仅是图 1-1 中的对抗关系，那么阶级妥协就总是脆弱而易遭到破坏的，因为资产阶级的利益总是取决于利用削弱工人阶级力量的机会。消极的阶级妥协——一种因徒困境的阶级妥协——就成为多数可能实现的阶级妥协。此外，如果这种关系是像图 1-2 所描述的那样，那么阶级妥协就能够潜在地成为一系列制度设置的相对持久的特征。大体上，当阶级冲突处在这条曲线的上部区域时，阶级妥协可能对工人阶级更稳固和更有利。如果这条曲线的形状呈一种更趋近于 U 形的倒 J 型（比如，向上斜的部分更为对称），那么阶级妥协的条件就会更为有利；如果这种倒J 型蜕变成一种陡然向下的曲线，那么阶级妥协的条件就会变得不利。

为了更深入地了解图 1-2 的倒 J 型曲线假设所反映的社会过程，我们需要在各个方面说明并扩展这个模型。首先，我们将更深入地研究产生这种曲线的因果机制。其次，我们将通过研究在工人阶级的联合力量的极限值下所发生的情况来扩展此图。最后，我们将研究决定这种曲线中的哪个区域为适当的策略目标的阶级冲突的制度环境。

六、作为这种倒 J 型关系基础的机制

图 1-2 中所展现的倒 J 型曲线可以理解为两种因果过程的结果——一种是随着工人阶级力量的增大资产阶级的利益愈加削弱的结果，另一种是资产阶级的利益由于工人阶级力量的增大而提高的结果。这些都在图 1-6 中加以说明。广义上，向下倾斜的曲线反映不断增长的工人阶级力量削弱了资产阶级单方面决策及支配各种资源的能力，而向上的曲线则反映工人阶级的联合力量可能有助于资产阶级调和问题。图 1-6 中产生的这种曲线的特定机制可以跨越阶级妥协形成的三个可以区分制度的领域：交换、生产和政治。

资产阶级在交换领域有一系列涉及与工人阶级相关的物质利益：

使劳动成本最小化；拥有不受限制地雇用和解雇的权利；卖掉工人生产的所有商品；在提供可预知的充足的劳动力供应市场中拥有一支具有复合技能的劳动力团队。正如马克思主义和非马克思主义政治经济学家都主张的那样，在商品销售中，资产阶级的利益意味着作为消费者的工人能够拥有大量可任意支配的收入，然而资产阶级在减少他们自己的工资支出账单上的利益意味着尽可能少地支付雇工工资。

　　工人阶级的联合力量的增大通常会削弱资产阶级单方面决策及分配劳动力市场中的资源的能力。在缺少工会的情况下，资产阶级可以随意地雇用和解雇并设定他们认为对自己最有利的工资水平。当然，这并不意味着雇主可以没有任何限制地设定工资。他们的工资报价将取决于劳动力市场供求矛盾、工人的保留工资，以及前面所讨论的有必要支付工人足够高的工资以激发个体工人勤奋工作等因素。资产阶级的决策因此总是受到个体工人的行为及总体的经济条件的限制。然而，这里的问题是，由反映工人阶级联合力量的工人集体以各种形式对资产阶级的限制的程度。这种联合力量减弱了资产阶级中的个体在劳动力市场上做出利益最大化决策的能力，因而损害了他们的物质利益。

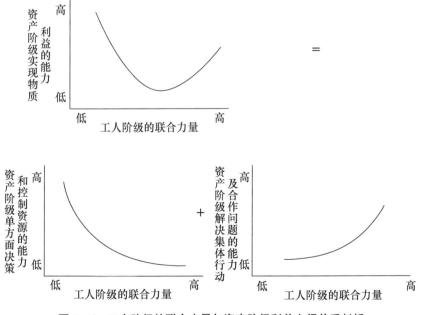

图 1-6　工人阶级的联合力量与资产阶级利益之间关系剖析

如果资产阶级在交换领域的利益整体上取决于其雇用劳动力的能力，那么图1-1所描绘的接近于这种对抗的关系大概就会保持下去。但事实并非如此。资产阶级的物质利益——保持较高的稳定的利润率的能力——依赖于交换领域中的各种集合条件，而这些需要合作协同行动。这些合作问题的解决至少可以由工人阶级的联合力量水平的相对提高来促进。

典型例子是消费者总体需求量不足的问题。这是传统凯恩斯主义关于怎样提高工资及社会消费以确保高水平的总体需求并有助于解决经济中的"低消费"的问题。不足的消费需求体现了一种对于资本家的集体行为：资本家为提高市场对产品的需求都希望尽可能低地付给他们自己的雇员工资并希望其他资本家尽可能高地支付工资。在供不应求的劳动力市场的条件下，资本家之间为争夺劳动力的竞争通常会将工资提到高于生产力的增长比率从而刺激通货膨胀，高水平的工人阶级的联合力量也有助于工资限制（Calmfors and Driffill，1988；Glynn，1995；Pontusson，1997）。工资限制是一个特别复杂的集体行动问题：需要防止个别资本家背离限制工资协议（即必须防止他们以支付高额工资来诱惑工人脱离其雇主使这些资本家在劳动力市场上雇不到工人），并需要防止个别工人（和工会）在劳动力市场供不应求的情况下因试图取得最大额的工资而背离协议。供不应求的劳动力市场的工资限制，对于长期的经济增长和抑制通货膨胀是非常重要的，工资限制通常在工人阶级组织得较好的地方更容易实施。

这些工人力量对在交换领域中资产阶级利益的积极影响是不言而喻的，资产阶级本身也同样会组织成强大的雇主协会，就像北欧新社团主义的历史所表明的那样，被牢固地组织起来的工人阶级运动往往会刺激雇主一方组织的发展。无论如何，有助于建设性地解决宏观经济问题的工人阶级的实力在资产阶级也组织起来的情况下会得到提高。

假设积极的凯恩斯主义和劳动力市场对工人力量的作用通常比消极的工资成本和解雇决策的作用要弱，从而形成了图1-7中交换领域的倒J型关系。

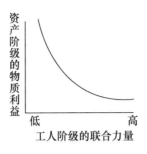 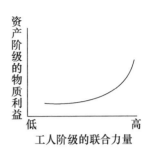

工人阶级的联合力量的特定形式		受到工人阶级的联合力量增大威胁的资产阶级利益	受到工人阶级的联合力量增大促进的资产阶级利益
政治领域	政党	对重新分配的政治的单方面影响	维持稳定的三方阶级合作的能力
交换领域	工会	单方面雇用、解雇和制定工资支付的能力	在短缺劳动力市场中限制工资的能力；出售所生产产品的能力
生产领域	劳资委员会	单方面控制劳动过程和工作结构的能力	实现纵向与横向合作的能力；高效解决生产中信息问题的能力

**图 1-7　政治领域、交换领域和生产领域工人阶级的
联合力量与资产阶级利益之间关系解析**

在生产领域，随着工人阶级的联合力量在生产过程中的增强，资产阶级单方面对劳动过程的控制下降。这并不意味着资产阶级必然面临着严格的、不可更改的工作制度、职务分类，同样，也并不意味着劳动过程的改变需要与工人的代表进行协商和谈判，特别是在高速变化的技术条件下，这可能会损害资产阶级的利益。

此外，至少在生产的某种社会和技术条件下，工人阶级的联合力量在生产中可以提高劳动和管理之间建立的稳定关系的可能性。就工人阶级力量提高工作的安全性并减少对工人管理中的武断专横来说，工人工作的时间很可能增加，与此相应，他们的未来前景与公司的繁荣也密切相关。这反过来可能有助于促进忠诚观的建立及在各个方面合作的进一步愿望。

德国围绕合作决策和劳资委员会而建立的基于劳动场所的强大的工人组织也许就是最好的例子。斯垂克阐述了合作决策和劳资委员会应如何积极地帮助资产阶级解决问题：

那么合作决策究竟是怎么回事呢？并不像其他限制就业的变化因素，合作决策不仅对企业提出了一个问题，而且也提供了一种解决方案。合作决策一方面增加了组织的僵化，但另一方面，它也提供了应对这种僵化的保证效率的组织手段……劳资委员会不仅享有曾经是管理者的特权，而且也负责它所参与的决策的贯彻和落实。这种格局常常被描绘成劳动或有组织的劳动在管理上的"结合"或"合作"；但用同样的理由，它可以被看作由劳动力代表来行使的管理的"殖民地化"，尤其是人力管理。最恰当的比喻也许是资本和劳动的相互结合，使劳动内在于资本的利益就像资本内在于劳动的利益一样，劳资委员会和管理从而成为一个整体的、具有内在差别的产业管理系统的子系统，不断取代传统的多元对抗的产业关系系统。（Streeck，1992：160，164）

促使阶级之间深入合作的劳动和资本利益的更紧密结合有助于雇主解决工作场所中的一系列具体的协作问题：生产内部更有效的信息流动（因为工人更接近管理信息并且没有把阻拦信息作为其职位保护策略的一部分动机）；在科技高速变革时代对劳动过程更有效的调整（因为工人参与决策且并不担心科技变革使他们失去工作，他们更可能积极地配合引进新科技）；更有效的技术构成策略（因为具有突破技术瓶颈知识和需要的工人也参与了设计培训计划）。在更广泛的意义上，强大的工人阶级的联合力量使工人参与解决问题的途径更丰富，也更高效。

既然这种合作制度有这么多益处，人们难免感到奇怪：强大的工人阶级的联合力量在发达资本主义国家竟然这么稀少。其原因就像我在本章中所指出的，即这种合作的益处对于资本来讲是要付出成本的。斯垂克甚至在德国的例子中也承认这一点："毕竟，共同决策制在管理能力和管理权力上要付出相当大的代价……综合两个方面，如果它对于工人是有效的，那它必须还要约束资本。这就是为何所有的共同决策制的益处都被资本看作好坏参半的事情……在权力、地位上的短期和长期经济付出都使共同决策制的益处对资产阶级而言代价高昂，这就解释了商家对任何扩大共同决策权利的令人费解的对抗。"（Streeck，1992：165）

因为这些代价，资产阶级通常宁愿选择一种他们不必应付强大的工人阶级的联合力量的生产体系。因此，呈现出在生产中工人阶级力量与资产阶级利益之间倒 J 型的函数关系。

工人阶级的联合力量与资产阶级利益之间倒 J 型关系的这两种构成要素也许在政治领域中最为明显。正如大量的对历史进行比较的研究所指出的，当工人阶级政治力量增强时，资产阶级的地位会被进一步再分配：社会福利工资增加进而最低工资提高；税收和转让政策缓解了收入的不平等；工人的力量以各种方式去商品化。所有这些政策通常对高收入的人特别是资产阶级具有消极影响。在交换领域中，工人阶级政治力量也趋向于能够增加交换领域中，经常也是生产领域中工人阶级的联合力量的制度。因此，在政治领域中，工人阶级的联合力量可能也有助于交换和生产领域中曲线的向下倾斜。

在政治领域中，向上倾斜的阶级妥协曲线是社会民主党的核心要务。实际上，大量关于社团主义的文献就是关于资产阶级的利益如何在工人阶级高度组织的情况下得以繁荣的研究（Esping-Anderson，1990；Schmitter and Lembruch，1979；Schmitter，1988）。瑞典直到 1990 年代中期一直被当作范例：社会民主党对瑞典政府的控制促进了一系列中央级的贸易工会与中央级的雇主协会之间的合作协调，使长期的、稳定的合作和增长成为可能。工人运动与社会民主党之间的组织联合对于这种稳定性是至关重要的，因为增加了受到罢工影响的协议的合法性，并增加了工人对协议的条款在未来履行的情况的信心。这使瑞典的资本主义长期维持较高的生产利用率、非常低水平的失业率和相对较高水平的生产力增长。

图 1-7 中所展示的机制为在跨越时空的不同分析单元描述阶级妥协的条件提供了一系列初步的变量。交换领域中的阶级妥协可能会在地方、区域和全国的劳动力市场出现，或者在与特定行业相关的劳动力市场出现。生产水平妥协在企业中很典型，可能由行业内部来组织。政治领域中的阶级妥协在一个国家的中央政府中特别重要，但地方和区域在政治上的阶级妥协也是有可能的。描绘阶级妥协的范围的倒 J 型曲线会与对任意层级的阶级妥协的分析有关，而不仅仅是整个国家。

不同的国家将用这三对阶级妥协曲线值的不同组合来描述。例如，在德国，工人阶级的联合力量在生产领域中特别强大，在交换领域中就不那么强大，而在政治领域中则特别弱小。在瑞典——至少在社会民主党的全盛时期——工人阶级的联合力量在交换和政治领域中非常强大，也许在生产领域中有点弱小。在美国，工人阶级的联合力量在所有这三个领域中都在逐渐减弱，但它在某些（有限的）行业的交换领域中最为强大。因此，一个社会中阶级妥协的全部倒 J 型曲线是这些领域中所有成分复杂融合的结果。

七、使模式更为复杂：扩大理论变化区域

图 1-2 和图 1-7 的变化幅度可以看作当代发达资本主义社会可能性的典型范围。它对我们接下来分析工人阶级力量增大对于全社会范围的工人阶级组织在阶级妥协的三个领域分别会出现什么情况很有帮助。这与主张社会主义不应定义为对生产资料的中央集权的国家所有制而是工人阶级集体控制资本的"民主社会主义"相一致。

当工人阶级的联合力量接近这种理论最大值时，资产阶级的利益会怎么样呢？图 1-8 展示了资产阶级利益的一个重要方面——对投资和积累的控制与工人阶级的联合力量之间的关系。对投资的控制也许是资本主义中对生产资料"私人"所有制的最根本的尺度。在多数资本主义社会，即便是在工人阶级的力量增大时，这种资本的特殊力量也并未遭到严重削弱。即便有强大的工会和社会民主党，资产阶级依然对削减投资、选择他们个人的储蓄比例、把他们的利润转入消费，或投入扩大再生产等具有很大的权力。当然，所有的资本主义政府都有能力为特定的资本分配创造动机和设置障碍（通过税收、补贴、关税等等）。在特定情况下，"设置障碍"具有极大的强制特征，能有效地限制资产阶级分配资本的能力。尽管如此，资产阶级的所有权的根本在工人阶级力量变化的正常范围内通常并没有受到威胁。然而，当工人阶级力量接近理论最大值时，资产阶级控制资本分配的权利就会出现问题。这体现为图 1-8 中的曲线形状：工人阶级力量相对于资产阶级的利益对于资本分配控制的消极影响较弱，直到工人阶级力量达到一个非常高的水平时，资产阶级的利益才会受到严重威胁。

把图 1-8 加到图 1-2 中去，我们就得到了图 1-9 中的曲线。在这种理论模式中有两个最大值：资产阶级的最高理想是工人阶级完全分散且无组织，使资产阶级可以毫无约束地组织生产并占有生产增长的利润而不用担心集体反抗；社会民主党的最高理想是，工人阶级的联合力量强大到足以形成劳动和资本之间高程度的社团合作，但没有强大到威胁资产阶级的基本所有权。然而，这两种最大值对工人阶级

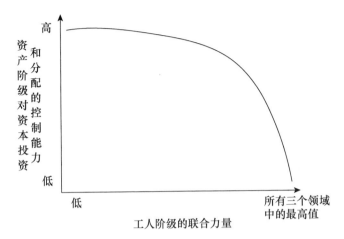

图 1-8　针对投资控制的工人阶级的联合力量与资产阶级的利益

和资产阶级构成了两种完全不同的策略环境。静态地说，资产阶级应当只关心他们在图 1-9 的垂直轴线上位于何处。然而，从动态上理解，资产阶级通常会更关注曲线的左边区域的点。

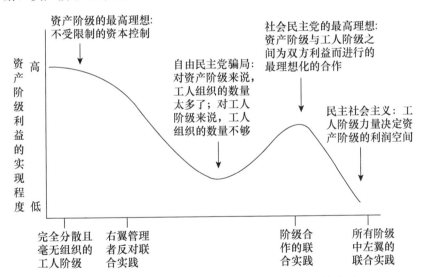

图 1-9　经济组织和政治中工人阶级的联合力量的类别

由于这种全社会阶级力量平衡变化的威胁，资产阶级可能更愿意工人阶级的联合力量保持在这条曲线的社会民主党的最高理想"顶端"的左边。达到这个顶端看起来更像是一个特洛伊木马：工人阶级力量的小小的额外改变会促成对资产阶级的利益和力量的决定性的挑战。图1-9中"社会民主党的最高理想"的局部最大值可能被资产阶级看作过于危险的区域而不去涉足。这是瑞典资产阶级对1970年代提出的"工薪收入者基金"议案尖锐反对的一种解释。工薪收入者基金,就像最初设想的那样,是一种议案,瑞典工会通过对抚恤基金的使用换得瑞典企业中的利润来增加对瑞典经济的控制。从经济成就甚至瑞典企业平均利润来看,它是很有争议的,其或许会对瑞典的资本有利,但它通过极大地提高瑞典工人的力量而增加了最终变为民主社会主义的可能性,结果是瑞典资产阶级对社会民主党的攻击。正如格林所写的:"社会民主党提出的政策侵害了想要保证充分就业和建立福利国家的商业活动的权力和自由。这似乎根植于雇主对瑞典模式的批判,充分就业是批判的核心部分。"

这种曲线的不同区域与图1-3中不同的博弈理论模式相符。"资产阶级的最高理想"与(C,O)即均衡解决方案的单方面的资产阶级支配博弈相符。在图中心向下倾斜的区域是纯粹的对抗性博弈,最多存在消极的阶级妥协的可能。曲线向上倾斜的部分是重复的囚徒困境,在稳定的(C,C)解决方案中,一种积极的阶级妥协可能出现。曲线在这个区域的顶点,"社会民主党的最高理想",是最接近于保险博弈的点。如果事实上它成为一种适当的保险博弈〔比如,图1-3中(C,C)的结局移到结局矩阵的右上方〕,那么图1-9中的曲线会变成一条J型曲线而不是反向J型;"社会民主党的最高理想"要高于"资产阶级的最高理想",并且成为一种社会民主的天堂,其中阶级之间的相互合作是自我完善的,而不再依赖于潜在的阶级对立的背景条件。最后,民主社会主义与(O,C)即均衡的解决方案的单方面的工人阶级支配博弈相符。

八、工人阶级利益与阶级妥协曲线

图1-3中的模式包括工人阶级利益和资产阶级利益。图1-10把工人阶级利益加到图1-9的阶级妥协曲线中。这些曲线的不同区域可以看作工人阶级力量的边际改变对工人利益与资产阶级利益之间关系影响的特定假设:

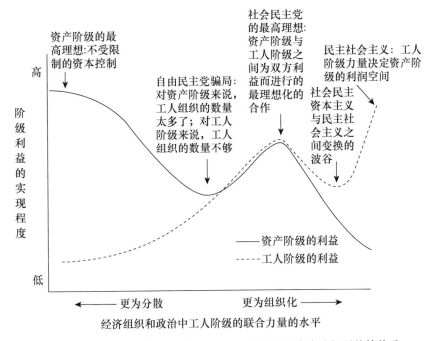

图 1-10　工人阶级的联合力量、工人阶级利益和资产阶级利益的关系

（1）工人阶级利益与资产阶级利益之间的断裂在数值的末端最大，即当工人阶级的联合力量最弱（完全分散的工人阶级）或者最强（民主社会主义）时。

（2）工人阶级的联合力量的增大把工人阶级物质利益的实现稳固地增至高水平。当然，在实际增大工人阶级的联合力量的历史过程中很可能发生因资产阶级的抵制而导致工人阶级利益受损的情况。不过，通常增大工人阶级力量预示着工人阶级利益的上升。

（3）围绕着"自由民主党骗局"的区域与图 1-3 中模式 Ⅱ 和模式 Ⅲ 中相互对抗（O，O）状态相符：工人阶级有效地对抗资产阶级且资产阶级有效地对抗工人阶级。

（4）此条曲线存在一个工人力量、阶级利益对于工人阶级和资产阶级相同的大体形势：向上倾斜的部分趋向自由民主波谷的右边。这是最稳定的阶级妥协区域。

（5）当工人阶级力量扩大到超出社团主义者的实践范围时，工人阶级利益的即时实现再一次下降。曲线的这个区域是普舍沃斯基所探讨的资本主义与社会主义之间的"转换波谷"（Przeworski，1985）。资产阶级通过缩减投资、投资其他地方或以一种更为有组织的"资本罢工"的形式对丧失资本控制的威胁做出反应。这会使经济下降，会损害工人的物质利益。只有当工人阶级的联合力量增大到投资可以民主地分配的程度时，工人阶级利益曲线才会再一次向上。一旦假设的民主社会主义充分实现，工人阶级和资产阶级的利益就会再一次出现最大限度的背离。

九、一件更为复杂的事情：不可达到的区域

在真实的资本主义社会中，这种理论上确定的范围中的价值并非全部都是可以达到的。存在两种可以被称作系统性排除和制度性排除的不同排除机制，具有缩小可能性范围的效果。

系统性排除确定由于社会系统根本的结构特征外在于这种可能性限制的曲线的部分。特别是，宪法上稳固的民主制的出现把曲线的完全受压迫和分散的工人阶级部分撤出了历史舞台，而法律上稳固的资本主义财产权则把曲线上的民主社会主义部分清除了。这并不意味着不具备使曲线上的这些区域在策略上可行的历史环境，而是要达到这点需要对社会的结构性法则做出根本性转变。

制度性排除涉及各种历史上不确定的制度安排，在由系统性排除所决定的限定中形成，使移向曲线的特定区域变得很困难或者不可能。例如，限制性劳动法使工人阶级的联合力量难以扩展到曲线的社团主义者联合实践部分（Rogers，1990）。此外，慷慨的福利国家给予工人的福利更少地依赖于资本，促进强大的工人阶级联合权利可能难以移向右翼的管理主义者区域。当然，这种制度性排除本身是历史冲突的结果，并且不应当看作是永远不变的。

这两种排除形式已在图 1-11 中予以说明，曲线的中间区域确定了策略上马上可以达到的领域。运用阿尔弗德和弗里德兰（Alford and Friedland）所采用的博弈理论比喻，这是普通的政治地带，是在恰当定义的制度性"博弈规则"中对于"博弈"的自由主义与保守主义的斗争。曲线的其他区域构成只是偶尔发生的政治对象。改革主义者的政治是针对确定制度性排除博弈规则的斗争；革命者的政治是针对确

定如何进行博弈的系统限定的斗争。

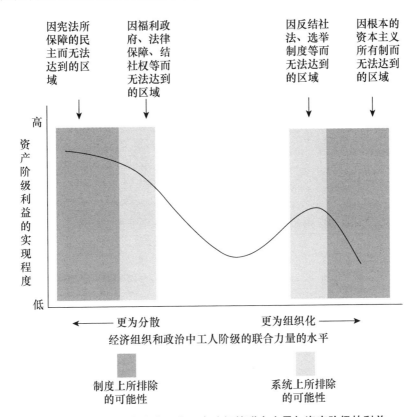

图 1 - 11　民主制资本主义中工人阶级的联合力量与资产阶级的利益

图 1 - 11 中，"无法达到的区域"由对称地横跨各可能性的理论曲线的轨迹的系统性和制度性排除来决定。当然，没有理由认为现实世界是整齐的、理想的。实际上，引入这种复合体的一个原因正是提供理解在这两种排除中跨越时空的变化形式的工具。图 1 - 12 中说明了对瑞典社会民主党和美国自由民主党时期两国历史变化的比较。

美国和瑞典的系统性排除是大致可比的：两者都有结构上稳固的民主制政府和资本主义的所有制关系。两者实质性的不同之处在于，其在历史上不断变化的对各自工人阶级的制度性排除的本质。

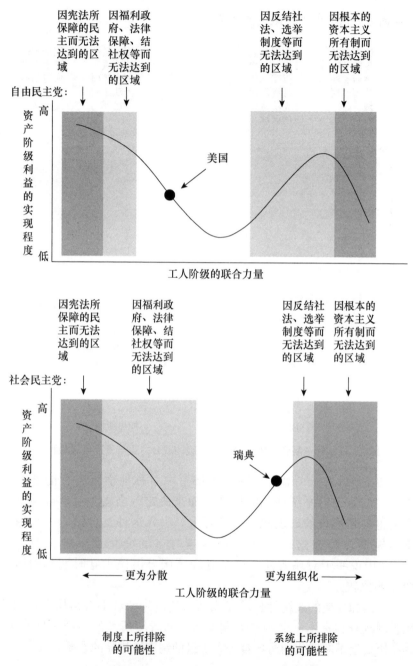

图1-12　在自由民主资本主义（美国）和社会民主资本主义（瑞典）中
工人阶级的联合力量与资产阶级的利益

在美国，多样性的制度规则产生了一个相当广泛的制度性排除，延伸到曲线的中心波谷的右边。巩固温和派和反对党联盟的两党制选举制度给工人组织带来严重的阻碍，所有这些都把制度性排除地带的边缘推向了左边。此外，像虚弱的福利政府、提供给工人非常有限的劳动保护和确保管理自主权的法律之类的事物都具有减弱以右翼的管理主义者反工人联合阵营为核心的制度性排除的作用。因此，在美国这类可实现的策略为工人行动提供了极小的空间，使工人阶级联合阵营局限在曲线向下倾斜的部分至波谷的左边。

瑞典的制度性排除，特别是在最为稳定的社会民主党时期，都趋向于促进工人阶级联合的力量。劳动法很宽容，使组成和扩大工会成员队伍变得非常容易。此外，慷慨的福利政府及劳动保护也极大地减少了右翼管理主义者策略的活动余地。这种结果就是瑞典工人运动长期处在曲线向上倾斜部分的波谷的右边。

当然，生活在这些制度中的行动者，并不能直接看到这整个景象。如果制度性排除机制地位稳固并且长期不受到挑战，它们可能变得完全无形且它们所包含的曲线部分可能变得几乎看不到。因此，从对制度中的行动者有利的观点看，"现实的"可能性的范围可能看起来更像图 1－13 所描绘的而不像图 1－12 所描绘的。美国工人运动面临着使其长期处于防守境地的可能性。作为与资产阶级利益对抗的工人阶级的联合力量的每一点增强资产阶级都将切身体会到，所以无论这种机会什么时候出现，资产阶级都会试图破坏工人阶级的力量。反工会活动是普遍的并且被剥夺选举权的情形也经常发生。在瑞典，至少到目前，在制度上进行限制的策略环境对工人阶级更为有利。对资产阶级的主要压力促成了其与组织起来的工人阶级的有效合作。这并不意味着雇主主动鼓励提高工人阶级的联合力量，但雇主确实很少破坏工人阶级的联合力量。

图 1－13 展示的工人阶级为联合力量而斗争的即时可实现的策略环境不应当看作由于不可更改的历史轨迹而固定不变。可实现的可能性的范围是可以变化的，这既是有意识地进行政治计划以改变体制排斥的结果，也是活跃的社会和经济力量在行为者背后发挥作用的结果。制度性排除由历史上特定斗争的胜利者和失败者创造，它们能够潜在地被一种相似的方式改变。但同样，经济结构中的动态变化也能够潜在地改变曲线本身的形状。这就是我们现在以一种更为推测性的方式来探讨的事情。

自由民主资本主义：

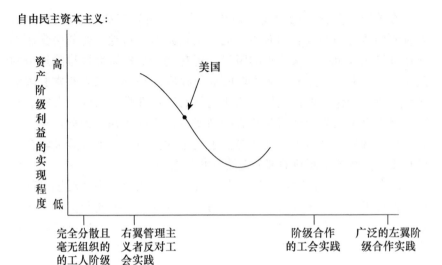

社会民主资本主义：

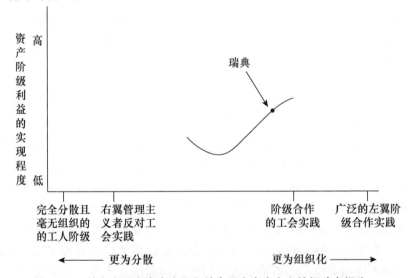

图 1 - 13　被自由民主资本主义和社会民主资本主义的行动者视为
可行的联合政治的策略环境

十、阶级妥协的变化范围

如果我们正在探讨的阶级妥协的普通模式是合理的，那么积极的阶级妥协的前景就可以通过三种不同的途径来改变：

（1）通过曲线的基本形状的改变；

（2）通过决定制度性排除的博弈的制度性规则的改变；

（3）通过在策略上可以实现的可能性中工人阶级的联合力量的改变。

第一种包含图1－6和图1－7所描述的函数关系，第二种包含图1－11中制度上"无法达到的区域"，第三种涉及像图1－13中的一种策略空间中的特定位置。因而，一种阶级妥协的充分膨胀理论要对产生这三种结果的因果过程做出说明。

我无法提出这样一种详尽的理论。接下来，我将对在当代资本主义社会发展中影响这三种途径的阶级妥协模式的方式提出一些推测性的假设，尤其是要关注不断增加的国际竞争和资本全球化对曲线形状的影响，以及技术变革对工人阶级联合力量的影响。

十一、对曲线形状的影响

为了了解积极的阶级妥协的变化条件，图1－6中曲线的关键部分是向上倾斜的，这部分工人阶级的联合力量积极地帮助资产阶级解决了各种集体行动和协调问题。图1－7列出了在交换、生产和政治领域由增强工人阶级的联合力量而促进资产阶级利益的幅度。我要研究的问题是，全球化和不断加剧的国际竞争如何能影响工人阶级力量和资产阶级利益在这三个领域中的关系。图1－14展现了关于这些影响的一系列尝试性假设。所有这些假设的影响都是高度推测性的。我将尽量提出一些可以激发对这个问题的建设性探讨的意见。

关于全球化的讨论中的一个标准的观点是，金融资本的流动和市场的全球化削弱了"凯恩斯主义"对发达资本主义宏观经济问题的解决方案。当资本家企业的商品销路的全球性日益提高时，商品的经济价值的实现几乎不依靠那些生产商品的企业所处国家的工人的购买力。而且，高度的国际竞争以及雇主不断威胁把生产转移到国外有助于减少工资对资产阶级的压力，从而降低强大的工会对限制工资的积极影响。强大的、高度集中的工会对资产阶级利益的积极影响因而也许会因全球化而降低。尽管对于可预见的、组织良好的劳动力市场，特别是对于技术构成问题来说，工人运动的加强对资产阶级可能还存在某些积极的价值，不过总的说来，全球化可能压低图 1 - 14 的第一条曲线的正向倾斜。

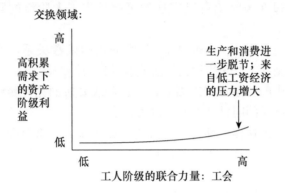

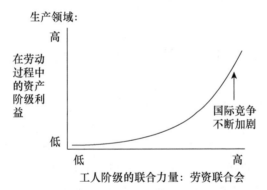

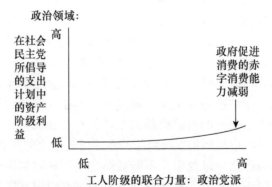

图 1 - 14　全球化和不断加剧的国际竞争在交换、生产、政治领域对阶级妥协曲线的影响假设

全球化可能在生产领域中具有完全不同的作用。在生产中，工人阶级的联合力量的特有形式是劳资联合委员会和生产过程中其他形式的工人组织代表。正如已经说明的，强大的劳资联合委员会可以在各个方面促进雇主的利益：它们可以通过工人更大的忠诚来增加生产，它们可以帮助发现问题并改进质量控制；它们可以增加工人接受弹性的工作分级和工作分配的意愿。在全球化带来的激烈竞争下，这些作用的积极影响可能加大。因为，如果具有可以通过提高在生产中的合作而获得的增加生产的大量未开发的资源，如果生产中工人阶级的联合力量能够促进合作，那么作为竞争压力加强的结果，生产领域中阶级妥协向上倾斜的部分可能会提得更高。

积极的阶级妥协在生产领域中产生的这些积极作用依赖于劳动过程和工人组织的性质。正如斯垂克（Streeck, 1991；1992）、阿奥奇（Aoki, 1988）和其他人所主张的，对高技术在生产中的最大运用常常需要比传统的大生产更高程度的信息合作、问题解决和适应性。到了强大的工人阶级的联合力量在生产领域中提高了雇员和雇主之间的信任程度，而且这种信任对于新形式的工人组织是必要的时候，不断增强的全球化和竞争的压力也许不会增强工人阶级的联合力量在生产中的积极作用。这说明全球化和技术变革对阶级妥协的条件的交互作用（不仅仅是相加作用）也许是存在的。

对全球化对积极的阶级妥协的消极作用的最为普遍的阐述往往涉及政治领域。资本（特别是金融资本）高度的全球流动使政府进行赤字消费和其他带动通货膨胀政策的能力减弱了（Stewart, 1984）。政治上充分组织起来的工人阶级在过去有益于资产阶级的一个主要方面是为庞大的政府开支计划创造条件。由不断增强的全球化带来的政府财政自主权的削弱既缩减了来自这种政策的利益，也降低了政府维持这种政策的能力，因而减少了政治领域中阶级妥协的正向倾斜。

十二、制度性排除

如果资本的全球化，特别是金融资本的高水平的国际流动削弱了政府大规模投资的财政能力成为现实，那么对图 1-9 中波谷左边的制度性排除很可能变得更窄。这进而增加了资产阶级发动攻势来削弱工人阶级联合力量的动机，因为存在接近"资产阶级的最高理想"的"顶点"的更大的空间。因此，阶级妥协的景象，可能日益依赖影响波谷的右边向上倾斜的区域博弈的国际规则。尤其是在美国，法律规则极大地妨碍了工会组织，特别是难以在生产领域中打造强大的工人阶级联合实践，阻止与工人阶级利益相连的政党所形成的博弈的政治规则可以看作在限制潜在的阶级妥协的范围。

那么问题就成为资本主义的全球化是使对工人联合实践制度的限制的改变变得更加容易还是更加困难。我认为对这个问题并不存在明确的答案。在政治争论的水平上，国际竞争的力量、全球经济和对生产的新的技术需求既可以用来支持反协会法律，也可以用来支持提高工人阶级组织能力的劳动法改革。一方面，新自由主义关于需要消除政府控制并允许一个相对不受约束的市场以便在国际竞争的观点增加了反工人联合的偏见；另一方面，"高运行"，即运行最好的经济需要更长时间范围的、持久的生产者合作形式的观点认为，有必要对雇员的集体组织在所有的社会交往领域开放更多空间。

十三、现有的策略限定下工人阶级的联合力量的前景

在当代美国对"高运行"和"低运行"资本主义之间选择的讨论（以高工资、高技术、高创新力、高生产力为核心的资本主义与基于低工资、衰退的技术、停滞的生产力的资本主义相对）中，许多评论者似乎认为高运行的资本主义的主要障碍源于资本主义的短视和意识形态的僵化。因此，启迪似乎是关键的解决办法：如果资产阶级只是看到曲线向上倾斜的部分，他们就会信奉这一点。如果阶级妥协曲线事实上呈一种丰满的J曲线而不是反向J曲线，那么也许这种判断是正确的：在虚构的呈J曲线的资本主义中，资产阶级自身的利益得到高水平的工人阶级的联合力量的最好的促进。在这种情况下，当资产阶级处在曲线向下倾斜的部分时——波谷左边的部分，他们可能甚至不相信曲线向上倾斜的部分会存在。由于他们视野的局限，资本市场的短时间范围的局限和普遍的认识混淆，资产阶级可能仅仅以一种直线的方式从即时的处境来判断并假定增强工人阶级力量将只会使事情更糟。如果工人阶级力量与资产阶级的利益之间的实际关系是坚固的J

曲线，那么，对资产阶级的启迪可能是朝着高运行方向前进的关键。

然而，如果这种关系是像我在本章中所说的反向 J 曲线，那么至少当力量的平衡使工人阶级的联合力量处在曲线向下倾斜的部分时，对资产阶级的启迪不太可能获得成功。在这种情况下，即使全球化意味着资产阶级的利益得到以生产为核心的阶级妥协的生产力增强的促进，资产阶级常常可能对于使这种阶级妥协得以长久所必需的工人阶级的联合力量的程度犹豫不决。因为这种生产中的工人阶级的联合力量的增强自然会削弱资产阶级的自主权，大多数资产阶级多数时候并不愿意转向阶级妥协的曲线部分。结果是，正如凯恩斯主义在交换领域的阶级妥协的较早时期那样，生产领域中对工人有利的阶级妥协只能是斗争的结果。对资产阶级的启迪也许有所帮助，但这需要约束力的支持，而这又需要斗争和力量。

那么，这种全球化和技术的变革如何对工人阶级在策略上可能达到的领域内为联合力量而斗争的前景加以影响呢？这是不太乐观的。一般地说，当前的经济变革存在的三种结果，潜在地削弱了工人阶级为提高联合力量而斗争的能力。

第一，全球化是趋向于增加不同劳动力成分的社会生活市场化过程的一个方面。这里关键的动力不是市场的全球性，而是市场在组织经济活动中越来越普遍和不受约束的作用。市场是加强不平等的机器。公众对各种市场——劳动力市场、资本市场、商品市场、消费者市场等等——的机能所施加的制度性限制的下降使经济转向了赢者通吃的方向，在特定市场中，竞争者之间的微小差别能够产生结果上的巨大差距。在劳动力市场中，这表现为在由职业和教育形成的阶层之间以及这些阶层内部的收入不平等的尖锐上升。这种异类成分和不平等，削弱了团结的经济条件，进而更难以转向高水平的工人阶级的联合力量，特别是当它包含挑战博弈的制度性规则时。

第二，与先进的技术变革相结合，由增强的市场化而产生的不断增加的异类成分增加了发达经济中某些劳动力部门能够促成劳资阶级妥协而其他部门却不能的特殊类型的二元性趋势。当然，二元性趋势并不是一个新现象。在 1960 年代和 1970 年代就存在很多对二元劳动力市场和划分经济的"垄断""竞争"行业的讨论。此处的观点是，通过政府而形成集中的阶级妥协的可能性的减弱导致新的、以技术为背景的划分更趋激烈，并且降低了形成更广泛的有利于普遍的工人物质利益的阶级联盟的可能性。

第三，全球化带来的激烈的国际竞争以及资本向低工资地区流动的威胁会使失业率增加。即使这种威胁被夸大并且大多数由限制工业化导致的失业是技术变革的结果而不是资本流动的结果，情况依然是由于工人相信他们的工作会受到资本向低工资地区流动的威胁而降低了他们为提高联合力量进行斗争的意愿。

如果本章的观点是正确的，大多数为重建对积极的阶级妥协有利条件的似是而非的策略便会从生产领域中的妥协外部建立起来。大规模的社团主义是高级形式的传统凯恩斯主义"有效需求"政策的核心，这有助于资产阶级解决关于其所生产产品的宏观需求的集体行动问题。中等社团主义制度形式的发展形成了罗杰斯和斯垂克所说的"有效供给"政策。

正如在资本主义的早期那样，达成生产中的阶级妥协并将其向外扩展在很大程度上将依赖于力量和斗争。工人阶级力量与资产阶级利益之间的关系保持着反向 J 型关系，只要有机会，资产阶级将总是冒险向软弱无力的工人阶级的联合力量的"资产阶级的最高理想"前进。这个选项需要予以排除以使生产者的阶级妥协的新的可能性对资产阶级具有吸引力。摈弃这种选项需要政府的干预，这意味着去除工人阶级令人吃惊的低工资和低技术的"低运行"路线最终要依赖于支持"联合生产论"带来的政治力量的复兴。

结　论

本章试图标示出资本主义社会阶级妥协的普遍的、抽象的模式，核心的理念是建立在葛兰西的洞察之上的，即在民主的资本主义社会中，资产阶级常常是霸权性的，而不仅仅是支配性的，这意味着阶级冲突是通过包含现实让步的现实的阶级妥协而受到遏制的，并非没有理性的力量。这种主张的底线是这种妥协的稳固和希求依赖于体现资产阶级与工人阶级关系的力量和利益的特定轮廓：当工人阶级的联合力量积极投身于解决资产阶级所面临的问题时，这种阶级妥协将比其只是具有让资本增加成本时的影响更为持久。

这里所提出的阶级妥协理论保持着马克思主义理论的传统核心，

即斗争和力量是资本主义社会分配结果的根本性决定因素。但是与传统马克思主义相反的是，这种模式还主张，在"阶级斗争的博弈"中资产阶级和工人的利益的轮廓不仅由资本主义本身决定，而且依赖于各种经济、制度和政治因素。尤其重要的是，这种模式主张阶级力量不仅能够影响阶级冲突的结果，而且会影响这种冲突的博弈本身：资本和劳动力的对抗或许是采取一种尖锐的两极化的零和冲突，或许是一种重复的囚徒困境，或者也许是一种表现为有利于积极的阶级妥协的重大保险博弈的策略环境。

参考文献

Ackerlof, George. 1982. "Labor Contracts as Partial Gift Exchange. "*Quarterly Journal of Economics* 97 (2):543-569.

Ackerlof, George, and Janet Yellen. 1986. *Efficiency Wage Models of the Labor Market*. New York:Cambridge University Press.

Alchian, Armen, and Harold Demsetz. 1972. "Production, Information Costs and Economic Organization. "*American Economic Review* 52:777-795.

Alford,Robert, and Roger Friedland. 1985. *The Powers of Theory:Capitalism,State and Democracy*. Cambridge:Cambridge University Press.

Aoki,Masahiko. 1988. *Information, Incentives and Bargaining in the Japanese Firm*. Cambridge:Cambridge University Press.

Axelrod,Robert. 1984. *The Evolution of Cooperation*. New York: Basic Books.

Bartlett,Randall. 1989. *Economics and Power*. Cambridge: Cambridge University Press.

Bowles,Samuel. 1985. "The Production Process in a Competitive Economy:Walrasian, Neo-Hobbesian and Marxian Models. " *American Economic Review* 75:16-36.

Bowles, Samuel, and Herbert Gintis. 1990. "Contested Exchange. " *Politics and Society* 18 (2):165-222.

Bowles, Samuel, and Herbert Gintis. 1998. *Recasting Egalitarianism:New Rules for Communities, States and Markets*. Vol. 3 of *Real*

Utopias Project, edited by Erik Olin Wright. London: Verso.

Calmfors, Lars. 1993. "Centralization of Wage Bargaining and Macroeconomic Performance: a Survey." *OECD Economic Studies* 21 (winter): 161- 191.

Calmfors, Lars. , and J. Driffill. 1988. "Bargaining Structure, Corporatism and Macroeconomic Performance." *Economic Policy* 6: 13- 61.

Commons, John R. (1950) 1970. *The Economics of Collective Action.* Madison: University of Wisconsin Press.

Crouch, Colin, and Wolfgang Streeck, eds. 1997. *Political Economy of Modern Capitalism: Mapping Convergence and Diversity.* Thousand Oaks, Calif. : Sage.

Doeringer, Peter, and Michael Piore. 1985. *Internal Labor Markets and Manpower Analysis,* 2nd ed. Lexington Mass. : D. C. Heath & Co.

Dore, Ronald. 1973. *British Factory, Japanese Factory: The Origins of National Diversity in Industrial Relations.* Berkeley: University of California Press.

Edwards, Richard. 1979. *Contested Terrain: The Transformation of the Workplace in the Twentieth Century.* New York: Basic Books.

Esping-Andersen, Gøsta. 1990. *Three Worlds of Welfare Capitalism.* Princeton, N. J. : Princeton University Press.

Foulkes, F. K. 1980. *Personnel Policies in Large Nonunion Companies.* Englewood Cliffs, N. J. : Prentice Hall.

Freeman, Richard. 1988. "Labour Market Institutions and Economic Performance." *Economic Policy* 6:64-80.

Garrett, Geoffrey. 1998. *Partisan Politics in the Global Economy.* Cambridge: Cambridge University Press.

Glynn, Andrew. 1995. "Social Democracy and Full Employment." *New Left Review* 211:33-55.

Goldthorpe, John. 1982. "On the Service Class." pp. 162-185 in *Social Class and the Division of Labor,* edited by Anthony Giddens and Gavin Mackenzie. Cambridge: Cambridge University Press.

Gordon, David M. 1976. "Capitalist Efficiency and Socialist Efficiency." *Monthly Review* 29:19-39.

Gordon, David M. 1996. *Fat and Mean.* New York:Free Press.

Gramsci, Antonio. 1971. *Selections from the Prison Notebooks*, edited and translated by Quintin Hoare and Geoffrey Nowell Smith. New York:International Publishers.

Greenwald, Bruce. 1979. *Adverse Selection in the Labor Market.* New York:Garland Press.

Hicks, Alexander, and Lan Kenworthy. 1998. "Cooperation and Political Economic Performance in Affluent Democratic Capitalism." *American Journal of Sociology* 103 (6):1631-1672.

Kenworthy, Lane. 1995. *In Search of National Economic Success:Balancing Competition and Cooperation.* Thousand Oaks, Calif. : Sage.

Korpi, Walter. 1983. *The Democratic Class Struggle.* London: Routledge & Kegan Paul.

Kotz, David. 1994. "Interpreting the Social Structure of Accumulation Theory." pp.51-70 in *Social Structures of Accumulation*, edited by David Kotz, Terrance McDonough, and Michael Reich. Cambridge:Cambridge University Press.

Nakane, Chie. 1970. *Japanese Society.* London: Weidenfeld & Nicholson.

Olson, Mancur. 1982. *The Rise and Decline of Nations.* New Haven, Conn. : Yale University Press.

Ouchi, W. G. 1981. *Theory Z:How American Business Can Meet the Japanese Challenge.* Reading, Mass. : Addison-Wesley.

Pohjola, Matti. 1992. "Corporatism and Wage Bargaining." pp. 44-81 in *Social Corporatism: A Superior Economic System?* edited by Jukka Pekkarinen, Matti Pohjol, and Bob Rowthorn. Oxford:Clendon Press.

Pontusson, Jonas. 1997. "Between Neo-Liberalism and the German Model:Swedish Capitalism in Transition." pp. 50-70 in *Political Economy of Modern Capitalism:Mapping Convergence and Diversi-*

ty, edited by Colin Crouch and Wolfgang Streeck. Thousand Oaks, Calif. : Sage.

Przeworski, Adam. 1985. *Capitalism and Social Democracy.* Cambridge: Cambridge University Press.

Roemer, John. 1994. *A Future for Socialism.* Cambridge, Mass. : Harvard University Press.

Roemer, John. 1996. *Equal Shares: Making Market Socialism Work.* Vol. 2 of *The Real Utopias Project,* edited by Erik Olin Wright. London: Verso.

Rogers, Joel. 1990. "Divide and Conquer: Further 'Reflections on the Distinctive Character of American Labor Law'. "*Wisconsin Law Review* 13:1–147.

Rogers, Joel, and Wolfgang Streeck. 1994. "Productive Solidarities: Economic Strategy and Left Politics. " pp. 128–145 in *Reinventing the Left,* edited by David Miliband. Cambridge: Polity Press.

Rowthorn, Bob. 1992. "Corporatism and Labour Market Performance. " pp. 82–131 in *Social Corporatism: A Superior Economic System?* edited by Jukka Pekkarinen, Matti Pohjol, and Bob Rowthorn. Oxford: Clendon Press.

Schmitter, Philippe. 1988. "Corporatism is Dead! Long Live Corporatism! Reflections on Andrew Schonfield's *Modern Capitalism.* " *Government and Opposition* 24:54–73.

Schmitter, Philippe, and G. Lembruch, eds. 1979. *Trends towards Corporatist Intermediation.* London: Sage.

Shapiro, Carl, and Joseph Stiglitz. 1984. "Equilibrium Unemployment as a Worker Discipline Device. " *American Economic Review* 74: 203–224.

Sorensen, Aage. 1994. "Forms, Wages and Incentives. " pp. 504–528 in *Handbook of Economic Sociology,* edited by Neil Smelser and Richard Swedberg. Princeton, N. J. : Princeton University Press.

Soskice, David. 1990. "Wage Determination: The Changing Role of Institutions in Advanced Industrialized Countries. " *Oxford Review of Economic Policy* 6:36–61.

Stewart, Michael. 1984. *The Age of Interdependence.* Cambridge, Mass. : MIT Press.

Streeck, Wolfgang. 1991. "On the Institutional Conditions for Diversified Quality Production." pp. 21 – 61 in *Beyond Keynesianism: The Socio-Economics of Production and Employment*, edited by E. Matzner and W. Streeck. London: Edward Elgar.

Streeck, Wolfgang. 1992. *Social Institutions and Economic Performance: Studies of Industrial Relations in Advanced Capitalist Economies.* Newbury Park, Calif. : Sage.

Streeck, Wolfgang, and Philippe Schmitter. 1985. "Community, Market, State and Associations? The Prospective Contribution of Interest Governance to Social Order." *European Sociological Review* 1: 119 – 138.

Waldman, Michael. "Job Assignments, Signaling and Efficiency." *Rand Journal of Economics* 15: 255 – 267.

Williamson, Oliver. 1985. *The Economic Institutions of Capitalism.* New York: Free Press.

Wright, Erik Olin. 1985. *Classes.* London: Verso.

Wright, Erik Olin. 1997. *Class Counts: Comparative Studies in Class Analysis.* Cambridge: Cambridge University Press.

第 2 章　关于社会阶级实在性的争论 *

［南非］哈罗德·金凯德 著　李晰 译

导　论

　　社会阶级是否存在引发了社会科学哲学以及社会科学本身的许多重大问题。社会阶级虽以不同的方式得到解释，但也是古典社会理论家宏大理论化的重要组成部分，例如马克思和韦伯。社会阶级的（可能）存在所引发的经验问题——解释收入和财富分配的是什么？政府在现代社会中的作用是什么？社会变革和社会分化在多大程度上可以通过阶级的存在来解释？——是众多而深刻的。此外，关于社会阶级地位的问题引发了对方法论的个人主义（Methodological Individualism）的强烈争论，而个人主义者自然倾向于认为社会阶级是解释性的。对特定阶级结构的承诺也引发了关于社会科学分类性质的深层次问题，即是否存在多重且合法的阶级概念，并且如果允许在给定的特定阶级概念的情况下进行多个个体分组，那么这些概念自身是否能够以这种多元主义方式得到最佳考察？

　　通过以不同程度同时捍卫某些阶级的实在论观点和其他一些类阶

　　* Harold Kincaid. Debating the Reality of Social Classes. Philosophy of the Social Sciences，46（2）：189－209. Article first published online：November 29，2015；Issue published：March 1，2016.

级（class-like）现象的唯名论观点[1]，本章将说明这些问题中的很大一部分。除此以外，我主张以下几点：

（1）在思考社会阶级的社会科学地位时，存在许多有趣而复杂的方法论和实质性问题。

（2）至少有两个得到合理支持的阶级概念：作为具备相似特征的个体集合的阶级和作为社会实体的阶级。

（3）不同的阶级概念之间并非不相容——在解释同一个社会时可以合理地同时引用两者。因此，关于合法的阶级概念，多元主义观点也有一定的道理。

（4）对作为社会实体的阶级形成支持的是，至少在一些社会中有充分证据表明存在权力精英和下层阶级（underclasses）。

（5）在同样的社会中，其他阶级可能最好被理解为具备相似特征的个体集合的阶级，而不是具体参与者或社会实体。

（6）有可能存在多种可探讨和兼容的方式来描述这样的具备相似特征的个体集合的阶级，因此关于"社会阶级"这一概念的多元主义有时是合理的[2]。

（7）因此，对一些现象，我们必须坚持整体主义，而对另一些我们或许可以以相对个人主义的方式进行考察。

正如我将在下面直接论述的那样，阶级地位引发了各种复杂而困难的问题[3]。我的初步目标是：（1）确定一些初始（prima facie）的合乎情理的立场（我没有声称要彻底解决所有的问题），以及（2）在这个过程中，对关于阶级存在的争论提出一些值得进一步考察的有趣问题。

本章的结构如下。第一节将对问题进行分类，因为有许多论题潜藏在有关阶级的辩论中，而不同阶级并不总是得到了明确的区分。第二节和第三节将分别考察统治阶级和下层阶级存在的证据。第四节认为，至少对于欧洲和美国而言，由社会学家（不包括统治阶级或下层阶级的图式）所捍卫的标准阶级图式最好被视为具备相似特征的个体集合而成的阶级，而不是作为社会实体的阶级，并且如果阶级存在是基于较弱的个体类型意义上的，那么人们有理由成为多元主义者。第五节阐述了关于个人主义和整体主义的问题。最后进行总结。

一、问题

关于阶级的争论涉及许多不同的维度[4]，尽管阶级的辩护者和批评者通常没有明确说明，哪些是他们正在解决的问题而哪些不是。对接下来的论述而言，重要的是要区分这些不同的主题；这样做也是我下述主张的依据，即围绕阶级的争论，存在重要且未经充分研究的问题。因此，阶级分析中的各种研究计划（Lareau and Conley，2008；Crompton，2008；Wright，2005）包括：

（1）把阶级识别为个体的类型与把阶级识别为结构化的社会实体。经理或技术工人等职业分组具有个体特征，并利用这些特征来断言阶级的存在。作为结构化社会实体的阶级不仅仅是一组共享某些共同特征的个体（这种情况是可能的，但它不是必要条件），而且是一组具有内部组织和复杂相互关系的个体。

（2）识别自在的阶级与识别自为的阶级。自在的阶级共享某种客观环境，例如就业条件。自为的阶级可以共享上述条件，但在某种意义上，它们有意识地将自己视为不同的阶级。自为的阶级和作为结构化实体的阶级密切相关。

（3）作为给定社会中覆盖所有人群的阶级与扮演碎片化和暂时角色的阶级。断言社会中的每个个体有且只有一个阶级身份，作为一极；断言在特定社会中存在特定阶级构成了另一极。

（4）作为普遍的阶级与作为局部的阶级。像马克思这样的强势阶级理论家似乎认为，在所有社会中都存在固定的阶级，至少在给定类型的社会中是这样，例如资本主义社会。派别另一端的较弱立场只是断言某些社会中存在某些阶级。

（5）基于产权关系的阶级与反映市场状况的阶级。对马克思来说，与生产方式的关系是关键；而对韦伯来说，关键因素是在市场中所占据的相似地位。

（6）作为由经济决定的阶级与建立于其他共同性之上的阶级。

（7）作为社会组织、特征和发展深层解释者的阶级与发挥次要作用的阶级。

（8）从根本上解释个体生活结果的阶级与具有更广泛社会解释功

能的阶级。

（9）作为描述性的阶级（如提供记录机制的）与作为社会学理论关键组成部分的阶级。

（10）作为在本质上与其他阶级有关的阶级与作为在本质上与其他阶级无关的阶级。

（11）作为在本质上与获取权力有关的阶级与作为在本质上与获取权力无关的阶级。

（12）作为执行功能角色的阶级，例如在竞争市场中拥有不同技能者与作为非执行功能角色的阶级。

（13）作为理论实体或潜在结构的阶级与作为或多或少具有可观察特征集合的阶级。

这些是一系列深刻、重要且复杂的问题，在利用阶级来考察社会的过程中，这些问题总是潜藏着的，而这些阶级也在很大程度上需要密切关注。

我们可以从以下这些维度来区分马克思和韦伯的阶级概念。对于马克思来说：

（1）阶级是结构化的社会实体，而不仅仅是个体的类型。

（2）阶级可以提供根本性的解释。

（3）阶级是详尽无遗的，大多数人都属于某一个阶级（流氓无产者具有模糊的地位）。

（4）阶级与其他阶级在本质上是相关的。

（5）权力在分析阶级关系的过程中是本质性的。

（6）阶级具有经济属性。

（7）就所有特定类型的社会而言，阶级是普遍的——如资本主义、封建主义等，特定类型的社会都拥有相同的阶级。

（8）阶级主要基于与财产的关系，即生产方式。

韦伯的观念就不那么雄心勃勃了。他可能拒绝所有这些论点，除了第 6 个，即阶级是经济的，因为这些阶级要么基于财产所有权，要么基于市场条件，如就业条件、技能水平等。但是，阶级地位与集体组织并无简单对应关系，阶级不是社会的基本解释者（地位群体同等重要或更重要），等等。韦伯的阶级概念比马克思的更为零碎（在更为积极的意义上讲，更为精妙）。

我所捍卫的观点介于马克思所提出的强版本阶级主张和韦伯的最

小化图景之间。就这些给定的维度而言，我可以进一步充实我的主要主张：

首先，我想论证，在美国，有大量证据表明，存在作为理论实体的统治阶级（或权力精英）和下层阶级。统治阶级是强版本意义上的一个结构化社会实体，一个自为阶级，因为其对其阶级地位的等级有相当程度的认识，它是一个基于经济资源控制而不仅仅是基于市场地位的阶级、一个具有社会和政治权力的阶级，以及一个作为社会特征和历史趋势的深层解释者的阶级。在美国和南非存在着下层阶级，它们（1）是基于与财产的关系（没有财产）和市场地位被划分出来的，是被排除在就业市场之外的；（2）不仅仅是一组具有共同特征的个体，而且是一个其成员将自己视为独特群体的阶级；（3）拥有一套共同的机构（有组织犯罪、得到明确规定的共享社区和遭受系统性歧视的共同历史，这些都可以被视为"机构"）；（4）是一个无法接触权力的阶级；（5）是一个具备深层解释者地位的阶级，在其中，重要的其他社会维度为其存在所解释或解释其存在。

其次，我想论证，至少在美国和欧洲，除统治阶级和下层阶级以外，其他阶级并不构成充分意义上的社会实体，而最多被视为具有相似特征的个体集合的阶级。因此，美国和欧洲有多项研究通过技能水平、职业等个体特征来识别阶级。这些划分包括：

（1）与权力没有特殊的联系；

（2）有限的阶级意识和有限的内部或自我组织；

（3）与社会实体的阶级可以解释大规模的社会特征或变化相比，它们具有有限的能力；

（4）承认存在对个体进行分类的多元方式；

（5）主要是描述性的而不是理论性的；

（6）确实有一些解释个体结果的能力。

因此，在这些情况下，阶级作为具有相似特征的个体集合的阶级的观点似乎是正确的：存在着将社会、世界进行划分的多元方式，而这些方式是合理的、相互之间不相容的、非强解释力的（这些划分所解释的东西并不是很多），且更多地对个人主义立场形成支持，这是因为它们并非具体的社会实体。

我在作为社会实体的阶级和具有相似特征的个体集合的阶级之间做出了区分，这一区分也并不需要被设想为时时处处都有的且缺乏灰色地带的一种严格区分。内部社会有组织区分、个体对一个阶级的归属感等等，显然可以成为涉及程度的问题。所以，作为社会实体的阶级对比作为类型的阶级，最强版本的情况所指向的是极端情形，而不是较为含混的灰色地带。

含混情形的可能性也提示出一个重要的视角，对我此处的考量而言，这个视角是我想要强调的：阶级是历史实体，因为阶级是随着时间的推移形成的，反映了持续进行的社会过程。这也印证了汤普森的主张（Thompson，1966）：工人阶级不是某件东西。此外，他还将他对英格兰工人阶级的历史著作取名为《英格兰工人阶级的形成》（*The Making of the Working Class in England*）。曼在其对英格兰、法国和美国考察中，为统治阶级和工人阶级的历史偶然性提供了令人信服的论证（Mann，2012）。统治阶级和其他作为社会实体的阶级的形成——它们通过特定的历史过程而存在，这一历史过程也可能让它们消失；我在下文中会对美国和南非的下层阶级是社会实体这一论点进行辩护，但它们在很大程度上也是特定历史力量的产物。（作为类型的阶级无疑也是历史性的，但是它们是"更加"历史性的，这是因为我鉴别出作为社会实体的阶级具有社会组织能力，而这种能力对作为个体类型阶级的条件而言，是更为复杂和脆弱的。）所以，我并不认为社会或经济体系必须具备我在论及美国和南非时所涉及的证据支持的阶级[5]。

还应该注意到，我在这里争论的那种多元主义是一种相对温和的多元主义。我认为存在多个合法的类概念，并且至少对于具有相似特征的个体集合的类的概念，存在多种合法的方式来将个体分组到这样的类中。然而，与已经提出的其他多元化相比，这些主张相对温和。有各种形式的本体论多元主义否认有一种世界存在的方式——想想古德曼（Goodman，1978），库恩（Kuhn，1970），也许是哈金（Hacking，1993），他们认为总是有可能用不同的方式来描述世界，且这些方式不是彼此可转化的变体。我想要捍卫的多元化远没那么雄心勃勃。它认为，对于社会解释中的某些目的和领域，有多种合理的方式可以对个体进行分组，这与杜普利（Dupré，1993）认为存在具有竞争性的有机体合法分类方案的方式非常相似。这是一种有限的多元主义，因为（1）我假设有一种正确的方式来挑选个体，且（2）我不认为对于一些当代社会的统治阶级和下层阶级而言，存在多种不同但一致的方式对相关现象进行分类[6]。

我还认为，这两种阶级之间的区别，是把握个人主义和整体主义争论的一种方式。我在其他地方（Kincaid，2014；2015）已经对此有所论述，作为一种标准还原主义理论的个人主义是呆板的，作为一种本体论则是十分明显的，然而，在社会研究中，有一系列关于我们如何成为个人主义者以及我们必须如何成为整体主义者的问题仍然是非常现实的、经验主义的。这个问题大致是我们需要在关于个体的事实中添加多少社会结构和组织才能成功地解释社会现象。"社会结构"本身或多或少是个人主义的。例如，对于个体而言，其所遵循的一套规范的"制度"提供的社会结构不如对组织和国家的吸引力大。

我一直认为，在社会科学里我们通常需要成为整体论者，我们对个体行为的解释经常并非完全是个人主义的，因为它们或明或暗地以社会实体和社会关系的存在为前提（Kincaid，1996；1997）。因此，我并不是假设完全以个人为依据的解释会更可取；当然，了解个人的具体情况有时是有帮助的。我认为这是一个开放且有趣的经验问题——在不同的社会和学科领域穿梭——即在不援引社会实体的情况下，我们能走多远，我们可以在多大程度上解释社会特征。我们在这里的主张是，将阶级作为类不如将阶级作为社会实体那样全面，因为后者假定的社会组织和复杂性比前者大得多。那么我们该如何论证阶级要么在类，要么在社会实体意义上是真实的呢？我认为可以从建构效度的心理测量学概念中收集一个有用的框架。尽管它并不总是那么清晰，有时还涉及学术上对各种有效性的吹毛求疵，但是其基本方法似乎令人信服：我们有理由认为分类体系或一个特定的构造可以挑选出真实的东西，如果（a）承认多个独立措施会产生一致的结果，（b）这样衡量的类别允许我们识别涉及该类别的因果影响和因果效果，克龙巴赫和米尔将之称为"基则网"（Cronbach and Meehl，1955），这些都是奎因哲学思想中更为具体的实例，即"存在"就是一个约束变量，我们在解释世界的时候可以用它来进行量化。

所以，为了表明在类的意义上是有阶级的，我们需要基于这些阶级定义个体特质的多元指标，然后才能够在因果性解释中运用这些阶级，通常这些解释能够说明个体结果的差异。为了显示在社会实体的意义上存在阶级，我们需要多种证据来证明一个群体的存在，这个群体涉及密集的社会关系——紧密的社会网络以及相互关联的组织和机构，还有证据表明，阶级不仅影响个人，而且与其他社会实体（如国家）存在因果关系。

二、统治阶级的存在

本节认为，在一些现有社会中，当涉及统治阶级或权力精英时，我们应该成为关于社会阶级的现实主义者。我想再次强调，这是一个有限的主张：例如，它没有声称每个资本主义社会都有这样一个阶级。有充分的证据表明，即使目前有权力精英，例如在英国，那些精英也并不总是固定不变的，而是随着时间的推移而不断变化发展的（Mann，2012）。我的主张也以下述方式得到了辩护：据我有限的知识来看，只存在着对现有的几个社会中权力精英的细致研究，即美国、英国和墨西哥，而这些研究也并非新闻记者式的印象（Camp，2002；Domhoff，2014；Scott，1991）。

我已经建立了一个框架来显示阶级的存在。但是，我还需要确定统治阶级的存在。如何证明这一点？这个问题很复杂，几十年来关于精英与政治或"国家"关系的文献同样十分复杂。因此，我们需要进行一些界定和澄清。

我一直在"统治阶级"（ruling class）和"权力精英"（power elite）这两个词之间犹豫。后一个词与 C. 赖特·米尔斯的关系最为密切，他更喜欢用这一概念来指代统治阶级（Mills，1956）。这是因为，在他看来，许多马克思主义者理论中的"统治阶级"产生了上层阶级与政治之间关系的简化图景，在这种图景下，国家只是统治阶级的组织委员会。对于米尔斯而言，经济精英与国家权力之间的关系没有太大的确定性和机械性。例如，马克思在《路易·波拿巴的雾月十八日》（*Der Achtzente Brumaire Des Louis Bonapart*）中就很清楚地承认，国家官僚机构可以拥有自己的利益，因此即使是一个有凝聚力的权力精英集团也具有某种独立性，而当精英没有凝聚力时更是如此，正如马克思对 19 世纪中叶的法国的描述那样。

因此，这里提倡的"权力精英"或"统治阶级"并不是一个总是在政治和大规模社会决策中为所欲为的阶级。相反，当一个阶级在一系列影响其经济利益的决策中占据优势时，它就是统治阶级。对这里的"决策"不应该进行过于意志化的解释：当关于具体决策存在明确冲突时，可以通过在斗争中获胜而为所欲为，但同样可以通过控制议程和保持辩论中提出的议题来实现这一点。

关于权力精英和国家，还可以进一步进行探讨（Mann，2012）。然而，就我的目的及可用的空间而言，上述论述——以及多姆霍夫（Domhoff，2014）的成果——就足够了。

那么，有什么证据表明美国权力精英符合这些标准呢[7]？多姆霍夫三十多年间不同版本的《谁统治美国》（*Who Rules America*）提供了对这些证据的详尽概述。证据包括：

（1）顶端1％的人口拥有高度集中的财富和收入；

（2）通过社交俱乐部和组织的共同成员资格以及共同的教育背景，顶端1％的人口可以拥有广泛而紧密的关系网；

（3）向内和向外的流动性在这1％的人群中是最小的——例如，社会记录表明，这一群体在多个世代间具有相当大的连续性；

（4）董事会的存在，使这些人拥有直接的公司所有权和公司控制权；

（5）通过对基金会的贡献和作用，以及参与智库、政策讨论团体和商业团体，这些人在政策规划网络中具有重要的参与度和影响力；

（6）这一群体通过其在政策网络中的影响力，通过竞选筹资和游说，以及担任高级政府职位，对政府的决策产生了与其地位不成比例的影响。

这些证据更加适用于显示分类有效性所需的多个度量维度和法理学网络的框架。财富、收入、群体成员、教育背景和流动性的衡量指标是指向社会阶级存在的独立证据来源。对政策规划网络和政府职能的影响既是统治阶级的证据，又证明了因果效应可以通过假设所讨论的社会阶级来解释。通过详细展示统治精英如何影响立法、政府监管、外交政策和公众舆论，可以进一步说明因果效应，多姆霍夫在这点上进行了详细说明。

虽然我认为统治阶级的存在是一种具体的特殊类型，但我也承认在这个社会实体的边缘存在一些关于谁属于和不属于某种本质的模糊性或任意性。比如，在统治阶级中，失业的配偶——绝大多数是女性——就是这种情况。非常富有的人完全靠投资收入生活，但其在公司治理、政策圈、政府等方面并未发挥积极作用。此外，个别阶级成员不一定都需要明确的阶级意识。如果我们考虑类型学的阶级，那么严格识别个体特征的失败可能会令人十分担忧。

但是，鉴于阶级具有可识别的因果作用的具体细节，我认为这不是一个特别严重的问题。我们有充分的证据表明，上层阶级较大概率地会对社会决策具有不成比例的影响。我们可以获得这种影响的证据，而不能在每种情况下明确地确定谁是该阶级的一部分而谁不是；个体也可能在不知情的情况下担负起影响社会发展与统治阶层的角色。

三、下层阶级的存在

在本节中，我认为有充分的证据表明，在美国和南非存在下层阶级。同样，争论的焦点是这些阶级不应被视为具有相似特征的个体集合的类型学（但与统治阶级一样，个体将分享许多特征）；相反，它们是具有内部结构和特征的、与更广阔的社会具有因果关系的具体社会实体。

我应该明确表示，我并没有捍卫那些像穆瑞那样的保守主义观点（Murray，1999）。通过将下层阶级视为一个具体的特殊情况而不仅是一组具有共同特征的个体，我把这种贫困理论文化作为过于简单化和不合理的个人主义理论而加以拒绝。如果认为"下层阶级"具有贬义，那么威尔逊提出的术语"贫民区贫困者"（ghetto poor）可能会是一个更好的标签（Wilson，2012）。

美国和南非的下层阶级有一个共同的特征，这一特征使它们不仅仅是一个简单的类型学分组，同时也显示了阶级的偶然性。正如我将在下面详细说明的那样，这两个群体都是社会上广泛而系统性的歧视导致的结果，这种歧视产生了有意的空间隔离，这主要是基于种族，或者用更准确的话来说，基于非洲裔的身份。明确的政策和歧视导致美国的贫民区贫困人口和南非的乡镇贫困人口的存在。在空间隔离方面的系统性歧视导致了一类独特个体的存在，他们不仅仅是多种意义上的穷人。因此，我认为，这些阶级的存在是偶然的。并非每个社会都有这种有组织的歧视历史。因此，我所提出的要求比那些与马克思主义主张有关的说法更加谨慎，即所有资本主义社会都有一个"流氓无产阶级"作为劳动力的后备军，将工资保持在较低水平，至少南非的下层阶级肯定在一定程度上反映了确保廉价劳动力的努力。

我在这里描述的下层阶级的特点是[8]：

（1）由于系统性的种族歧视导致的空间隔离。就南非而言，歧视是种族隔离制度的重要组成部分。非洲人经常被有意识地"连根拔起"，并且一般被迫生活在受通行法管辖的孤立乡镇。乡镇是高密度的非正式定居点，临时搭建的小棚屋彼此叠加，基本上没有管道设施，并且通常位于距离都市中心很远的地方（例如两个小时的出租车车程）且处于不受欢迎的（如洪水易发）地区。自种族隔离结束以来，农村地区的内部移民扩大了这些乡镇的规模。在美国，由于种族隔离，无论是合法地还是非法地，都会产生集中和空间隔离［例如，在亚拉巴马州的伯明翰，在 20 世纪 50 年代，试图迁入白人地区的黑人房屋被炸毁（Eskew，1997）］以及系统性的住房歧视模式，为郊区的白人而不是黑人的房屋所有权提供联邦支持，并在内城而不是郊区建造公共住房（Massey and Denton，1996）。在这两种情况下，就业方面的持续歧视增加了贫困地区的黑人数量，而在美国，大规模监禁和出狱后的黑人重新融入社会，以及歧视也导致了空间隔离（Goffman，2014）。

（2）高失业率和相当一部分没有受雇个体的"家族"（这是一个存在争议且模棱两可的概念，见下文），而从未受雇过的个体是该群体的一个很重要的子集。"就业"在这些群体中也是一个模棱两可的概念：在交叉路口出售毒品或太阳眼镜是否应算作就业？最明确的说法是，正规岗位的失业率很高。关于就业的完全可靠的数据很难获得，特别是在城市的贫民窟和乡镇。希金斯和纳特拉斯报告南非的全国失业率约 30%，其中一半生活在没有人就业的家庭，大多数生活在从来没有人就业过的家庭（Seekings and Nattrass，2005）。在南非的乡镇，失业率要高得多，可能高于 50%。在美国的贫民区，失业率可能高于 20%[9]。高失业率在很大程度上是由于贫民窟和乡镇缺乏正规的就业机会以及深入待就业人员个体的社会网络。

（3）教育水平较差且缺乏其他公共基础设施，如公共交通、有效的警务和医疗保健条件。

（4）高犯罪率，特别是以非法毒品销售收入为生的帮派。

（5）受教育程度低。

（6）极端贫困造成的文化差异在某种程度上加剧了贫困。例如，空间隔离意味着语言隔离，会对就业产生障碍。与社会其他部门相比，教育回报率低，社会正常规范降低并阻碍了教育的成果。

（7）贫困社区内强大的人际关系网络。个体建立了非正式的共享网络来应对人口密集社区的高失业率和严重贫困。此外，美国和南非的下层阶级都有相当广泛的亲属关系和相关的资源共享规范。对美国贫民窟的分析，请参阅斯塔克的观点（Stack，1974）；对美国乡镇的分析，见罗斯的观点（Ross，2010）。这些可能是南非和美国非洲侨民共同的非洲传统文化规范的结果，也是世界各地对极端贫困的自然反应（Collins et al.，2009）。然而，这里也存在类似于贫困陷阱的因素，有证据表明，过度的分享规范可能会破坏个体努力的激励因素，因为努力的回报也是共享的。

（8）所有上述因素间的相互作用导致的叠加效应，比上述任何因素自身带来的效应都更显著。上述特征可以是自我强化的，也可以产生统计学上的"交互效应"[10]。

为什么将这些下层阶级视为具体的社会实体，而不仅仅是具有某些共同特征的个体的集合呢？极端贫困的空间隔离和集中导致了一种内部组织，它将作为社会实体的阶级与作为类型的阶级区分开来。如上所述，有充分证据表明乡镇和城市贫民窟中存在密集的社会网络，而且阶级以外的网络非常薄弱。这些阶级中各种特征的相互作用在贫困陷阱中相互促进的事实意味着，存在一种连接这些特征的稳态机制。这种交互效应在历时和共时两方面都在发生——在任何给定时间，这些因素都紧密地捆绑在一起，下层阶级的状态会强有力地传递给几代人，因为大多数来自下层阶级的儿童不会离开他们父母的社区（根据一份有说服力的美国数据，参见 Sharkey，2013）。此外，作为城市或乡镇贫民的共同态度和集体意识产生了"自为阶级"的特征，形成了作为社会实体的阶级。国家和警察等宏观社会因素会对这一群体的存在产生直接影响。城市和乡镇的穷人经常会组织群众运动，旨在改变国家和警察的政策，有时真的会成功。

四、多元化和重叠的韦伯主义阶级

我为权力精英或统治阶级的存在辩护，并在某些情况下为下层阶级的存在辩护。然而，在社会科学中，存在着大量关于阶级的著作，这些著作描述了当代的阶级体系，在这种体系中，无论是权力精英还是下层阶级都没有发挥太大作用。这些著作体现的精神主要来源于韦伯。回想一下，对于韦伯来说，这是市场针对阶级所决定的生活机会。对于韦伯来说，市场中的这些不同立场可能会，也可能不会导致集体行动、阶级意识等。我在这一部分的论点是，这个更具唯名论的阶级概念可以取得经验上的成功，并与社会的权力精英分析一起存在，从而支持关于基本阶级概念的多元化。我还认为，当使用类作为个体类型的概念时，可以有多种方法对个体进行分组。因此，我的第一个多元主张，即有竞争的合法的阶级观念；我的第二个多元论点，即至少有一个阶级概念允许不同的可接受的个体分类。

但是，我应该再强调一次，我对阶级的阐述使其在历史上具有偶然性：有社会实体的阶级是取决于其所在的历史时期和背景因素的。在历史的各个阶段，肯定存在充分意义上的工人阶级：在 1820 年代和 1830 年代的宪章运动期间的英格兰（Mann，2012；Thompson，1966），在 20 世纪 30 年代中期的美国，等等。作为社会实体的阶级需要曼所谓的"组织权力"（organizational power）以及我所称的"内部结构"（internal structure）和"密集的社会网络"（dense social networks）。对于资产阶级和其他阶级来说，这些都不能保证经济地位。尽管如此，我认为有证据表明，作为社会实体的工人阶级比权力精英更罕见，而且有很多证据表明，工人阶级是社会阶级。

社会学中有一个一直存在的研究项目，即研究不同群体意义上的阶级，根据他们的职业类型、收入水平、职业声望水平等进行分类。与作为社会实体的阶级相比，这些阶级的功能要强得多。在严密的网络、共同的组织和机构或阶级意识的意义上，并不要求这些阶级具有广泛的社会组织；也没有人声称这类阶级解释了宏观社会现象，例如国家的性质。相反，这类阶级的目标是解释个体结果，如教育水平、健康状况、经济状况和就业稳定性。

这一传统中最著名的作品可能是戈德索尔普及其同事的研究（Erikson and Goldthorpe，1992；Goldthorpe and McKnight，2006；Goldthorpe，2007）。戈德索尔普等人在 20 年的时间里，对英国和其他欧洲国家的阶级结构进行了研究。他们的分类系统已被多个欧洲政府采用并被用于国家调查。

戈德索尔普根据三个基本标准来为个人确定阶级：雇主、自营职业者和雇员。他确定了两个拥有财产的阶级：大的雇主和小的雇主。自营职业者分为工业和农业从业人员。对于那些没有生产性财产且是雇员的人，他确定了两种基本的雇佣关系：那些具有高权威、高度自治、高资产专用技能的人，以及那些在劳务合同中低权力、受严密监督且低技能的人。在雇员中，他进一步进行阶级划分：工业技术人员和非技术人员，以及农业劳动合同中的高级服务关系和低级服务关系。戈德索尔普还描述了一个介于服务雇佣关系和劳动合同之间的阶级。最终结果是一个包含 13 个阶级的图式[11]。

有许多研究表明可以使用该图式预测个体结果。其他结果中的健康状况、经济状况和就业稳定性则与阶级地位呈现统计学上的巨大相关性（Goldthorpe and McKnight，2006；Goldthorpe，2007）。

像大多数调用多元回归或其他相关技术的社会研究一样，这项工作可能会产生一系列问题：第一个担心是社会阶级可能仅仅是教育等个别层面变量的替身（proxy）。然而，当这些可能混淆的替身被包含在回归中时，其结果与阶级地位的相关性通常会保持不变（Savage et al.，2010）。

第二个担心是诸如健康状况等结果可能是阶级状态的原因而不是结果。在处理这些复杂性的统计方法中，效果最好的是工具变量。然而，据我所知，这些更复杂的工具很少被用于针对阶级的社会科学研究中。

另外，我应该指出，即使有人认为对这些较弱阶级进行分类的依据是可疑的（我不认为如此，不过这是一个需要进一步分析的问题），但它们存在的问题不应引发对作为社会实体的统治阶级和下层阶级的怀疑。在过去二十多年中，有许多社会科学家宣称"阶级的消亡"（Kingston，2000；Pakulski and Waters，1996）。他们的攻击完全基于戈德索尔普类型的阶级方案，而完全忽略了统治阶级和下层阶级存在的证据。

在戈德索尔普类型的阶级方案中，很明显可能有其他划分阶级方案的方法。因此，毫不奇怪，社会研究人员已经提出了作为类型的阶级的替代方案。其中包括：

（1）赖特（Wright，1997）的广泛研究。赖特对农业和工业阶级不做区分，对待技能和权威的方式与戈德索尔普有所不同，最终得出一个有 12 个阶级的体系。

（2）萨维奇等（Savage et al.，2010）在 BBC 的《大不列颠阶级调查》中使用了与戈德索尔普和赖特不同的 7 个阶级的体系。

（3）布里登和格鲁斯基（Breeden and Grusky，2005）用基于特定职业的小微阶级替换了这些"大"阶级，提出了 96 个小阶级。他们认为这些阶级比大阶级更加制度化。

所有这些分类方案对个体结果都有一定预测成功的可能。

我将这些不同的方案与它们的经验作为我第二种多元主义的证据：这种阶级观念允许用多种不同的方式来同时划分合法的社会世界。不同的方案可能可以更好地预测不同的结果，但这也只是对复杂的社会现实的不同简化方案而已。戈德索尔普（2007）就主张这种理解方式，他不认为他的解释和小微阶级的解释存在竞争关系。

五、个人主义和阶级

我将通过阶级对个人主义-集体主义争论所具有的重要意义来推动对导论中的阶级的分析。我认为，用渐进的方式进行论证可能是最有成效的：我们为何必须是集体主义者，或者我们如何才能成为个人主义者？我到目前为止对阶级的讨论可能对此问题有所解答。

我要论证的第一点是"权力精英"这一概念与作为类型的阶级图式完全不同。权力精英中的个体特征当然是收入和财富——但我认为"权力精英"应该是那种为各种社会制度和组织贡献力量、有一定影响的人。对权力精英有吸引力的社会结果的解释主要是关于宏观社会过程的，作为类型的阶级不需要这种更丰富的社会结构。

关于我对下层阶级的看法，情况大致相同，其并不只是具有共同特征的个体的集合。例如，许多人失业，但并非所有人都失业。当然，它们确实具有一系列共同的个体特征，例如美国、南非和其他地方的贫困人口的低教育水平。但是，国家和统治阶级强加的空间隔离以及它们的劣势集中使它们不仅仅是穷人的集合。它们拥有密集的社会网络，这使它们成为一个有凝聚力的团队，在其意识到它们的情况时，就能够采取集体行动（虽然这种行动并非总能成功）。

所以，我们有充分的理由认为我们有时必须做一个整体论者。社会解释有时，甚至可能经常是关于权力精英和下层阶级的。

当个人主义意味着我们不需要援引社会实体时，我们会信奉个人主义吗？这里的问题是个人主义者如何在阶级层面做出解释。我必须承认，在这种情况下出现的问题是复杂的。如果我根据职业将人们置于相应的阶级中，我是否完全忽略了社会实体呢？职业与产生这一职业的机构和组织是否无关？例如，相对接近个人主义的布里登和格鲁斯基所谓的小微阶级就依赖于组织和机构颁发的资格证书。例如美国医学协会和其他有助于限制和控制谁能在美国成为医生的组织。通过作为类型的阶级，个别特征在解释中可能起到更大的作用，但它们可能仍然需要吸引它们所嵌入的社会实体。

结　论

我首先希望表明，社会科学的哲学家能够有效地解决社会阶级方面的许多有趣的问题。在解决这些问题时，我认为存在多个合法的阶级概念，并且对于其中一个阶级概念——作为类型的阶级——也许存在对个体进行排序的多重兼容的、有保证的方法。所以，我为社会阶级的概念做了双重多元主义辩护。我还试图至少提出一个初步证据，表明存在一些作为社会实体的社会阶级，并且在此过程中澄清了应如何进行这样的论证。这种社会实体在多大程度上需要解释，这是衡量我们需要在多大程度上成为整体主义者的标准。

注释

[1] 在这些争论中，社会科学家会使用"实在论"与"唯名论"这样的术语。然而，他们在使用这些术语时到底想表达什么意思，却并不十分明了。我把阶级区分为作为有组织的社会实体的阶级和作为具备相似特征的个体集合的阶级，希望能够在这个意义上有所改进，而我还会继续使用这种说法。

[2] 我不确定是否应当对作为社会实体的阶级概念持有一种多元论立场，鉴于阶级仍是一种具体的社会参与者，因此我觉得不应是多元化的。

[3] 除了从社会科学哲学和社会科学自身的重要性出发，社会阶级的地位对追问科学实在论的问题而言，是一种有趣的途径。科学实

在论的标准哲学进路试图以一般化的方式来评价这一学说，将其视作一个关于一般意义上有关科学地位的问题，并且利用一般的哲学论证，例如无奇迹论证或者悲观归纳。我对这种全方位的评价与论证表示怀疑，因为它们设定的东西或许比哲学可以成就的东西还要多。一种不那么基础主义且语境主义的科学进路认为，科学实在论提出了下述科学问题，这些问题大致要以科学的方式解决，并且很可能是局部而非全局的问题（Kincaid，2000）。总之，存在这样一些实在论问题，它们所追问的是，我们是否应当对当代科学的一些特定部分持实在论立场，并且尝试对局部问题和证据寻求一种哲学上的评估。本章试图为这样的分析做出贡献。

　　[4] 有关阶级的社会科学著作数量庞大。有关近期的综述，参见Lareau and Conley（2008），Compton（2008）以及 Wright（2007）。

　　[5] 这些实体是历史性的，但这并不会成为以实在论方式来看待它们的障碍——毕竟，面对大量历史偶然性的实体，我们是天然的实在论者。尽管地球并不是打一开始就存在的，但这并不影响我们对于地球的实在论立场。

　　[6] 当然，这并不意味着社会阶级的多元论具备证据证明自己。但我的推测是，坚持个体类型的多元论比坚持社会实体概念的多元论更合理些，这是因为后者还要涉及内部结构问题。

　　[7] 墨西哥和英国的例子（Camp，2002；Scott，1991）也让我们有理由去设想，在两个国家内部，都存在一个统治阶级，但同时也表明，阶级分析必须是依赖于情境的。在这些论证中不存在描述性的空间。

　　[8] 威尔逊（Wilson，2012）、梅西和登顿（Massey and Denton，1996）对美国的研究，以及希金斯和纳特拉斯（Seekings and Nattrass，2005）对南非的研究。

　　[9] 获得精确信息是十分困难的，理由如下：社会调查并不能精确覆盖下层阶级所处的地理区域，对失业率的定义也各有不同，并且在美国，由于有些人口遭到监禁，失业率有所下降。

　　[10] 请注意，我并没有把妇女主导的家庭以及非正常家庭算在内。这是因为我并不认为这种归类法能说明什么问题，甚至并不认为它们是准确的。正如上文所指出的，只有在有亲情维系时，这些下层阶级才具备强大的家庭和社会支持体系。例如，最近的研究表明，非

洲裔美国男性比其他族群的男性与自己孩子相处的时间更多（Blow，2015）。

[11] 这个图式是：大型企业雇员、小型工业企业雇员、小型农业企业雇员、农业个体户、工业个体户、表现优异的雇员、表现不佳的雇员、熟练合同工、非熟练合同工、农业合同工、表现不佳的非手工工人（介于服务和劳动合同之间）、表现优异的非手工工人（介于服务和劳动合同之间）、手工工人（介于服务和劳动合同之间）。

参考文献

Blow, Charles. 2015. "Black Dads Are Doing Best of All." *New York Times*, June 8, A21.

Breeden, Kim A., and David B. Grusky. 2005. "The Case for a New Class Map." *American Journal of Sociology* 111 (1): 141-212.

Camp, Roderick. 2002. *Mexico's Mandarins: Crafting a Power Elite for the Twenty-First Century*. Los Angles: University of California Press.

Collins, Daryl, Jonathan Morduch, Stuart Rutherford, and Orlanda Ruthven. 2009. *Portfolios of the Poor: How the World's Poor Live on $2 a Day*. Princeton: Princeton University Press.

Crompton, Rosemary. 2008. *Class and Stratification*. Cambridge: Polity.

Cronbach, Lee J., and Paul E. Meehl. 1955. "Construct Validity in Psychological Tests." *Psychological Bulletin* 52 (4): 281-302.

Domhoff, G. William. 2014. *Who Rules America? The Triumph of the Corporate Rich*. 7th ed. New York: McGraw Hill.

Dupré, John. 1993. *The Disorder of Things*. Cambridge: Harvard University Press.

Erikson, Robert, and John H. Goldthorpe. 1992. *The Constant Flux: A Study of Class Mobility in Industrial Societies*. Oxford: Oxford University Press.

Eskew, Glen. 1997. *But for Birmingham*. Chapel Hill: University of North Carolina Press.

Goffman, Alice. 2014. *On the Run: Fugitive Life in an American*

City. Chicago: University of Chicago Press.

Goldthorpe, John H. 2007. "Class Analysis: New Versions and Their Problems." In *On Sociology*, edited by John H. Goldthorpe. Vol. 2., 125–153. Stanford: Stanford University Press.

Goldthorpe, John H., and Abigail McKnight. 2006. "The Economic Basis of Social Class." In *Mobility and Inequality*, edited by Morgan, Stephen L., Grusky, David B., and Fields, Gary S, 109–136. Stanford: Stanford University Press.

Goodman, Nelson. 1978. *Ways of World Making*. Indianapolis: Hackett.

Hacking, Ian. 1993. "Working in a New World: The Taxonomic Solution." In *World Changes: Thomas Kuhn and the Nature of Science*, edited by Paul Horwich, 275–310. Cambridge: MIT Press.

Kincaid, Harold. 1996. *Philosophical Foundations of the Social Sciences*. Cambridge: Cambridge University Press.

Kincaid, Harold. 1997. *Individualism and the Unity of Science*. Lanham: Rowman & Littlefield.

Kincaid, Harold. 2000. "Local Realism, Global Arguments and Objectivity in the Social Sciences." *Philosophy of Science* 67 (3): 667–678.

Kincaid, Harold. 2014. "Deadends and Live Issues in the Individualism-Holism Debate." In *Rethinking the Individualism-Holism Debate: Essays in the Philosophy of Social Science*, edited by J. Zahle and F. Collin, pp. 139–152. New York: Springer.

Kincaid, Harold. 2015. "Open Empirical and Methodological Issues in the Individualism-Holism Debate." *Philosophy of Science* 82 (5): 1127–1138.

Kingston, Paul W. 2000. *The Classless Society*. Stanford: Stanford University Press.

Kuhn, Thomas. 1970. *The Structure of Scientific Revolutions*. 2nd ed. Chicago: University of Chicago Press.

Lareau, Annette, and Dalton Conley. 2008. *Social Class: How Does It Work?* Thousand Oaks: Sage.

Mann, Michael. 2012. *The Sources of Social Power. Volume 2: The Rise of Classes and Nation-States, 1760—1914*. Cambridge: Cambridge University Press.

Marx, Karl. 1963. *The Eighteenth Brumaire of Louis Bonaparte*. New York: International Publishers.

Massey, Douglas S., and Nancy A. Denton. 1996. *American Apartheid: Segregation and the Making of the Underclass*. Cambridge: Harvard University Press.

Mills, C. Wright. 1956. *The Power Elite*. New York: Oxford University Press.

Morgan, Stephen L., Grusky, David B., and Fields, Gary S., eds. 2006. *Mobility and Inequality*, pp. 109 - 136. Stanford: Stanford University Press.

Murray, Charles. 1999. *The Underclass Revisited*. Washington, DC: American Enterprise Institute Press.

Pakulski, Jan, and Malcolm Waters. 1996. *The Death of Class*. London: Sage.

Ross, Fiona C. 2010. *Raw Life, New Hope: Decency, Housing and Everyday Life in a Post-apartheid Community*. Cape Town: University of Cape Town Press.

Roux, Sam Friedman, and Andrew Miles. 2013. "A New Model of Social Class: Findings from the BBC's Great British Class Survey Experiment." *Sociology* 47(2): 219 - 250.

Savage, Mike., Devine, Fiona., Cunningham, Niall., and Taylor, Mark. 2010. "A New Model of Social Class? Findings from the BBC's Great British Class Survey Experiment." *Sociology* 47 (2): 219 - 250.

Scott, John. 1991. *Who Rules Britain?* Cambridge: Polity.

Seekings, Jeremy, and Nicoli Nattrass. N. 2005. *Class, Race, and Inequality in South Africa*. New Haven: Yale University Press.

Sharkey, Patrick. 2013. *Stuck in Place: Urban Neighborhoods and the End of Progress toward Racial Equality*. Chicago: University of Chicago Press.

Stack, Carol. 1974. *All Our Kin*. New York: Basic Books.

Thompson, Edward P. 1966. *The Making of the English Working Class*. New York: Alfred A. Knopf.

Wilson, William Julius. 2012. *The Truly Disadvantaged*. Chicago: University of Chicago Press.

Wright, Erik Olin. 1997. *Class Counts: Comparative Studies in Class Analysis*. Cambridge: Cambridge University Press.

Wright, Erik Olin. 2005. *Approaches to Class Analysis*. Cambridge: Cambridge University Press.

第3章 你为什么背叛你的阶级？*

[以色列] 阿维萨·马加利特 著 宋天舍 译

一、开篇故事

我记得那一天。那是 1970 年 6 月 18 日：英国大选的日子。当时我正站在英国牛津郡的一个荒凉的公共汽车站里，等着坐车去我有电视的朋友家看足球世界杯，一位面色红润的，戴着一顶大礼帽并别着耀眼的康乃馨的保守党人向我走了过来。

他身上有一种深沉的英格兰气息，并以一种友好的态度向我示好。我向他清楚地表明，他不应该把有限的游说时间浪费在我身上，因为我是一个无权投票的外国人。他不假思索地说："既然我现在没有更好的事可做，我想请问你：如果你有机会投票，你会投给谁？""工党"，我答道，又加上了一句"毋庸置疑"。他困惑地盯着我，并问道："你为什么背叛你的阶级呢？"

我被惊得目瞪口呆。我是在工人运动中长大的，因而理所当然地认为自己属于工人阶级。当这个保守党人在桑树丛中转来转去时，我们正在希伯来工人运动学校唱团结歌，背叛我们的阶级意味着越过警戒线成为一个破坏罢工者，一个工贼（knob-stick scab）。在此，我要

* Avishai Margalit. Why Are You Betraying Your Class?. European Journal of Philosophy，2011，19（2）：171—183.

面对的是这样一个人：他认为，任何与牛津礼服（而非牛津城）有关的人都属于他的阶级。

在那天，没有人相信爱德华·希思（Edward Heath）和保守党会赢得选举，尤其是那些游说者。不过，因为他是那么的友好，而看起来又那么脆弱，所以我试图让他振作起来。"好吧，你也许还会赢"，我毫无信心地说。"听着"，我说道，"几天前我在本地一家酒吧看英格兰对德国的足球比赛。英格兰队以两球领先，但最后仍惨败给了德国队。工人阶级的孩子们非常沮丧，他们没有精力去投票，因此你可能会赢。"我丝毫不认为在"我的工人阶级"身上会发生其他什么事情。

那天，大量的工人阶级选民把选票投给了保守党。他们姗姗来迟地回应的，不是英格兰足球的失利，而是伊诺克·鲍威尔（Enoch Powell）关于移民对英国危险的充满血腥（Rivers of Blood）的演讲。鲍威尔模仿着女巫对埃涅伊德（Aeneid）说的话："战争，我看到了恐怖的战争，台伯河被鲜血染红了。"数以百万计的工人看到了战争的威胁，因而对工党政府的自由移民政策感到非常愤怒，并投票选举保守党上台。我觉得英国的波维利特工人（Powellite labour），就像后来法国的工人勒庞主义者（labourlepenists）一样，背叛了他们的阶级，没有与移民站在一起。但波维利特工人和法国的工人勒庞主义者具有截然不同的认识。他们认为，传统的工人阶级政党背叛了他们，没有保护他们不受移民的侵扰，而他们对移民也没有丝毫的团结意识。

二、自上的背叛和自下的背叛

一个人可以从上层背叛自己的阶级，即身处上层却和下层阶级站在一起；或者从下层出卖自己的阶级，即身处下层却站在上层阶级的那一边。那位牛津的保守党游说员指责我从上层背叛了自己的阶级，认为我决定站在一个比我所属的阶级更低的阶级一边。他没有具体说明我背叛了什么，但我想他的意思是说，我选择相信一个下层阶级的政党是在背叛我的个人利益。按照他的想法，如果我选择下层阶级的政党，那我和像我这样的人可能要缴纳更多的所得税。他很可能认为我在背叛我的最高个人利益。我对他的理解是，他在质疑我的理性，而不是我的道德。

　　但自上层背叛的核心其实是削弱上层阶级统治的合法权利。上层阶级认为自己是摆脱了大众变化无常本性的天生统治者——天生注定去执政：他们代表着连续性（"继承者"）、稳定性和长期经验；简而言之，他们代表着传统——经过验证的世代传承下来的智慧。

　　在他们看来，下层阶级，即群众、暴民，天生就不适合执政，他们会被不负责任的煽动者和可鄙的民粹主义者引导。人多并不意味着安全，反而可能只有鲁莽。加图（Cato）恰当地对卡塔利娜（Catalina）提出这样的指责；埃德蒙·伯克（Edmund Burke）却错误地指责米拉博（Mirabeau）和西哀士（Sieyes），许多波士顿上层人士（Boston Brahmins）也以同样的方式对待罗斯福。《阶级的背叛者》（Traitor to his Class）确实是富兰克林·罗斯福于 2008 年出版的一本传记的标题。它的意思是自上层背叛自己的阶级，通过削弱自己的统治权力而与"普通民众"联合起来。

　　我所感兴趣的观点是，从底层背叛自己的阶级，即背叛工人阶级的团结。我感兴趣的问题是，如果一个人不站在工人阶级一边，他会背叛什么呢？我将要研究的观点是，工人阶级的团结是建立在一个公正社会的实现条件（enabling condition）之上的。因此，背叛工人阶级的团结就是背叛正义的事业。正义代表着一种人的关系的特殊形式，即权力形式。因此，背叛正义的事业是对人的关系的背叛，而不是对抽象观念的背叛。

　　有两个关于周恩来的著名故事，都十分经典。一个故事是这样的：嫉妒周恩来的老练而粗野的赫鲁晓夫试图斥责他："这很有趣，不是吗？我是工人阶级出身，而你的家庭是地主。"对此，周恩来迅速回应道："是的，我们俩都背叛了自己的阶级。"另一个故事是，当周恩来被问及法国大革命是不是一件好事时，他有一句名言："现在下结论还为时过早。"

　　我想根据法国大革命对于背叛与正义的思考来把这些故事结合起来。

三、革命的三角关系

　　"自由、平等、博爱"是法国大革命的著名三角口号。罗伯斯庇尔曾建议把这条标语织在法国国旗上。虽然他的建议并没有被采纳，但这句口号却深深地铭刻在人们的革命意识中。人们一直没有对这个口号的含义达成共识。托马斯·卡莱尔（Thomas Carlyle）在谈到有关革命口号"博爱或死亡"时写道，法国大革命中的"博爱"意味着"当我的兄弟，不然我就杀了你"（Young，1927：153）。当然，也不乏对"博爱"的善意的解读。

无论如何，革命三角口号为法国大革命之后的许多政治思想设定了议程。人们为解释"自由"和"平等"这两个观念以及它们之间的关系花费了大量精力。通过对"自由和平等之间有什么关系"这一问题的思考，我想到了一些问题，比如在没有经济平等的情况下，我们能拥有自由吗？左翼说"不能"，右翼自由派说"能"；我们能不使用破坏自由的胁迫手段而获得平等吗？右翼说"不能"，左翼说"能"；如此而已。革命三角口号中被忽视的一面是博爱的一面，或者用工人的话说，是团结。"博爱"这个词比"自由"和"平等"更难捉摸。博爱是以一种对待兄弟的态度对待那些不是真正意义上的兄弟的人，这在很多人看来是一个不能从字面上兑现的隐喻。

然而，还有一些阻止思想家们与博爱打交道的东西：博爱有道德媚俗的意味。媚俗虽然吸引了积极分子和宣传者，但它阻碍了严肃思考。在我看来，媚俗不仅仅是一种低级趣味的表现，这个词应当既适用于艺术又适用于道德。媚俗的问题是多愁善感，而多愁善感的问题在于它扭曲了现实，使我们认为可以放纵自己的感情。把陌生人说成兄弟就十分扭曲。把其他人当作"终极兄弟"是媚俗的。

沉溺于"兄弟般的爱"，并不是我们爱上陌生人，而是我们爱上那种对陌生人的虚假爱意。这是一种二阶情绪，是关于我们真实的情绪或受影响的情绪的情绪。

旧左翼在朝向幸福未来的"微笑兄弟会"（smiling brotherhood）游行中表达的媚俗团结是相当烦人的。然而，同取代它的受害者文化相比，它有一个关键的优势：工人不是被动的受害者，而是人类文明的积极创造者。团结是一种自豪的表达，而不是单纯的苦难。

拉尔夫·卓别林（Ralph Chaplin）在他的《永远的团结》（*Solidarity Forever*）中告诉我们：

> 是我们耕作草原，建设城市供他们贸易；
> 开掘矿脉，建造车间，铺设无尽的铁路；

现在我们却站在自己创造的奇迹之外挨饿；

但工会（Union）让我们变得强大。

四、博爱：家族企业

博爱（fraternity），就像法语中的"友爱"（fraternité）一样源于"兄弟"（frater）和"兄弟的"（fraternus）两词。它让人想起家庭关系的隐喻，即兄弟之间的关系。博爱这一革命性的理念旨在将人类视为一个大家庭，即人类大家庭。兄弟之间的关系基本上是横向关系，即平等关系。而与革命博爱相竞争的是另一种政治家庭隐喻——家长制，即父亲管理孩子，一种完全垂直的关系。这是权威和等级的关系。"家长制"是19世纪下半叶才被发明出来的一个相对较新的术语，但我们自古以来的做法就是把国王看作父亲，把国王的臣民看作孩子。家长制基于这样一种观点，即统治者（隐喻的父亲）比他的臣民们（隐喻的孩子）更清楚什么对他们有好处。而博爱不同于家长制，并在某种程度上是对家长制的抗拒。只要你忠于家庭，"我们"（隐喻的兄弟）就会帮助你。

"团结"不涉及家庭关系，也不存在家庭关系的隐喻。"团结"（solidarity）的词源非常不同，如果我们追溯它的罗马词根，就会发现它与一个团体的共同债务有关，这个团体将每个成员都与整体债务（solidum）的共同的个人责任联系在一起。博爱和团结处于两种不同的图景中：博爱是建立在家庭关系的基础上的；团结是建立在强有力的伙伴关系在共同债务的情况下承担着无限的责任的基础上的。

民族主义（nationalism）也受到家庭的影响。它让我们从一个大家庭的角度来思考这个民族，即来自共同祖先的直系血统。阶级团结不是从家庭的角度来考虑的。必要时，我会用"博爱"来形容民族团结，"团结"则主要用来形容阶级团结。

这里，我必须赶紧补充一句，并非仅世俗左翼才使用"团结"这个词。这个词在天主教著作中被广泛使用，包括天主教保守派的著作。当社会成员把他们彼此的相互依赖看作对上帝的依赖时，这个社会就是团结的。

五、社会黏合剂

是什么让一群人形成了一个稳定的社会？无论答案是什么，这个问题本身都是一个恰当且隐喻性的暗示。"黏合剂""胶水""融合""纽带"，都是精心设计的隐喻。"社会凝聚力"是一个艺术术语，旨在取代这种隐喻。

民族主义是一项浩大的运动，它将民族与领土相匹配，以建立一个国家。这项工作被一个常见的问题困扰：通常，不止一个民族（"人民"）居住在为国家所指定的领土内，民族国家的凝聚力似乎受到这一事实的威胁。另一个威胁是阶级分裂和阶级冲突。当一个阶级和一个不属于民族国家的统治民族的民族群体之间存在重叠时，这个阶级就变得更像是一个种姓。

我感兴趣的是，对阶级团结的要求与对民族团结的要求之间的紧张关系。背叛阶级，背叛民族，这与我所担忧的是非常一致的。虽然凝聚力是每一个努力维持稳定的社会所关注的问题，但我只对两种类型的社会感兴趣：阶级和民族。我感兴趣的两种类型的社会的政治框架通常是国家。

历史上，曾有两种意识形态为忠诚和团结的首要地位而竞争：一种是民族主义，其温和形式是"民族第一"，其极端形式是"民族至上"；另一种是社会主义，其温和形式是"工人阶级第一"，其极端形式是"工人阶级至上"。面对巨大的压力，社会民主党人渴望保持两种忠诚：对民族的忠诚和对阶级的忠诚。我们之后再看它的代价是什么。

自由主义者通过理性的利己主义者之间的社会契约来把社会黏合在一起。对自由派来说，过去和现在的问题是：契约是否足够完善，从而能使社会团结在一起？它具有足够的黏合力吗？"法律的契约"似乎缺乏某种情感力量，而这种情感力量会让社会成员愿意为保护社会而做出必要的牺牲。

的确，公民意义上的契约太过空洞，难以让社会在艰难时期坚持下去。从法律的意义上来说，黏合社会的也不能是某一种契约，或某一套契约。

但还有另一种具有强烈宗教基础的契约意识——如果你愿意的话，

也可以称之为"圣约"（covenant）——在这种契约中，契约变成了一种圣礼。犹太婚礼具有一种"律法式"契约的特殊性质，这种契约必须被神圣化。契约从而被提升到圣礼的地位。在《圣经》中，当上帝是立约的一方或是契约的主要见证人时，这种神圣的契约被人们称为 Brit。

Brit 的词源很能说明问题：它是一种捆绑的行为。但是捆绑在一起会变成一个丑陋的比喻——把一捆芦苇捆在一起是法西斯主义的根本隐喻。

问题是要在空洞的自由主义和压迫的法西斯主义之间寻找一种适当的凝聚力。埃米尔·邓肯（Emile Durkheim）和他的侄子马塞尔·毛斯（Marcel Mauss）都非常热衷于寻找这种凝聚力。他们感兴趣的是"团结"的最初拉丁语意义，即"凝固"，亦即固化社会。毛斯认为，礼品交换应该是这种凝聚力的模型。团结是巨额礼品交换的结果，这是一种不同于市场交易的交易，它有足够的非器质性的、仪式化的特征，如果你喜欢的话，它也可以是半圣礼的社会合约，一种契约。团结就是被类似于礼品交换的关系束缚在一起的。

六、团结：宿命和命运

在一本著名的犹太说教书 *Kol Dodi Dofek*[①]（2006）中，犹太拉比约瑟夫·索罗维奇克（Rabbi Joseph Soloveitchik）对两种生存方式进行了有用的区分：宿命和命运。宿命是人类存在的一种惰性模式，在这种模式中，个体或群体是受外部力量（通常是不利力量）影响的被动对象。命运是人类存在的一种积极模式，个体或群体在面对作用于自身的力量时，积极地试图塑造其生命。

因此，命运获得了"召唤"或"使命"的意义，而不是"宿命"的同义词。宿命是强加给个人或群体的，而命运涉及选择。基于这一区别，索罗维奇克介绍了两种圣约：基于共同宿命的宿命之约和基于共同使命的命运之约。

我不会在此深入探讨索罗维奇克的神学以及这两种契约在犹太生

---

① 古犹太语，翻译较为困难。——译者注。本书脚注均为译者注，以下不一一注明。尾注为原作者注。

活中的意义。

我想做的是讨论宿命和命运作为团结关系中的两个因素。团结是将一组有着共同宿命的人转变为命运共同体的必要条件。我说的宿命是指共同的不幸。我们可以谈论两种团结，而不是两种契约：宿命的团结和命运的团结。宿命的团结倾向于强调受害者身份，这在很大程度上属于受害者主义文化；命运的团结往往是建立在作为历史推动者的责任感和自豪感的基础上的。

宿命的团结是对有着共同宿命的人的忠诚。命运的团结是对共同事业的忠诚。在命运的团结下，人际关系变得模糊，而效忠的对象似乎是一项事业。但这一事业只是有助于形成团结，而团结则主要是人与人之间的关系。

宿命和命运在时间上形成了两种不同的流向：过去的宿命和未来的命运。宿命的团结创造了记忆的共同体，命运的团结创造了运动和集体行动。当宿命和命运结合在一起、记忆和行动结合成团结时，团结就是最好的。

团结，不管是宿命的团结还是命运的团结，都涵盖了所有的人类情感。它可能以温和的同情开始，通过道德支持的行动，以群体的完全一致为终结，无论对与错，这包括愿意为群体的福祉做出大量牺牲。

但是，团结不仅仅是一种情感，它还是一种对人世和理想的生活姿态，在一个人的生命中占据非常重要的地位。

七、团结与正义

在许多先进的社会中，工人阶级形成了一个命运共同体——共享一个被剥削阶级的历史，同时怀着成为命运共同体的愿望；以基于正义的无阶级社会的形式，来实现建立一个公正社会的命运。

正义可以被认为是在平等和自由两种价值观之间达到平衡。因此，正义包含了革命三角中的两角。基于这种观点，博爱或团结成为实现正义的有利条件。

博爱和团结都形成了具有内在价值的人际关系。它们不仅仅是集体行动的工具。的确，博爱在其强烈的相互兄弟关怀意识中，可能是一种比基于正义的关系更有价值的人际关系的表现。在家庭中，正义不是家庭生活的最高价值，爱情的排名要比它高得多。但广义上的博爱并不是严格的家庭关系，因而正义也很重要。因此，我将博爱看作一种有利条件，而暂不去管它的内在价值。

在对革命三角的解读中，团结是实现正义的工具，即自由和平等之间的平衡。这种观点认为，仅仅凭正义感自身是不足以推动一个公正的社会的建立的。只有当强烈的团结意识和正义感相结合时，才有可能建立起一个公正的社会。

团结决定了社会的范围，而社会则是建立公正宪法的候选人。如果整个人类能够组成一个团结的团体，那么公正社会的范围将是整个人类。但宇宙政治中没有政治，这只是一个比喻，人类整体上也不是一个具有足够团结意识的政治单位。

团结不是一个世界性的概念，而是一个国际性的概念，正义也是如此。与"特殊"一词相反，"普遍"一词模糊了团结和正义之间的重要区别，即世界意义上的普遍性与国际意义上的普遍性——后者是由各种特殊的团结组成的。

八、促进正义或打击不义

1882 年，俄国犹太医生莱昂·平斯克（Leon Pinsker）出版了一本小册子，呼吁他的犹太同胞们争取自我解放（Pinsker，1936）。这本书是在俄罗斯发生严重的反犹太暴乱一年后出版的。平斯克不是指望其他人给予犹太人解放，而是希望犹太人能自己解放自己。通过"从他人手中解放"，平斯克想到了法国大革命，它承诺犹太人将被当作平等的公民为社会所接纳。平斯克所怀疑的是，在普通民众与犹太人如此疏远的情况下，抽象的平等原则是否能在普通民众中产生足够的共鸣，从而使普通民众真正地接纳作为平等公民的犹太人。

对革命理想的真诚坚持可以确保犹太人获得某种形式的地位——这本身很重要——但不足以使他们成为事实上的平等公民。简而言之，他认为要使正义占上风，就需要在犹太人和异教徒之间建立某种人与人之间的纽带和友爱意识，以使其他人能够真的把他们纳入革命计划之中，而这种纽带和友爱意识显然是不够的。我在这里提到平斯克是为了表明这样一种观点，即由抽象原则而来的正义不足以成为建立正义的可靠动力。这并不意味着抽象的平等原则缺乏高尚性——它毕竟帮助在法国的犹太人获得了公民身份，而他们在其他任何地方都缺乏公民身份——但这种抽象的平等原则与其承诺的博爱相去甚远。

友爱和团结具有重要的工具价值，这为建立一个真正渴望公正的社会提供了感情纽带和正确态度。根据法国大革命后犹太人的经历，平斯克很快意识到，理性对正义的关注还不足以构成一种动力。

正义感是一种微弱的激情，而人们大多会为充满激情的不义所激怒。在行动上伤害我们的不是正义，而是不义。比起那种旨在建立一个公正社会的积极政治，我更相信那种打击不义的消极政治力量。

团结作为一种为道德服务的力量，首先是一种为消极政治服务的，与不义进行斗争的力量。在反抗不义和追求正义之间存在着道德上的不对称；前者更为迫切，也更为重要，但在此之上，还有一种巨大的心理对称性。相对于追求基于抽象原则的正义，反抗不义更多的是一种具体的推动力量：抽象原则不会让人们为正义而战，就像不会让殉道者在烈焰中颂唱一样。例如，累进税制是一项积极的正义原则，但对我们大多数人来说，这是一项高度抽象的原则。我们当中有多少人知道累进税属于哪一类税收？以及与其他税种相比，累进税究竟能做些什么？

相比之下，对贵族和神职人员免税的明显不公，以及将全部税收负担加在第三等级的做法，足以点燃法国的革命。

那么，这一切将把我们带向何方呢？我认为，严重的不公正是一种创造团结感的强大力量，特别是对于那些直接遭受不公正待遇的人。在创建一个能够采取集体行动的有组织的团结团体时，最初为不公正所驱使的团体可能会变成一个有足够动力去追求积极正义的团体，或者更确切地说，是一个有足够动力去追求更多正义的团体。这个想法是，与不义斗争的一系列行动可能会创造一个团结的团体，而这个团体最终可能会带来正义。

九、活体内的正义

正义提出了两组独立的问题：第一，什么是公正的社会，以及什么样的程序产生了公正的社会？第二，既然我们对第一个问题有了答案,那么还有一个实施的问题:如何实现一个公正的社会?

约翰·罗尔斯(John Rawls)提出了一个著名的建议,作为第一个问题的答案(Rawls,1971)。实现共同的正义概念的程序应该在一个既定社会中自由平等的个体之间进行,这些个体正在就一个长期的公平社会合作制度进行谈判。而个体之间的协议是在个体不知道自己的个人价值的情况下达成的。

第一组问题是关于试管中的正义(justice in vitro,in vitro 即拉丁语"在玻璃里"),即人工环境下的正义;第二组问题是关于活体内的正义(justice in vivo,in vivo 即拉丁语"在活的有机体内"),即真实世界的正义。令我感兴趣的是活体内的正义,假设我们已经有了第一组问题的答案,那么重点就在正义的执行。试管中的正义是指,在自由和平等的个体之间的正义;活体内的正义是指,在那些仅有某种程度上的自由和平等的个体之间的正义。

执行的背景决定了正义的范围,即在一个特定的社会中谁被纳入正义的计划,以及在社会中谁是执行正义的代理人。工人阶级的团结是建立在工人阶级在促进正义方面有特殊利益的基础上的,因为他们是能够从公正的社会中获得最大利益的人。所以这个观点是,因为正义为工人阶级带来了特殊利益,所以工人阶级成为促进正义的代理人。基于这一观点,为了执行正义,我们需要做的是揭开愚昧的面纱,甚至是撕碎这层面纱。

我所讨论的关于活体内的正义的问题涉及实现公正社会的条件,特别是社会团结作为实现这一目标的一个主要条件所起到的作用。我认为,一种公平的正义感在社会中是均匀分布的,它并不只存在于那些天生比别人更公正的特定群体中——他们可能是工人、学生、受过教育的中产阶级,也可能是开明的官僚。我还认为,正义感本身并不足以成为实现正义的动力。

如果要实现正义的话,也应该是由那些具有广泛的普遍的正义感的人来实现。在一个公正的社会中,他们也必须有一个明确的前景,即个人和集体的更好的生活。

工人作为一个有集体行动能力的群体,似乎是在公正的社会中能够获得最大利益的群体。请再次注意,我并没有把创造、亲近自然,或成为某种高尚的野蛮人等特殊的道德美德转嫁给工人。他们就像其他人一样,只是在正义中拥有更多的个人利益,而上层阶级在现状中虽享有特权，却并非如此。当然，我们可能会说，与工人阶级相比，失业的穷人在正义中的利害关系更大；那么，为什么不依靠穷人来实现一个公正的社会呢？答案是，历史证明了，有能力采取相关的集体行动的是工人，而非穷人。

到目前为止，我们的想法是，社会的结构性改革将建立起一个由正义引导的社会，需要强大的社会力量来促进变化，并不会受到"照常政治"（politics as usual）的影响。为这种结构变革服务的社会力量应该以这样一种方式被激发，即他们希望在正义下所做的，比在现状下做得更好。他们必须克服的是那种在现状下比在正义下做得更好的力量。这样做的目的是找到一个具有这种特征的社会阶层，并且这个社会阶层能够采取集体性的社会行动，从而实现这种彻底的变革。

十、这里谈到工人阶级了吗？

"团结"和"工人阶级"这两个词可能会让你觉得怀旧得近乎媚俗。你可能会觉得它们在描述当今先进的后工业社会的社会和经济现实时，是完全过时而且与之毫不相干的。对不合时宜的指责有两种含义：一种是描述性的，一种是规范性的。这种不合时宜的描述表明，在一个不再以机器生产为中心的先进社会中，工人阶级的概念已经失去了控制。过去的机器生产有一种特殊的工作场所，并滋生出左翼改革派的工人阶级。但是就像我们所知道的那样，今天我们所生活在其中的先进的信息化经济，已经肢解了有组织的工人阶级。因此，那种要与工人阶级保持团结的言论，只是一种不受现实制约的怀旧论调。

在不那么遥远的日子里，保守党的游说者在公共汽车站里向我走来，而在牛津郡这一更大的范围内，阶级的真实情况依然清晰可见。考利（Cowley）的莫里斯汽车公司（Morris Hotors）是有意识的工人阶级的堡垒，有两万多人在那里工作。如今，这里有大约 4 000 名工人，它仍然是牛津郡最大的雇主。

这种不合时宜的规范性意识更能说明问题：左翼改革派不仅失去了权力基础，随着工会工人的离散，它还失去了其道德相关性。在经济发达的社会中，不仅仅是工业经历了私有化，道德也经历了私有化。涉及同性恋、女性、少数族裔或环境的道德问题，成为一个问题集群，而左翼改革派失去了将这些问题联系起来，并在一个令人信服的政治纲领中将其连贯地表达出来的能力，更重要的是，它们同这些团体有着紧密的联系。

左翼改革派的传统支柱的残余，即工会，也与这些关切疏远了。我承认，我又怎么能不承认，近几年来发达国家的工会已经被大大削弱了。它还活着，也没有被踢开，但它似乎也无法自己单独开启一次公正的社会所要求的重要的结构性变革。

左翼改革派在塑造荷兰、丹麦、瑞典和挪威等国家的过程中扮演了重要角色，就像它塑造新西兰、奥地利和澳大利亚一样。正是左翼在塑造德国、英国和法国等国家的过程中发挥了巨大的影响力。

左翼改革派尽管存在种种缺陷和局限，但仍取得了令人印象深刻的成功。我说的印象深刻并不是指英雄气概。的确，改革派的气质和信条是一场反英雄主义运动，但它也促成了许多（非英雄主义的）成功。左翼革命派是英勇的，如果不是气质上的，那至少也是信条上的（暴力革命的信条）。然而，左翼革命派要为巨大而残酷的失败负责，尽管那是英勇的失败。

令人担忧的是，在先进资本主义社会中发生的变化大大削弱了传统工人阶级的力量，使之达到了社交无能的地步。

指望工人阶级能成为建立一个公正社会的积极力量，这似乎是一种徒劳的尝试。在一个为公正社会而奋斗的阶级的法定招标中，是没有竞标者的。情况很可能是这样的，我们剩下的一切都是往常的政治，而我所说的政治，是建立在那些为现状所支持的人和那些要把现状转变为一个更公正社会的利害攸关者之间不断妥协的基础之上的政治。改革美国国民健康所需要的妥协可能就是这样一个例子。

我在这里要对标准性和规范性进行区分：规范性指导我们把事情做得更好（更公正）；标准性指导我们如何把事情做好（公正）。

在最好的情况下，政治是由规范指导的；在最好的情况下，社会运动是由标准引导的。

十一、兄弟，你能留出一个范式吗？（摩根贝瑟）

到目前为止，我的叙述都是基于未经检验的假设或范式。假设只有像阶级这样的社会力量才能带来结构性的社会变革：要实现一个公正的社会，就需要这样的结构性变革。

这一范式是基于社会力量的相对有效和政治在其可识别意义上的相对无能这一观点的。悉尼·摩根贝瑟（Sidney Morgenbesser）对这种普遍存在的范式持嘲讽态度，他问他的学生：现代史上的哪三件事是不能用中产阶级的崛起来解释的。

事实上，社会阶级的力量和政治的无能已经在所有革命之母，即法国大革命中受到了严重的挑战。

根据弗朗索瓦·富瑞特（Francois Furet）提出的一个有影响力的说法，法国没有任何社会革命给资本主义资产阶级带来权力。在革命时期，法国没有资产阶级。封建主义的毁灭这一进程是由中央集权君主制执行的，而不是资产阶级。执行 1789 年事件的精英阶层，是由那些背叛了他们的前现代阶级（社会地位）——贵族、神职人员和大资产阶级（不是资本主义资产阶级）的人所组成的。如果 1789 年的军队独立行动，他们就会达成一项妥协，这与英国光荣革命所取得的妥协没有什么不同。群众的加入使革命偏离了这样一个可能的方向。它在有代表性的立法机构和革命团体的成员之间制造了裂痕，后者声称自己是根据人民的普遍意愿行事的人民中的一员。

因此，法国大革命是一场以共和民主为主要结果的政治革命，而不是以资本主义取代封建主义的社会革命。那些拥护后期雅各宾主义的马克思主义者声称，始于 1789 年的法国大革命使法国资本主义的兴起成为可能，而这一过程花了近一百年的时间才得以实现。

这场辩论与我们文章的相关性在于提出这样一个问题，即重大的结构性社会变革是不是政治的结果，是代表不同利益的各种力量进行了根本的变革，还是激进的社会变革是社会力量（例如社会阶级）趋同于阶级利益的集体行动的结果。

关于法国大革命，还有许多引发人们争议的观点。然而，就我们的目的而言，关于建立一个公正社会的条件的相关争议是，政治活动是否能导致现状的根本转变，或者它是否只能通过一个社会阶级，一个利益与现状彻底偏离的阶级的集体社会行动来实现。

我的总体印象是，在发达社会中，没有多少工人阶级能够有效地执行一个能建立起一个公正社会的方案。

工人阶级作为一个阶级，被彻底削弱了。它被白领工人、专业人员和技术人员抛弃了。那些被抛弃的蓝领工人,由于害怕被"阶级排斥"(déclassé),而未能很好地与那些本可以扩大工人阶级基础的移民团结在一起,相反他们强调将民族团结作为一份防止被"阶级排斥"的保险。我可以继续列举更多的佐证,因为我强烈地意识到传统工人阶级失去了作为主要社会力量的影响力。当然也有传统意义上的工人,但按比例来说,他们的数量更少,他们在经济上的重要程度更低,组织性更差。因此,工人阶级越发不可能成为可行的代理人,亦很难指望其推动社会向一个公正社会进行转变。

鉴于缺乏一个可以带来公正社会的阶级形式的可信的社会代理人,我们所剩下的是那些从现状中获益的人和能够从彻底偏离现状中获益的人之间的妥协政治。如果这一切都是真的,那么建立一个公正社会的问题,可能会因为缺乏能够建立公正社会的历史动因而受到影响,除非政治能够成为一种强大的力量来实现这种转变。

参考文献

Brands, H. W. 2008, *Traitor to His Class: The Privileged Life and Radical Presidency of Franklin Delano Roosevelt*. New York: Doubleday.

Pinsker, L. 1936, Automanzipation!: Mahnruf an seine Stammesgenossen von einem russischen Juden. Berlin: Jüdischer Verlag.

Rawls, J. 1971, *A Theory of Justice*. Cambridge, MA: Harvard University Press.

Soloveitchik, J. 2006, *Kol Dodi Dofek: Listen: My Beloved Knocks*. New York: Yeshiva University.

Young, N. 1927, *Carlyle: His Rise and Fall*. New York: Morrow.

第二编　阶级与全球化

第4章　全球化和阶级斗争[*]

［美］阿瑟·克拉克·埃弗林 著　孙安洋 译　黄蓉 校

马克思称商品为一种"天生的平等派和昔尼克派"，而这种说法并不能真正地适用于 20 世纪下半叶全球资本主义的变化。到 20 世纪末 21 世纪初时，与其早期发展相比较，资本实现了真正的全球化。资本能够轻松击败包括其源头在内的各种政权和强大的民族国家。资本及其商品创造了作为交换的所有社会关系，同时将所有形式的社会关系，无论多么亲密或多么私密的关系，都还原为商品的生产和交换。

然而，即使是全球性的资本，也不可能完全普及，由于其阶级属性，其存在是为了特定的主体，而这些主体通过资本为自己谋利。资本是商品、交换价值、社会必要劳动时间和金钱。因为资本必须始终表现它特定的阶级形式，所以它需要这些事物之间的特定关系来再生产其与这些对象之间的特定关系。

一、帝国主义与全球资本主义的演变

资本主义本质上是资产阶级和工人之间的社会关系，其中，劳动力在生产过程中的使用，使资产阶级能够实现绝对剩余价值和相对剩余价值。为了工资而被雇用，使工人回到其本身所属阶级的生存状态，

---

[*] Arthur Clark Everling. Globalization and Class Struggle. Dialectics of Class Struggle in the Global Economy. First published in 2010 by Routledge.

而资本家则通过商品交换中作为利润回报带给他们的剩余价值而成为资产阶级。

价值链中的缺陷导致资产阶级陷入一种它无法控制的境地。因为只有通过生产的社会必要劳动时间，价值才能保留，利润才能实现。由此，资本必然会被不断地、身不由己地投入到减少的社会必要劳动时间中。这种生产力的提高是通过运用节省劳动力的技术来实现的。但是，这种生产力的提高可能会导致利润率的下降，并使资本在能够维持必要的劳动剥削率（rates of labor exploitation）的条件下成为新的绝对剩余价值和相对剩余价值的来源。

这些矛盾促使资本聚集并将自身集中于最新的公司形式中，这种形式能够保持资本的价值稳定，并在某种程度上放弃先前的社会生产关系和社会生产领域。资本最终将自身设定为一种针对全球的社会生产之间的关系。资本的聚集和集中化的生产形式与全球性的社会生产相矛盾。马克思认为，资本总是具有向大规模的社会生产扩张的趋势。其保持价值的需要，以及价值链中的缺陷，使其不断收回投资并改变投资方向。这就是马克思说资本的局限就是资本本身，并称私人占有与社会生产之间的矛盾为资本主义内部最严重对抗的原因[1]。

二、资本和社会生产的扩张

资本主义社会中的城市逐渐发展成一种进行着城市工业化社会生产的城市。这就意味着一些处在社会生产关系中的资产阶级，将邻里空间的社会发展形式假定为社会存在的标准形式。在这种邻里关系中，学科的标准化发展被用以满足社会的各种需求，如住房、教育、交通、医疗健康、娱乐和奢侈品消费等等。越来越多的工业品占据了社会空间，并且随着社会需求的增长，为满足社会需求的产品品类也在增加。

城市工业化生产和社会空间都是社会生产的合理之处。它们的发展是一种预设，是在人类社会生产空间中作为主观实践活动的前提而存在的，因此，客体对人类的生产是以主体本身的社会实践存在为先决条件的。客体对生产活动来说是先验的，但同时也与生产活动密切相关。

资本主义是私人占有生产资料的阶级的再生产，社会生产、城市工业化空间和人类主体不能被合理地认为是它们自身的因素。因此，城市工业化空间形成于一些特定的组织，并且这些组织结构围绕着中央商务区而形成城市。资本主义的合理之处仅仅是资产阶级的再生产。这意味着，资产阶级生产的实质不是为了城市的工业化发展空间，而是为了私人挪用拨款、工人福利、劳动分工，以及从行业中赚取利润并且分裂和反对社会大生产。这种本质上的分裂表明它自己不仅在进行劳动分工，同时也使产业活动远离城市社会空间。在郊区的发展中，资产阶级为了金融投机，而将房屋作为一种对象，完全忽视了社会生产，除此之外，剩余价值的分配也通过金融资本来完成。

在 19 世纪和 20 世纪早期的工业形式中，资本通过社会生产的扩张得到发展——主要是在其帝国主义本土和殖民地的城市得以发展。城市的发展是工业化发展的结果，工业化的发展也使整个城市重新分区：围绕着曾经的城市的港口中心、市场，还有商住两用的建筑群，以及被穷人们包围的贫民窟，基本上都是早期商业城市的延伸。在工业化的基础之上，资产阶级和工人阶级之间形成了一种生产关系。工业城市作为一个新的形式出现，即一种集约化的扩张中心，其被分为港口、铁路、商业、工业和租住区，周围有富裕的居住区和郊区，铁路由中心向四周辐射，城市成为经济发展的主要来源。

在 19 世纪末的周期性金融危机期间，城市建筑——建筑住房、公用建筑、街道、商业建筑和公共建筑——代替了铁路建设，成为经济发展的主要兴奋剂（Kramer and Holborn，1971）。

工业发展和企业越来越多地拥有城市产品的属性。城市空间内的经济和社会发展的源泉是社会空间中人与人之间紧密的联系。城市空间代表了产品、服务和住所的统一和对立，在其对立中，这些东西因占有独立的空间而成为私有财产，其间的交互是未来发展的目标：城市铁路运输的形式，私人交通出行方式，个体间的交流（尤其是通过手机的交流）。

社交活动的某些形式，在市中心进行是最好的。市中心的地位决定了 CBD（中央商务区）的发展和地位。在资本主义城市发展的相当长的时期内，中央商务区的加强只能依靠主要的购物区，而主要的购物区则是在整个城市充分消费的基础上才能得以保持的。城市的消费主要是教育消费，特别是大学和其他种类的文化形式消费。除教育外，城市的主要消费还在于餐饮业，所以，这些主要购物区的建立都必须处于中心位置。而城市中逐渐出现的更复杂的、更广泛的和更多样化的生产形式，在城市空间中的协调更多地依赖于中心城市内的服务网络，这有利于城市中心的发展。作为中央商务区，其具有众多的专业服务，因此更要彼此紧密地联系在一起，以便进行大量的咨询学习和面对面的商谈。教育、服务的存在，以及城市中心区内文化形式的多样性和复杂性，使该地区成为富人居住的场所，并且使郊区的发展形式向着更加易于沟通、更加便捷的方向转变。

随着规模的扩大，资本主义城市还衍生出了一种能够为它的发展提供根本性统一的规模经济。这使城市成为一个协调发展的中心。资本主义的发展在使这种统一仍旧保持很大潜力的同时，揭示了社会的统一。这种统一是指城市能够保持在社会主义生产之下。在城市中，劳动力的分工导致了占主导地位的城市发展成为大都市。这些劳动力的分工，是作为代表经济专门化过程的生产和消费的一种协调过程。城市走向协调——不是只有特定种类的生产，而是全部类型的生产。生产作为区域性的概念而存在，然而，现在越来越多的生产和营销开始成为全球性的概念。大都市发展成为一种在规模经济内外交替之下的创造性的统一。首先，内部规模经济在生产内发展。规模化生产的产品作为零部件被越来越多地生产出来，越来越多的零部件以庞大的规模被生产着，这使每个部件的成本越来越低。大体积零件的生产需要特殊的设施，这通常会被专业的承包商承包后进行生产。越来越多的批发商和零售商发现专业化更加有利可图。大办公室通过组织特别部门或外包工作来降低成本，所有公司都聚集在特殊区域内，这使公司与位于码头附近的业务产生了紧密的联系，通过这种方式，CBD 形成了，即使是在商业资本主义之中也是如此，都与交通有着密切的关系。如今的 CBD 代表着协调的生产、服务和市场。通过对产品和服务的详细列明等方式，生产实现了外部规模经济，并且越来越多地将城市区域视为外部规模经济的统一体，正如这些活动被融合在一个城市地区那样。

资本主义城市最终只是私有财产和私人财产的关系。这使发展看起来基本上是分开的，从社会团结和简单的手段促进移动，并且根据经济类别来进行评估。郊区被铁路线覆盖，并且作为夏季别墅的地理位置而存在，这也使富人们有可能向这些郊区搬迁。工人的住所在市中心和郊区之间，更倾向于在市中心聚集，并且在市中心附近也会有专业人士和高收入的工人居住。低收入的服务人员主要居住在外围区域，但是他们没有交通设施，也没有富人们所享受的交通便利。正是在这种情况之下，交通的限制和城市的畸形发展逐渐凸显。

城市发展为服务业工作者的劳动力市场带来了生产协调，工业部门的劳动分工越多，往往就越容易被推向城市之外的郊区工厂。这种发展通常有利于扩大郊区的工人阶级数量。此外，城市区域化意味着城市的作用更大，同时，主要的工业生产中心的工人之间的分工往往伴随着竞争。在这种方式下，城市向着它的大都市形态发展，进一步成为地区劳动分工和周边整体地区发展的产物。现代城市化既是工业发展的结果，又是工业发展的前提。工业资本主义要求更大的生产规模和工业中心内工人更高的集中度。

工业资本主义在中心商业区周围建立了城市，它们的核心区隔着不同的区域。在经济专业化的过程中，不同的城市地区的形成是合乎逻辑的。到 19 世纪末，城市已经发展成大工业生产基础之上的重新决定地理区域的产物。在区域等级制度中发展的从属城市越多，它们就会越多地存在于大规模的产品市场之中。而这又反过来扩大了市场区域等级内占主导地位的旧港口城市的工业基础。部分原因是占统治地位的城市区域本身，在区域分工的过程中，其与下属城市组成了部分专业化的工业生产者，例如在汽车工业中的卫星工业中。占主导地位的城市不只是一个产业基地，而且还是一个协调的场所，这主要是通过它本身的 CBD 来实现的（Kramer and Holborn，1971）。

城市地区内部与外部的规模经济的发展，是它进入大都市行列的基础——在它的中心和外围区域之间形成了创造性的统一，因而这个大都市的更新和扩张活动长期以来也在不断地打破它本身的发展形式。

这些发展形式之一是城市中阶级的划分。大都市更明显地体现了生产、服务和金融从业者阶级与普通工人阶级的阶级划分，正如中产阶级那样，中产阶级中不仅包含店主和小制造商，还包括扩张的城市职业化群体。阶级关系越来越依赖于社会需求的分享，其中城市地区的社会需求包括房屋、教育、医疗健康以及交通出行方面的情况。这些社会必需品及其供应被工人们仍然依赖工资的事实所掩盖和破坏，这种生产成本使雇主鼓励工人去支持并强化这种社会依赖和从属关系。公共环境中的阶级关系也表现出劳动分工的特征，这就增加了城市生活中的社会分化，并且使工资成为社会福利的唯一决定因素。金钱作为一种社会工具出现，并且根据社会价值对劳动力进行分配。这掩盖了工资的作用，并且反映了雇主的成本和剩余价值的来源。此外，还存在着一些局限，像寻常性的贪污，以及在早期大都市中扮演政府角色的所有社会财产，像住房、医疗、教育，或者其他一些作为个人使用财产而出现的形式，以及个人使用层面和能够通过其他人的花费而得到保证的社会发展层面的问题。

此外，社会关系作为财产关系的不公正性通过一种事实被加强，这种事实便是住房和其他社会需求只有在市场条件下才能得到实现，尤其当市场涉及房地产和交通运输时，市场关系推动了城市的发展，进而也推动了大都市本身的发展。整个城市的出现使城市的管理人员有了更大的流动性，因为城市使管理人员越来越远离对生产的直接监督，并且使他们不仅能在各种生产、服务和专业咨询的专门形式之间发挥协调作用，而且还能在财政和政府方面发挥作用。在 19 世纪 30 年代末，美国的管理人员开始从城市中心撤离。随着城市中的社会问题和环境问题的不断扩大，以及由贫民窟和工人阶级病态的居住条件所引发的流行病的暴发，这种移民人数也随之增加。富人向郊区的迁移不仅仅是通过对房地产的投机，也是通过对交通的投机而得以实现的，例如"不知去向的铁路"（railroads to nowhere），从而扩大了那里的土地价值，并且还对城市的交通系统进行了重新配置。土地市场价格的上涨，最终导致这些铁路的终端产生了住房，同时，交通的发展为城市从放射状向"星暴"（starburst）的转变奠定了基础，而之后工厂向郊区的转移，则进一步促成了这两种城市形态。在这种方式中，政府成为一种工具，它通过分区制或为城市基础设施发展进行拨款等手段，将社会控制转变成私人控制。

三、资本主义发展的帝国主义本质

资本主义社会是其本身的前资本主义形式在国际联系的基础之上形成的。资本通过征服宗教、商品、工业、殖民地和国家，使它在使用价值和交换价值的对立之中扩展了它本身。资本的这种征服变成了征服整个世界，并造成它本身在帝国主义列强之间的分裂。商品在垄断中变成了全球相互联系和竞争的存在，变成了殖民地形式的财产的革命和不断增加的政治革命。国家变成了控制阶级关系和控制经济发展的必要条件。

列宁把帝国主义的五种本质，看作 20 世纪初存在的五种本质：资本输出、垄断公司、金融资本、垄断公司中的世界分工、大国之中的世界分工。资本的输出是国家通过使用价值（资本不能给社会生产带来充分的发展，也不能满足社会生产的全部需要）以及保持交换价值（通过采用最新的技术和工业组织形式，例如：一家钢铁公司取代了许多原来类型的公司）的扩张来限制的。垄断企业是资本集中的再集中，用于恢复和维持资本价值。作为一种国际规模的资本和交换价值的社会管理，金融资本主导着垄断形式。通过帝国主义的一切本质（帝国主义是处于垄断地位的资本主义），世界被垄断公司和帝国主义列强瓜分是它们继续扩张的必要条件。而到现在，帝国主义在相互制约和对立的情况下，只能以牺牲对方为代价来继续扩张。这是它们彼此对立的一种加剧，亦是它们彼此对立的一种发展。这便是资本主义的本质，在全球范围内，它是私人占有和社会生产的对立。

垄断是资本集中的再集中，通过社会的必要劳动时间体现对交换价值的控制。垄断就是生产力集中的再集中。这是资本主义公司在国内和国际上相互对立的结果。金融资本管理垄断公司与它本身的投资之间是一种作为交换价值的关系。这种关系把世界在这些公司之间进行划分。管理这些贸易和殖民地的国家机构，将世界在帝国主义国家之间进行瓜分。这些分裂挑战了殖民地的工业和国家建设。国家贸易和垄断管理局将西班牙和葡萄牙等当时欠发达的资本主义国家拖入了类似殖民主义的轨道，即帝国主义列强的行列。这些分歧首先是在第一次世界大战中出现的，后来又在战争、赔款、贸易战和经济衰退中出现，最后在第二次世界大战中达到顶峰。

资本的输出是殖民地内部基础设施和工业的进一步发展。世界上各个垄断企业之间的分歧导致了殖民地内部对合作伙伴关系的需求。例如，在第一次世界大战之后，通用电气公司（General Electric）接管了东欧电气产品的生产和销售，第一国民城市银行（First National City Bank）接管了英国在中东的合作伙伴关系。帝国主义的压力和日益增长的殖民需求导致了殖民民族主义和独立运动。独立国家之间这种斗争的其中一部分是进口替代，这在 20 世纪 30 年代的大萧条期间取得了重要的进展。帝国主义列强之间的经济侵略也总是伴随着军事侵略（Nussbaum，1988：131-145；Schroter，1988：160-171）。

四、跨国社团主义的演变

资本的国际化追求有利可图的投资，强调出口导向型增长是国家发展的源泉。出口导向型增长的竞争，是两次世界大战帝国主义国家之间对立的核心。二战后，美国处于主导地位，这意味着它能够围绕自身组织出口导向型的增长。而为了做到这一点，并且使其生产国际化，美国必须与国内发展形成一系列关系，使其发展与出口导向型增长联系在一起并依赖于后者。这样就使财政政策作为促进国内社会消费的重要手段得到了扩大。大量的社会消费主要局限于中等收入的消费者，为了保持中等收入消费水平，资本就依赖、顺从于其领导人，并且支持出口导向型增长的工会。美国的主导地位在很大程度上依赖于美元是一种国际货币，并依赖于美元等同于黄金的地位，而通过投资资本和美元，资本构建起一种工资和生产率之间的关系，这种关系不仅是全国性的，而且越来越国际化。美国工会接受工资与生产率之间的联系，这对于实现这种国际关系以及维护国内工人阶级和平是至关重要的（Everling，1977）。

战后美国的帝国主义发展的本质，包含着引发资本主义当前局限性的种子。财政政策决定了政府的征税和支出，所以财政政策并不意味着满足民众的需求，而是资本主义生产和消费之间的关系。从本质上说，这是钱被投入消费者手中的方式，也是政府花钱支持私营企业的方式。这种开支可以采取基础设施发展、军事开支或其他企业本身没有直接参与的活动形式，财政支出仅限于在资产阶级中具有生产力的支出，财政支出是国内税收和民族国家内部的支出，它的地域限制同样也限制了它与资本的关系。当资本通过跨国公司（transnational corporations，简称 TNCs）和跨国银行（transnational banks，简称 TNBs）变得越来越国际化时，财政支出也变得越来越有限，其主要是与各国货币价值和跨国公司，以及与跨国公司相适应的基础设施、城市社会化形式的生产有关。正是在这些受到限制的范围内，我们发现资本主义城市与中产阶级化的城市和郊区进行了自我重组，因为这些城市的社会地位不断上升，所以住房和社会服务资源便更加匮乏。

　　从一开始，出口导向型增长就暗含着国际生产。作为国家间贸易竞争的出口导向型增长，其目标是用自己的产品取代竞争对手的产品。资本的集中以及核心的竞争在全球范围内展开，这是国家范围内资本主义发展的特征。在全球竞争的过程中，以出口为导向的增长加快了世界范围内的技术发展，当竞争消除了以前的或潜在的竞争对手时，这些技术就会集中在特定的国家内，这就限制了这些国家在产品和技术开发方面的发展，因为它们本身也同样成为竞争动力的受害者，而这样就又导致了所有权集中的再集中。所有这些都表明，出口驱动型增长不仅是国际生产，而且还是占主导地位的国际公司的生产，所以它们越是控制生产，就越是国际化。只有在有限的时间和有限的空间中，才能为国民经济的发展提供进口替代。以出口为导向的增长，就像财政政策或战后帝国主义的发展一样，本质上是一种与资本的自我关系，尤其是与那些日益内化为本国的生产和交流的国际企业及其自身活动的关系。因此，战后的国民经济发展最初总是含蓄地，而后来又明确地局限于国际社团主义的形式。

　　鉴于社会支出和出口导向型增长是相互促进的，因此，中等收入消费水平是政府支出和社团主义限制的产物。中等收入消费者是这些限制的前提，也是这些限制的结果，而那些有支付能力并且有政府支持的消费者则是生产的对象。作为一种社会形态和"美国梦"的化身，中等收入消费者成为被排斥群体争取包容、争取更大社会权利与独立的社会和政治典范，尤其是有色人种和妇女，他们需要通过民权运动来进行诉求。若为满足这些群体的需求而扩大政府支出，那么很快就会发现其局限性在于中产阶级和工人阶级的赋税增加，以及企业国际化，这就越发限制了国家征税和支出的能力。此外，跨国公司还在其他国家中寻找与它们在原籍国所服务的相同的中等收入消费者，这样既限制了企业对本国中等收入消费者的依赖，又以企业和政府的改组、私有化、缩小规模、降低工资以及收入取代了国家的支出和发展，尤其在就业方面。到了 20 世纪 80 年代，"中产阶级"人数越来越少，人们的实际收入稳步下降。因此，国际公司主义立即形成了中上阶层消费者之间的国际关系，限制了他们的发展基础，特别是限制了创造就业和政府支出。这样也就降低了中产阶级以外的社会两极分化和贫困人口中的很大一部分人的收入以及消费能力。并且，它还将许多人定罪，在美国监狱中服刑的人数从 1953 年的 10 万人上升到 1987 年的 66

万人，到了 1998 年已经达到了 160 万人，到 2008 年时，监狱人数达到近 300 万人。

工会的工资水平在中等收入者的消费中起着重要作用。这也是为什么"中产阶级"这个词毫无意义的原因之一，它指的只是战后的中等收入现象。这个中等收入的群体本身就是工人阶级。工会对出口导向型增长的依赖，政府的财政政策受到的社会限制，以及排除其他群体的中等收入消费，这些都限制了贸易工会的发展。这些对资本的依赖意味着它们不能推动企业在国内发展，不能提倡社会服务，绝大多数人都需要这些资本，而这些资本并没有被视为公民权利或妇女权利的捍卫者。越来越多的工会不再被视为工人权利的捍卫者，甚至工会自己的成员也这么认为。战后达成的将工资与生产率挂钩的协议，使工会成员更加努力，从而更加快捷地获得工资，而这些工资无论如何都不会影响到他们的实际生产率，更不用说创造绝对和相对剩余价值了。企业工资-生产率关系的国际化，意味着美国的国内生产日益超越其国际极限。

尤其是到 20 世纪 50 年代末，美元作为国际货币被《布雷顿森林协议》（Bretton Woods Agreement）确立为一种相当于黄金的货币，这就使美国享有了巨大的贸易优势。美国通过美元允许企业和银行业务以及军事和对外援助，到海外进行生产性投资。到 20 世纪 50 年代末，国外的美元主要持有者是美国的公司和银行，这样美元就变成了欧洲美元。这些美元实际上是由国际企业贷款和其他交易产生的，它们产生于国外，仍被留在国外，在多数情况下从未返回美国。到 20 世纪 80 年代初，跨国公司和跨国银行已经成为仅次于美国的世界第二大经济体，这就使企业能够在全球投资中转移美元，并且通过贸易来确定包括美元在内的货币价值。尼克松总统指责美国的企业和银行对美元进行货币交易的行为，最终，在 1971 年，他拒绝接受布雷顿森林体系及其达成的以美元兑换黄金的协议。

工资-生产率关系不仅仅是一种国家关系，而且还是一种国际关系，这就意味着美国跨国公司和跨国银行可以在许多劳动力、产品市场和投资地点中进行选择，尤其是在使用新技术的方面。到 20 世纪 50 年代末，美国企业往往是主导西欧许多产品市场的佼佼者，它们用自己的产品取代了竞争对手的产品。在 20 世纪 60 年代时，美国公司在东南亚进行了许多技术投资，这些被投资的国家后来被称为"亚洲

虎"。以这种方式建立生产性投资，以及日益统一的国际工资-生产率
关系意味着一种国际生产制度能够在许多地点进行生产并选择市场。
工资-生产率关系作为国际企业内部业务的国际化，意味着有能力决定
各国（包括美国）的经济命运。到 20 世纪 70 年代初，这种发展使跨
国公司和跨国银行实现了真正的国际化，并且将美国帝国主义发展的
战后精髓内化。财政政策、出口导向型企业的增长、中等收入消费、
与工人和工会的关系、美元和其他货币，以及工资和生产率的关系，
现在变成了主要是跨国公司和跨国银行之间的关系。从 20 世纪 70 年
代初开始，国民经济和社会都依赖于这些公司的关系来进行运作，这
些公司也代表着一个国家的发展。

资本的形成可以通过资本本身保持价格的稳定化来揭示。维持物
价的稳定是生产劳动的必要条件，也是产生绝对剩余价值和相对剩余
价值的必要条件。所有这些决定都发生在更广泛的社会和经济结构之
中，越来越多的人被认为是资本和社会生产的主体。

资本在全球范围内变得越广泛、生产社会化越广泛，则资产阶级
的政治权力就越形式化，而个体并不能通过资产阶级的政治权力来影
响这种社会化。如果社会生产成为社会主体的生产，那么他们作为社
会存在的权利，就成为他们与其他主体相互客观化的需要，以及他们
对自身主体性的需要。在第一种情况下，个人权利是作为其与其他主
体的关系而存在的。在第二种情况下，个体的主观性对于他们自己的
感官活动的需要来说是开放的。他们自身作为人类社会主体的需要，
是以自身的联系和活动为客体的，没有异化。

交换是一种异化。作为主体的个体的客观要求越广泛，就越需要
通过国家而努力成为自我的政治主体。交换表达了对主观需要的矛盾，
在凯恩斯看来，这是一个惊人的分布问题。凯恩斯实际上是在表达一
种人类在社会发展中的普遍主观性需求，这种需求是只有在特定的目
标中才能得到的资本主义形式（Keynes，1953）。因为它们作为商品生
产的对象是存在于彼此之间的，所以交换关系也就是主体之间的关系。
因为资本首先是社会主体的关系，所以资本主义内部的每一个新决定
都是人类新的、更高层次的社会关系。

在战后美国帝国主义的本质中，所有关系都是资本与资本自身的
关系。每一种本质，在其各自的发展过程中，都是与资本的关系，是
每一种本质以其自身形式与资本的相容性。每一种本质只有通过这种

形式才能为自己所支配，因此也只有通过统治阶级和它对国家军事的使用才能为自己所支配。这些本质确立了跨国企业资本的主导地位，例如进口替代其实是与国际资本主义生产相辅相成的。大多数国家不具备与国际资本竞争的经济基础。每一种本质都必须以一种国际形式呈现出来，例如：企业为了消除竞争对手，而把企业总部搬迁到国外，所以出口导向型增长实际上就是国际生产。1945 年后发展起来的工会主义，实际上是通过美国在国际上强制推行自己的模式，使国际工会主义与资本要求和政府支出相容。在 20 世纪 80 年代和 90 年代，跨国公司在国际上对工会提出了自己的要求。这些都是条件，是作为自我和他人的特殊中介，是一种明确的同一性。

资本持续的价值化危机是一场社会化与私有制之间矛盾的危机。这是资产阶级去实现其阶级存在条件能力的危机。这一危机表现为利润率呈现出下降的趋势，帝国主义使资本主义全球化，并且在寻找符合其物价需要的劳动力和资本输出能力方面制造了危机。与此同时，在大萧条期间，各国内部也都出现了危机，这些危机为战争和军费开支以及美国作为全球霸主的主导地位所克服。美国通过其战后的表现展现了自身的实力，用自己的产品取代了当地的产品。因为美元在其他所有货币中占主导地位，所以跨国公司和跨国银行是美国战后帝国主义本质的内部化，反对包括美国在内的所有国家的生产。这是全球社会化的生产在发展中的危机的开始，主要表现在大宗商品的价格斗争中，尤其是在石油输出国组织（Organization of the Petroleum Exporting Countries，OPEC，简称欧佩克）主导的油价问题上，债务危机亦愈演愈烈，前殖民国家试图通过国际经济新秩序（New International Economic Order，NIEO）来获得跨国公司的权利。

跨国公司是帝国主义资产阶级作为阶级的再生产的全球生产条件的主导。跨国公司是指在全球范围内用增加剩余价值率的方式来对密集的劳动力进行剥削。它们通过将工资降低到低于劳动力价值的水平、降低固定资本要素的成本、存货贬值，以及相对剩余人口的增长来实现这一目标。工人的失业为廉价产品和奢侈品的分销创造了服务业的工作者，跨国公司还依赖外贸以及增加股本来获得利润，所有这些都是抵消利润率下降趋势所必需的。

跨国公司将以出口为导向的增长方式作为它们自身以及其积累和投资与资本的关系。它们寻找稳定价格所必需的要素，它们想要统一它们的全球市场，建立起中等收入消费者和国际小资产阶级之间的关系。跨国公司这样做，在全球范围内为同一消费者造成了国际社会的两极分化和竞争。财政税收和支出被限于与全球资本一致的价值创造活动和职能，工会主义只有在提高价值、降低劳动力成本，以及帮助取代工人和关闭工作场所时才被允许。国际工资-生产率随着竞争的加剧而提高，尽管跨国公司曾经青睐亚洲国家，并对其投入大量的高新技术和就业岗位，但在 20 世纪 90 年代末的亚洲危机中，有利于跨国公司的生产性改组，运用抵消趋势来降低利润率，以及在全球范围内创造剩余人口使工人和工厂的所有要素都被取代。

　　资本在城市之中，并且被城市作为一种社会生产而运作着，但它从未真正地属于城市。资本被它自身从城市中分离出来，因为它的私有制是对社会生产的反对。同样，跨国公司也不仅仅是一种商业组织形式，它还是一个反对社会生产的资本组织。战后美国资本的每一种本质都与本国生产有关，事实表明，每一种关系本身都只是资本主义生产的关系，这就意味着，在跨国公司的控制之中，这些本质的内在化造成了资本与全球社会生产的绝对对立。

五、全球社会生产的演变

　　全球资本主义生产有两个方面：国际公司和民族国家。帝国主义使它们彼此发展。前殖民地的独立进一步促进了它们发展城市工业化的必要性。帝国主义国家需要扩大城市工业化的生产，只有资本收缩才能形成高度集中的跨国公司与跨国银行。全球资本主义的发展带来了科技革命，资本集中于全球性的公司，将资本和贸易限制在它们自己的生产和交易之中。这些都被限制于欠发达国家（Less Developed Countries，LDCs）和帝国主义国家的城市工业化社会生产中。这种对于生产的限制使跨国公司成为全球经济的实质，而这又反过来使生产依赖于与全球企业有关的投资，这也就意味着，生产和投资的缺乏为债务所取代。跨国公司通过投资和国际金融来平衡收支和债务，这是它在贸易上的重要手段[2]。

　　通过进口替代来实现国家独立和工业生产的设想始于 20 世纪初期，这一战略在 20 世纪 30 年代的大萧条和二战期间取得了成功，因为当时帝国主义列强无暇顾及于此。这种对于出口的依赖一直延续到20世纪60年代和70年代，表面上独立的国家越来越多，这些国家工业发展的进程到20世纪70年代末80年代时开始逆转。全球经济在城市社会空间中得到发展，而全球资本则是其发展的障碍物。对人类的社会生产和生存的普遍需求在对全球资本的否定中得到体现。

国际经济正是通过这种反对而展开的。对帝国主义国家来说，全球资本是对国内资本投资的限制，而国内资本投资又同时是对工人战争和对社会项目的削减。这些限制导致了帝国主义经济的停滞和最不发达国家以及帝国主义国家的债务危机。这些发展包括初级商品价格下降以及在资本过度积累和金融投机背景下的国际资本的竞争。全球生产不再由国家生产来支撑，而只能靠债务来支撑。

一方面，这是全球社会生产；而从另一方面来看，它又是资本主义生产中的一种关系，它的本质是集中的，并且这种集中的形式与利润率是密切相关的。利润率为技术革命所颠覆，这是资本主义生产全球化的必然结果。这体现出帝国主义与本国企业生产之间的竞争，在最不发达国家，这是对于资本、非工业化以及私有制的竞争。全球资本主义生产开始与货币兑换价值相结合，因为这些反映并且夸大了利润的价值。利润的这种表现变得非常重要，就像并购和投资组合的重组一般。由于资本主义生产的局限性，资本主义社会变得越来越不切实际并充满了幻想。

美国的贸易与支付之间失去平衡，这其中包括了美国自身对于投资资本及其与债务危机国家的竞争，这些不平衡是资本主义生产结构调整的结果。资产阶级社会理论纠正了这种衰落，比如坚持认为这种重组是释放积极的市场力量。帝国主义国家通过减轻对资本流动的国家控制，允许资本主义重组。

城市化是一种社会生产的形式，因为它是以工业生产和资本家与工人之间的社会关系为基础的。20世纪上半叶的垄断公司以城市生产为内容。随着企业在全球范围内的集中生产，这种关系变得越来越不明朗。资本主义生产的局限性意味着，随着实际财富的生产变得越来越困难，企业对有利可图的投资追求越来越大，公司开始重组资产，从事金融投机活动。

涉及这些关系的流动资本需要一场抗衡国家在经济中的作用的运动，而为了克服20世纪30年代的大萧条所造成的阶级矛盾，国家的这种作用又是很有必要的。1945 年后的资本主义世界允许资本主义全球扩张并承认美国帝国主义的主导地位。通过跨国公司可以实现生产的国际化，同时也将战后的本质内化到跨国公司。在这种被限制的国家财政和货币政策之下，由于跨国公司有能力通过转移定价来转移资金，因而跨国公司的价值创造和国家税收征管就变得更加困难了。价值创造的局限性限制了货币政策，并且通过削减社会支出来迫使各国重新评估本国货币的价值。

越南战争是一个偶然事件，它不仅造成了 20 世纪 70 年代的通货膨胀，也使美国国内的生产超出了其价值创造的极限。因此，美国每个主要行业所创造的价值都受到了限制，只是在 20 世纪 70 年代初期和中期的危机中才为资产阶级所了解。这种下降反映了一个事实，即美国的产量相对于其自身在全球资本主义经济中所处的地位而言，已经有所下降。资本主义全球化的进程也仅限于最不发达国家的城市工业化生产。

20 世纪前三分之一年代社会生产的程度意味着，资本必须使其形式适应自身与社会生产之间所需的联系。凯恩斯主义（Keynesianism）就是通过适应逻辑和历史发展起来的一种形式。资本自身形式的变化只能通过资本的集中来实现，当高度集中的资本开始以全球社会生产为目标时，凯恩斯主义国家政策与资本需求的矛盾便日益突出。在它本身的逻辑-历史的演进过程中，资本只能以一种自我关系的形式发展，与实际社会生产的联系越来越少，这就是它在创造社会财富方面失败的原因。资本主义生产的极限对于人类真正的社会需求来说还是太低了。

在 1974 年到 1975 年的经济衰退中，资本失去了具体的方向，而主要的工业国家中的资产阶级，也未能为国内经济的发展与复苏调动资本。与此相反，资本投资转向了最不发达的国家，主要通过贷款来实现，这些贷款是银行根据主权债务理论（一个州也不能破产）所提供的，这些贷款主要用于平衡收支，因为除了石油，其余的原材料价格普遍下跌。

帝国主义国家的经济衰退清楚地表明，工业的过度扩张是由于越南战争的支出超越了企业所能创造的价值的极限。企业应对经济衰退的方式是，围绕企业重组开发新的项目，尤其是利用政府对社会项目的支出消除"市场僵化"。这是资本回归自身的必要条件：资本自由流动以突破有利可图的投资局限，这意味着资本越来越呈现出非理性和投机性的特点。处于主导地位的帝国主义国家的货币在相互竞争中流动，这致使情况进一步复杂化。在 1971 年美元危机期间，美国放弃金本位制（gold standard）后，帝国主义者唯一能达成的协议便是浮动汇率。这场危机是国际企业竞争加剧的结果，而且事实是美国企业创造价值的最有成效的形式，现在都在美国国土以外的生产设施之中。

20 世纪 70 年代的危机显著地表现为通货膨胀，资本对此的回应必然是降低劳动力成本，并且要求弱化国家在经济中的角色，而国家在经济中所起的作用正是 1945 年后资产阶级扩张的前提。虽然通货膨胀本身主要是越南战争的产物，这场战争使资本主义生产的过度扩张成为可能，但是现如今利润下降的趋势已经明显地显现出来了。资产阶级利用通货膨胀作为他们对工资宣战的理由，以此来赢得社会和政治上的支持。

在 20 世纪 70 年代后半期，资本暴露了工业化国家内部发展的局限。那些欠发达国家需要资本投资。77 国集团（Group of 77）为了建立国际经济新秩序，在联合国体制内部竭力寻求监管，以使跨国公司在它们国家内进行投资成为可能，从而使它们能够对技术所有权提出要求。反对这些规定的是日益拥有强大力量的国际货币基金组织以及世界银行，两者试图通过去国有化和自由贸易来平衡国际交易，同时，促进国际资本流动。这种相反的力量实际上是通过降低其国民经济生产能力，来缩小和（或）消除最不发达国家的工业的。

20 世纪 80 年代初，随着投资资本流向美国，工业化国家的生产能力进一步下降。20 世纪 70 年代初，美国总统尼克松曾让美元贬值，以此来降低美国生产相对缺乏竞争力的影响。近 10 年来，美国的主要合作伙伴一直主张美元应该升值，而且美国在 20 世纪 80 年代就这么做了。美元升值使全球资本集中在美国。与此同时，美元升值提高了美国出口商品的价格，使美国成为所有国家进口商品的中心。

在欠发达国家中，发展的限制意味着国家生产日益为债务所取代，到了 1985 年，最不发达国家 80％的债务是美元。1982 年，欠发达国家的人均收入 40 年来首次下降。同年，美国成功说服沙特增加石油产量，并打破石油输出国组织的石油价格。同年，墨西哥也开始出现债务违约。美国出口市场贸易额在 1980 年到 1984 年下降了 23％，而进口贸易额增长了 20％，美国成为资本进口国，并且在 1985 年成为主要债务国。与此同时，国际货币基金组织致力于国家接受私人投资，而美国在 20 世纪 80 年代乃至更久的一段时间一直在扩充军备，使它能够继续侵蚀国内的社会项目。美国资产阶级现在将经济问题归咎于凯恩斯主义，并坚持私人投资，这实际上是承认资本主义已回归自身，并且完全反对社会生产。

这种全球化生产的恶性循环是从跨国公司生产的国际化开始的。跨国公司在其活动中变得更加内在化。资本在最不发达国家中的发展受到了限制，这是由帝国主义国家，尤其是美国资本流动的集中所造成的，这使美国成为主要债务国，美元的价值提高了美国产品的价格，从而降低了美国生产的动机。随着美国出口的下降、进口的上升，美国成为全球经济的中心，尤其是其他国家产品的销售中心。

投资资本只能由最不发达国家通过私人投资获得，这就需要政府私有化并减少衰退的工业。这些发展破坏了最不发达国家的生产能力，减少了除民族资产阶级及其支持者以外人民的支持。由于贸易和生产的重组，以及各国对于国际货币基金组织、世界银行、关税及贸易总协定（General Agreement on Tariffs and Trade，GATT）和世界贸易组织的依赖，这些限制不断加深。

全球社会生产的这种持续重组与资本的关系日益紧密，正如集权的跨国公司的集中一样。全球工人阶级从而就包括了为跨国公司工作的人。跨国公司由越来越复杂的内部和外包生产网络组成，这些生产网络被视为一种服务。服务内容着重强调客户关系以及满足客户需要的专业化生产，而不是大规模生产。于是，全球工人阶级就包括了外包海外生产，全球资本主义企业在廉价劳动力市场的投资转变为一些出口生产导向型的经济体。全球化竞争消除了以地方性和国内市场为导向的生产。因此，许多国家依赖出口获得了收入。它们利用廉价劳动力生产使出口的价格更低，并且使国民经济的收入依赖于全球生产。这排除了当地的工业，造成了劳动力供过于求，使过剩人口增多，导致国民经济瓦解。任何资产重组都取决于资产阶级和小资产阶级之间财富的形成能力。国家的社会消费能力在帝国主义国家中下降，这是由于工业搬迁所导致的就业机会的减少以及过剩人口的增长。

因此，资本主义在其全球发展中成为一个夹在为避免利润率下降而追求廉价劳动力的生产来源和国民经济的发展与社会生产和消费之间的障碍物。现如今，全球经济本质上变为跨国公司之间的创造性关系。社会生产和消费都是被这种创造性关系限制的。国家权力尤其反对这种关系，因为社会的需求需要政府支出而资产阶级却试图减少税收和资金的可用性用于寻求有利可图的帝国主义投资，国内的发展主要局限于有能力的跨国公司以廉价劳动力市场为中心的全球生产在本国内分享所赚取的剩余价值。这造成的负面影响是帝国主义与其他国家之间的价值转移。跨国公司允许其他国家在本国分享剩余价值，而在其国内却依赖国家进行国内生产，致使消费能力下降并为债务所取代，最终这些国家必须偿还其在国际机构和跨国银行所欠的债务。

国际货币基金组织、世界银行、世界贸易组织支持和执行这些行动，但不是源于国际货币基金组织和世界银行要求继续以出口增长为导向，消除非竞争性产业，以及放松私人投资和偿还贷款的国内资本。这需要社会服务的私有化，而这只有部分人才能负担得起。世贸组织坚持保护各种产品市场中跨国公司在东道国经济体内的运营并分配出口和进口。这进一步将国家的权力及其对国内生产和发展的控制权移交给国际机构和跨国公司。鉴于各国之间互联发展、相互依存，全球发展是由各国共同创造和决定的，资本主义只会在涉及其自身的跨国公司时才会促进全球经济的发展，并为独立国家提供资本贷款，而这反过来又让这些国家深陷于债务之中（Chossudovsky，2003）。

六、帝国主义的联系

1. 国际债务

20 世纪 70 年代至 80 年代初，帝国主义出现了对国际贷款的依赖。这反映了帝国主义由于缺乏有利可图的投资并希望将通过石油依赖所获得的石油收入循环利用起来；而石油生产国则试图将石油为其带来的收益用于自身发展。20 世纪 80 年代早期，一些帝国主义银行和机构依赖"主权债务"的理论，认为一个国家不能破产，因为它可以继续无限制地征税。这一理论揭示了资产阶级未能察觉生产关系（而不是消费关系）是人类社会生产的基础。随后，国际货币基金组织、世界银行、世贸组织试图计算各国消费情况和依赖跨国公司投资的能力以便为其提供发展（Everling，1997）。

2. 非洲

索马里是一个牧区经济体。牧民占总人口的 50%，依靠货币和易货交换。直到 20 世纪 70 年代，其食品供应才做到自给自足。到 1983年，畜牧业的发展占索马里出口总收入的 80%。当地发生干旱造成了农业危机，国际货币基金组织和世界银行严格实行货币紧缩，使这场危机变得更加严重，这破坏了牧区经济的交换关系并且增加了索马里对粮食进口的依赖。这进一步迫使货币贬值，使农产品的价格上涨。许多农民破产了，他们的土地被官僚、军官和商人没收了。国际货币基金组织和世界银行的改革要求动物卫生服务私有化，这最终使索马里的畜牧业无法承受，从而遭到摧毁。转而进口谷物的政策，允许在索马里市场倾销美国粮食，这迫使小农破产。在索马里国内农业遭受损失之后紧跟着的是饥荒。撒哈拉以南的非洲地区的饥荒是帝国主义国家在世界市场上补贴过多的粮食造成的。非洲的饥荒是由帝国主义国家资产阶级对农民的控制造成的（Chossudovsky，2003：95-143）。

在卢旺达，比利时人加剧了胡图族与图西族之间争夺帝国主义控制的竞争。它们的统治阶层来自图西族贵族。1962 年，卢旺达的独立开拓了经济和社会发展的前景。咖啡是当地的主要农产品，70% 的农民都在从事咖啡生产。粮食生产能够满足当地人的需求，粮食产品也可以在本地区内进行贸易。当地粮食进口量很少受到关税的限制。1990 年，世界银行要求取消对卢旺达的经济控制，表面上是为了解决始于 1987 年国际咖啡市场崩溃之后价格暴跌的经济危机。在卢旺达，生产商的产品价格暴跌，使国家失去了自独立以来发展起来的社会团结，进而爆发了内战。世界银行要求其货币贬值 50%、限制政府支出和服务私有化。理论上，货币贬值会增加咖啡的出口量，然而，改革已完全破坏了经济的稳定。从价格的相对稳定性来看，货币贬值使消费者价格指数从 1989 年的 1.0 上升到 1991 年的 19.2。1985 年至 1992 年，国际收支差额恶化，外债竟翻了一番。国有企业破产，政府服务，包括教育和医疗健康在内，也发生了质变。这些变化进一步破坏了农业生产和粮食安全。政府越来越多地使用本应用于消费品的贷款资金去购买武器和弹药。

从 1994 年卢旺达内战开始，美国就打算在乌干达设置出口游击队，以扩大美国在法国、比利时、苏丹和刚果殖民地的影响力。乌干达的军事化对这一计划至关重要，这大大增加了乌干达的外债，进而迫使乌干达从社会需求中转移资金。继卢旺达内战和种族屠杀之后，世界银行的改革得到了恢复且并未受到军事债务的影响。1994 年在美国的支持下，卢旺达建立政权后便和乌干达游击队入侵刚果，刚果继而开始实施新政策，允许保护美国和英国的采矿业的利益并实施国际货币基金组织改革，其货币贬值进一步加剧了国内的贫穷。国际货币基金组织和世界银行也支持扩展南非农业进入非洲南部的其他国家，迫于生计，当地人离开了他们的土地。从 1991 年开始，在埃塞俄比亚，国际货币基金组织取消了对当地的农民补贴，但却进一步向美国农业企业开放。

3. 南亚

1991 年，印度面临政治动荡、800 亿美元的外债，以及来自国外债权人的压力。国际货币基金组织和世界银行要求印度取消价格控制，减少财政支出，并出售赢利的国有企业。这导致印度生活费用增加，国际收支问题恶化。改革使印度经济转为出口导向型。这允许跨国公司与印度统治阶级结盟，特别是随着印度专利保护的取消，跨国公司在印度生产领域获得大量股份。改革还取消了国家对其财政和货币政策的有效控制。

自 1975 年美国国家情报部门和美国中央情报局在孟加拉国扶植成立军政府以来，孟加拉国一直由美国控制。国际货币基金组织和世界银行取消了价格控制，终止了对其农民的补贴。孟加拉国随后成为美国粮食过剩的又一个垃圾场，而该国养活自己的能力却在不断下降。与其他依赖于美国的国家一样，对孟加拉国的援助资金并未被用来接济穷人，而是让城市专业人士购买奢侈品和高档市区住房。

从 20 世纪 80 年代中期开始，国际货币基金组织和世界银行在越南的改革导致当地卫生所和医院关闭。四分之一的人口遭遇饥荒，75 万儿童与数以千计的教师一起离开了学校，大量的医护人员也被解雇了。1993 年，越南同意承担前西贡政府的债务，以获得新的援助。为了偿还这笔债务，在越南 13 000 家国有企业中的 5 000 家被出售或宣布破产。跨国公司代替越南本土企业在越南市场上占据主导地位。日本控制大量的贷款用于金融贸易，越南的国家资本主义实际上已经崩溃。

4. 拉丁美洲

在巴西，国际货币基金组织和世界银行的改革削弱了中央政府的权力。它们通过跨国银行实现了这一目标，并将其作为领导者。跨国银行担任国际货币基金组织的顾问并提供贷款。跨国银行否决了任何与国际货币基金组织、世界银行和美国政策不一致的贷款。巴西的三百家最富有的金融机构支持政府的法规。

秘鲁受到"休克疗法"的影响，该疗法旨在消除财政赤字，使国家价格与国际价格保持一致。20 世纪 90 年代初，价格调控的解除使燃料价格上涨了 31 倍（2.968%）、面包价格上涨了 12 倍（1.15%）。土地所有权集中在小生产者身上，他们中的许多人被迫离开农村，进入贫困的城市。政府越来越依赖军队来保证社会稳定。秘鲁和玻利维亚为哥伦比亚生产的可卡因提供了超过一半的原料。向这些城市经济供应美元的核心是毒品交易。美国在这些国家的行动中总是把反毒品的努力与反叛乱运动结合起来。在玻利维亚，97% 的农村人口被列为穷人。当地的农产品价格已经为廉价的帝国主义粮食所压倒。古柯的生产和贸易是这些经济体的主要支柱，受到政府的保护，这对城市经济精英来说是绝对必要的。

5. 苏联和巴尔干半岛

国际货币基金组织在俄罗斯的经济改革中，迫使基本食品价格普遍上涨。国际货币基金组织的政策引导俄罗斯生产初级商品，迫使许多行业破产。很多行业，尤其是高科技产业，都是由跨国公司以非常便宜的价格收购的。20 世纪 90 年代初，鲍里斯·叶利钦（Boris Yeltsin）在七国集团的支持下废除了议会，打破了议会对改革和贫困的抵制。随后，其他国家开始向俄罗斯偿还债务。自那以后，弗拉基米尔·普京（Vladimir Putin）成功地与新经济精英合作建立了自己的独裁政权。

南斯拉夫曾经是一个区域性工业强国。在全球化背景下，特别是在农业化学领域，一些企业倒闭了。这迫使贝尔格莱德依靠国际货币基金组织和世界银行，因为这些机构可以采取虚拟经济对国家进行政治控制。它们迫使国有企业私有化并废除了工厂的工人管理。在情况日益恶化的贫困国家中，许多工人成为过剩人口的一部分。最初，工人们跨越种族界线，以对经济的破坏提出抗议。随着经济的崩溃，群体依种族被划分并为建立独立的国家而努力。国际货币基金组织在北约部队的支持下，迫使每一个州都签署了新的贷款协议。这是巴尔干半岛的重新殖民化。国际货币基金组织和世界银行进入了阿尔巴尼亚，意识到这是一个由国家组织的庞大骗局，并且知道政府与该犯罪组织有关。政府强迫国有企业抛售股票。这使该犯罪组织能够投资于合法企业并扩大其在国家中的影响力。阿尔巴尼亚现在依赖于一个与有组织犯罪密切相关的非正式的地下经济，并有能力通过跨国银行洗钱。

七、帝国主义在中东的演变

在整个 20 世纪，帝国主义的本质保持不变，帝国主义的本质是它与其他国家的关系和它与其自身的关系相同。它产生了外籍人士和土著人口组成殖民地买办阶级的统治者。帝国主义者依赖这些人进行榨取和控制。榨取使买办阶级不能成为限制性的资产阶级。这种控制是殖民政治的极限。改革的局限在于帝国主义阶级与整个殖民地阶级关系的局限。

在 20 世纪上半叶的中东地区，各国政府因其经济对帝国主义的依赖而受到限制。对这些政府的限制只能通过这些政府与帝国主义的关系来衡量。这些就是它们争取独立和工业化的极限。1953 年的伊朗是这场争取自主的斗争的高潮，显示出其局限性和基本的依赖性。政变使伊朗国王重掌政权，也限制了伊朗资产阶级建立超越帝国主义的民主政治的尝试，使美国掌握直接控制权。在此之前，以色列成为帝国主义控制的关键。以色列的角色始于英国以牺牲阿拉伯人的利益为代价鼓励犹太复国主义移民的时代。这反映在犹太人逐渐形成的定居心态和建立以色列国的目标上。以色列和沙特在维持帝国主义的控制方面的联系意味着中东是一个单独的发展区域（Barakat，1993：3-96）。帝国主义是一种力量关系，它具有军事本质。无论是帝国主义国家还是 20 世纪的殖民地，在政治问题上，人们越来越多地将自己融入军事关系中。这意味着政治和社会关系也越来越多地军事化。军事要求损害了资产阶级的政治权力，军队可能认为自己极为重要，以致压倒了帝国主义的民事权威。同时这也是反对军事的部分言论与帝国主义军队在人民群众关系中的虚假性的斗争。

美国把以色列当作一种代理军事和进攻的力量。以色列在美国的支持下通过常规战争取得了胜利，这使它得以与约旦、埃及、沙特阿拉伯默契结盟，1979 年前，它还与伊朗——美国的实际殖民地默契结盟。1979 年伊朗和以色列的革命结束了这一结盟关系，最终导致以色列于 2000 年退出黎巴嫩。

20 世纪 70 年代，中东地区的经济和政治发展受到东方的限制。由于其经济与资本主义全球化相撞，中东东部各国面临一场政治危机，这场危机源于其在 1967 年战争中以色列的失败。在阿拉伯世界，则导致埃及领导人下台以及它对城市工业增长的支持。在 1967 年以后的十年中，中东政权向全球资本开放。这些发展把政治权力赋予了有地位的贵族和宗教极端主义者反城市工业阶级联盟（Nasr，2006：31 - 169）。

帝国主义的自我封锁使工业化规模缩减。中东国家与帝国主义的关系控制着资本和生产，这致使中东地区的贫困增长速度比世界上任何其他地方都要快。

工业的竞争性淘汰和全球资本主义的金融限制使中东成为一个经济衰落和社会贫困的统一体。这也使它成为反帝国主义及其代理人的斗争阵地。这种斗争沿袭了反殖民主义游击战的道路，目前，在伊拉克反对美国统治的叛乱中也可以看到这种斗争。这遵循着整个殖民地人民通过游击战士所表现出来的反对法则，以及帝国主义国家和军队日益后撤的反对法则。这种反冲威胁到帝国主义国家在国内的权力和社会支持。这一点，再加上伊拉克境内的失败，迫使帝国主义后撤。

自 1979 年以来，帝国主义者，尤其是美国的帝国主义者，一直将伊朗孤立，伊朗已经通过自己运作的军事社会运动进行反击——反对以色列和美国。真主党和伊斯兰抵抗运动组织哈马斯是阶级控制的社会运动。它们服务于伊朗主导的反城市利益——它们与工人阶级的关系是完全对立的，它们想要扩大城市工业化的社会生产。与此同时，真主党和哈马斯必须通过石油收入的支出，向其选民提供社会服务，以试图弥补城市社会衰退和经济停滞。这种衰退的实质是国际金融关系的收缩，这造成了中东所有阶级的不稳定。帝国主义者要求将民族资产阶级纳入包括伊朗在内的中东国家。对资产阶级发展的限制是通过阶级限制创造城市工业化发展来实现的。反动阶级已经认识到，持

续的城市工业扩张意味着工人阶级的扩张。前殖民地资产阶级是不足
以引导经济和社会发展的，同时，这也受到全球资本主义的限制
（Harik，2004；Qassem，2005）。

中东阶级和国家的持续不稳定，使美国希望通过政权更迭使这些
国家合理化，这将使它们对全球资本主义经济更加开放。政权更迭是
矛盾的：一方面，调整是有必要适应资本市场的；但另一方面，政权
的改变是不可能的，因为对政府的限制是政权的经济基础。在农民起
义中，民众反叛是一个普遍的社会对象，阶级关系已经不足以维持社
会生产了。因此，有必要产生一种新的理论，这种新的理论要包括阶
级关系和社会生产方面的要求。

美国在中东地区占主导地位的核心矛盾是伊朗必须设法维持伊斯
兰革命与资产阶级的矛盾和城市工业发展。伊拉克和黎巴嫩对伊朗至
关重要，因为两者可以增加什叶派权力以作为伊朗的延伸，并使中东
成为单一区域，经济的持续下滑将会增加其对石油价格的依赖[3]。

伊朗的军事社会本身就是高度矛盾的。哈马斯不承认其他国家的
巴勒斯坦阿拉伯人。这体现了一个与阿拉伯国家统治阶级甚至与以色
列有相同立场的阶级联盟。哈马斯和真主党提供的社会服务也反映了
社会需求。帝国主义破坏了中东地区统治阶级和殖民地以及半殖民地
国家。所有的这种不稳定，包括美国假装去打击的恐怖主义，实际上
都是对其他国家的入侵，是帝国主义统治及其控制石油的决心的产
物（Hroub，2000）[4]。

八、帝国主义内部的斗争

从 20 世纪 60 年代中期开始，制造商立足于后来复苏的经济体，
特别是日本以及德国，因为它们能够将相对先进的技术和较低的工资
相结合，以削弱美国的优势。美国国内利用其垄断优势来限制创新，
从而限制了竞争对手的生产。很快，所有这些经济体都从全球范围内
的赢利能力和竞争力的下降中获益。美国对这种下降的反应是抛弃布
雷顿森林协议，并使美元大幅贬值。1965 年至 1973 年，美国的利润率
下降了 30％，而七国集团的总利润下降了 20％。制造商竭力抵制产能
过剩。这场危机为东亚、墨西哥和巴西的低成本产品进入市场开辟了

道路。美国最初采取了一种与其他经济体进行竞争，并竭力控制社会支出以维持消费的战略。然而，产能过剩和生产过剩破坏了这一财政战略（Brenner，2002：12-22）。

投资减少导致利润率下降。资本主义加大压迫工人工资的力度，并减少社会支出以维持利润。这导致了消费减少和更加严重的经济衰退。为了应对这种局面，美国在 1974 年至 1975 年重新采取了凯恩斯主义政策。而这却引发了矛盾的另一面：许多高成本、低利润的生产商能够继续生产，从而加剧了产能过剩。整个系统的赢利能力继续下降，美元贬值导致通货膨胀加剧，这进一步造成美元贬值，威胁到了美元在世界经济中作为储备货币的地位。

1981 年，美国被迫接受了一项经济稳定计划。里根采取了有史以来最为严格的信贷政策，并强制实施紧缩政策。紧缩政策旨在恢复赢利能力，提高失业率，降低工资，减少税收，并抑制社会支出。它的实施也是为了强迫高成本、低利润生产者退出市场，并对行业进行激活。这进一步降低了低生产率服务业的利润，也进一步降低了员工的薪酬。该计划旨在通过抑制通货膨胀和放松管制，特别是放松资本管制，来恢复国内和国际金融部门的能力，并使人口迅速增加。里根-布什的措施无法恢复资本积累的动力，因为它们无法解决潜在的赢利问题。尤其是在 20 世纪 80 年代第一阶段的经济衰退中，厂商关闭了许多工厂，试图寻求提高生产率的方法。1965 年至 1990 年，新兴东亚国家的世界市场出口量从 1.2% 增长到 6.4%。总体而言，截至 1990 年，日本以外的亚洲国家占世界商品出口总量的 13.1%。这比美国高 11.7%，比德国高 12.7%，比日本高 8.5%。资产阶级试图减少过剩，但却导致了大量的工业岗位流失。

所有这一切的结果是，金融周期的回归导致了金融危机的反复。里根-布什继续扩大财政赤字，不仅要建立军队，还要避免经济衰退。最重要的是，社会确定对这些项目有极大的依赖性。到 20 世纪 90 年代初，世界资本主义经济陷入僵局。在经济衰退期间，只有进一步扩大美国财政赤字才有可能带来经济的好转。鉴于在 20 世纪 80 年代积累的巨额债务，新一轮的借贷已经威胁到了信贷紧缩。

此外，美国现在没有了凯恩斯主义的社会支出，而凯恩斯主义在 20 世纪 60 年代和 70 年代帮助维持了经济稳定。随着政府支出的下降，就业和工资负增长，国际经济被迫依靠私人投资。直到 20 世纪 90 年代初期，东亚经济才繁荣起来。

美国制造业赢利能力的恢复始于 1985 年，其原因是许多行业遭到破坏以及工人在很大程度上受到雇主需求的影响。里根的减税政策提高了美国制造业的赢利能力并保护了资本收益。反托拉斯法被放宽且允许合并，金融业则受益于放松管制所带来的高利率。1989 年的广场协议（Plaza Accord）允许美元对日元继续贬值且持续了大约十年的时间。这使美国制造业出现好转，并使实际工资增长停滞了长达十年的时间；这同时也意味着德国和日本的危机。从 1985 年开始，日本、德国和欧盟其他国家的经济发展面临着货币升值、工资上涨、竞争力下降、利润率下降、投资下降以及消费者和政府的需求下降的问题。日本重新规划自己的方向，使其制造业走向成本较低的亚洲地区，在很大程度上基于房地产价值的膨胀而造成了投资泡沫。德国希望在东欧和巴尔干半岛的传统地区进行投资。

1995 年，在墨西哥比索危机之后，帝国主义国家同意了"反向广场协议"，允许美元的价值在日元和德国马克下跌时升值。1996 年至 1997 年，美国制造业复苏，但其利润率的增幅却开始下滑。制造商竭力提高生产率，但实际工资却不断下降，生产率增长的速度不足以抵消美元升值的速度。这使股市的繁荣越来越集中于科技股——这种股票没有任何证据或实践的经验。这是建立在虚假信息和虚幻前景基础上的典型泡沫。

从 1997 年开始的东亚危机，意味着在帝国主义的控制下东亚经济体的合并。这些经济体已达到资本积累的极限，它们一直无法进入欧盟市场，仅限于以美国作为其出口的重点。现在，它们无法获得新技术来满足新的生产关系。同时，面对制造业赢利能力持续下跌的局面，美国经济将继续依赖股市来维持。

1993 年至 1994 年，美国经济复苏缓慢，选民反对克林顿个人和他提出的更有效地利用赤字支出来提高生育能力和提供医疗卫生设施的举措。他提出将国家医疗卫生与私营企业医疗保健相结合。1994 年，共和党在国会选举中占多数，意味着克林顿只能继续通过减少赤字和依赖艾伦·格林斯潘（Alan Greenspan）来维持股市，而且还将继续用金融资本来证明他的信誉。

一旦工资与生产率的关系国际化，它就会开始排挤那些价值较低的工厂。这与工会与工厂缩减规模，甚至关闭有直接的关系。工会领导人通常会在裁员和关闭工厂这些方面选择合作。国际货币基金组织和世界银行成为维持本国货币价值，并以此来维持国际交流的必要条件。中等收入消费下降导致信贷和债务增长。以出口为导向的经济增长继续与集中资本的国际生产相关联。

这些都是对社会生产的绝对反对，取代社会生产的是债务缠身。社会生产的每个产品都涉及负面因素：工厂关闭等于产生债务，中等收入的债务以及以住房为中心的经济的螺旋性下滑；财政政策成为转移私人债务的工具；价值创造成为缩小产业规模、制约各级政府、反对城市需求的前提。债务背后到处都是破坏，最为明显的就是非洲。在那里，资本是对社会生产的绝对反对。这对警察、军队和政府监督提出强烈的要求。

注释

[1] 弗里德里希·哈耶克（Friedrich August von Hayek）和其他奥地利经济学家坚持认为，再投资必须止于价值创造的极限（Caldwell，1995，vol. IX：104-107）。尽管资本主义需要这种撤资，但直接撤资会造成社会动荡，因而资本主义的再投资得到了政府的各种补助，包括消费券的发放，这使企业能够继续扩张，超越价值创造。而且，正如我所讨论的，价值创造的过程，是在资产阶级不知不觉中进行的，因而，只有在利润下降时，资产阶级才会意识到他们的过度扩张。罗伯特·M. 瓜生（Robert M. Uriu）在《陷入困境的工业：面对日本的经济变革》（*Troubled Industries：Confronting Economic Change in Japan*）一书中详细描述了日本政府，特别是自 1960 年以后，日本是如何维持那些已经不再创造价值的工业的。而日本之所以这样做，是因为这些工业的损失会对社会造成极大的破坏。政府的扶持与保护在很大程度上取决于资产阶级的政治影响力。

[2] 跨国公司应该被理解为一种所有权的形式，即公司特有的私人投资，而不是特定的组织形式。跨国公司有能力就地做出决策，不必进行地点的转移。跨国公司在全球经济中可以高度集中地控制分散的业务。帝国主义国家中的公司在 19 世纪 70 年代和 80 年代减少投资，放缓了国内经济增长。这也促使跨国公司把投资从一个国家转移到另一个国家。比如，在 20 世纪 50 年代和 60 年代，跨国公司在苏格兰开设了许多分公司。1976 年至 1981 年，这其中的 61 家外资银行关闭，

61 家中的 35 家来自美国，这导致减少了 4.4 万个工作岗位。转让定价使跨国公司能够脱离本国商业周期、规章和边界转移资金，使其业务国际化。它的业务发展比以往任何时候都更加深入，国际私人投资以跨国资本的形象重新调整了社会经济的发展。

[3] 1997 年，兹比格涅夫·布热津斯基（Zbigniew Brzezinski）在《大棋局》（*The Grand Chessboard*）中提出了帝国主义的议程。他明确表示，帝国主义的控制在本质上意味着对石油的控制——是通过对巴尔干半岛、南亚和中东的控制来确保。

[4] 阿利斯泰尔·霍恩（Alistair Horne）在《野蛮的和平战争：阿尔及利亚 1954—1962》（*A Savage War of Peace：Algeria 1954—1962*）一书中提供了一项出色的研究结果，这项研究结果表明，到 20 世纪时，帝国主义只能通过与全体人民交战来征服殖民地。那么显而易见，帝国主义不可能赢得这一战争。

参考文献

Anweiler, O. 1974. *The Soviets: The Russian Workers, Peasants, and Soldiers Councils 1905—1921*. New York: Pantheon.

Avineri, S. 1969. *Karl Marx on Colonialism and Modernization*. New York: Anchor.

Ballentine, K. and Sherman, J. 2003. *The Political Economy of Armed Conflict: Beyond Greed and Grievance*. London: Lynne Rienner Publishers.

Barakat, H. 1993. *The Arab World: Society, Culture, and the State*. Berkeley: University of California Press.

Baran, P. and Sweezy, P. 1966. *Monopoly Capital*. New York: Monthly Review.

Baran, P. and Sweezy, P. 1970. *Monopoly Capital*. Harmondsworth, UK: Penguin.

Bernstein, E. 1993. *Preconditions of Socialism*. Cambridge: Cambridge University Press.

Bhadra, B. 1989. *Materialist Orientalism: Marx, Asiatic Mode of Production and India*. Calcutta: Pustak.

Brenner, R. 2002. *The Boom and the Bubble: The US in the World*

Economy. New York: Verso.

Broue, P. 2005. *The German Revolution: 1917—1923*. Leiden: Brill.

Brzezinski, Z. 1997. *The Grand Chessboard: American Primacy and Its Geostrategic Imperatives*. New York: Basic Books.

Bukharin, N. 1972. *Economic Theory of the Leisure Class*. New York: Monthly Review Press.

Burns, T. and Fraser, I., eds. 2000. *The Hegel-Marx Connection*. New York: St. Martin's Press.

Caldwell, B., ed. 1995. *The Collected Works of F. A. Hayek*. Vol. 9. Chicago: University of Chicago Press.

Callinicos, A. 2004. *Making History: Agency, Structure, and Change in Social Theory*. Leiden: Brill.

Cantor, N. 1994, *The Civilization of the Middle Ages*. New York: Harper Collins.

Chossudovsky, M. 2003. *The Globalization of Poverty and the New World Order*. Pincourt, Quebec: Global Research.

Cliff, T. 1988. *State Capitalism in Russia*. London: Bookmarks.

Cohen, S. 2006. *Ramparts of Resistance: Why Workers Lost Their Power and How to Get It Back*. London: Pluto Press.

Day, R. 1981. *The Crisis and the "Crash"*. London: New Left Books.

Desai, P. 2003. *Financial Crisis, Contagion, and Containment: From Asia to Argentina*. Princeton: Princeton University Press.

Dicken, P. 1988. *Global Shift: Industrial Change in a Turbulent World*. London: Paul Chapman.

Dobb, M. 1955. *On Economic Theory and Socialism*. London: Routledge and Kegan Paul.

Dobb, M. 1963. *Economic Growth and Underdeveloped Countries*. New York: International.

Duany, A., Plater-Zyberk, E., and Speck, J. 2000. *Suburban Nation: The Rise of Sprawl and the Decline of the American Dream*. New York: North Point Press.

Engels, F. 1969. *The Origins of the Family, Private Property, and the State*. New York: International.

Engels, F. 1972. *The Role of Force in History*, New York: International.

Everling, C. 1997. *Social Economy: The Logic of Capitalist Development*. London: Routledge.

Fairbank, J. K. 1995. "The Reunification of China." In MacFarquhar, R. and Fairbank, J. K., eds, *The Cambridge History of China*. Vol. 14. Cambridge: Cambridge University Press.

Field, M. 1994. *Inside the Arab World*. Cambridge, MA: Harvard University Press.

Fine, J. 2006. *Workers Centers: Organizing Communities at the Edge of the Dream*. Ithaca: Cornell University Press.

Firestone, R. W. 1985. *The Fantasy Bond: Structure of Psychological Defenses*. New York: Human Sciences Press.

Fishman, R. 1987. *Bourgeois Utopias: The Rise and Fall of Suburbia*. New York: Basic Books.

Fleitz Jr., F. 2002. *Peacekeeping Fiascoes of the 1990s: Causes, Solutions, and US Interests*. Westport: Praeger.

Freeman, A. and Carchedi, G., eds. 1996. *Marx and Non-Equilibrium Economics*. Cheltenham, UK: Edward Elgar.

Freeman, C. 2004. *Egypt, Greece, and Rome: Civilizations in the Ancient Mediterranean*. Oxford: Oxford University Press.

Galbriath, J. 1971. *The New Industrial State*. New York: New American Library.

Garreau, J. 1991. *Edge City: Life on the New Frontier*. New York: Doubleday.

Garrioch, D. 2004. *The Making of Revolutionary Paris*. Berkeley: University of California Press.

Gluckstein, D. 1985. *The Western Soviets: Workers' Councils versus Parliament 1915—1920*. London: Bookmarks.

Harik, J. P. #Missing#. *Hezbollah: The Changing Face of Terrorism*. London: I. B. Tauris.

Harman, C. 1997. *The Lost Revolution: Germany 1918 to 1923*. London: Bookmarks.

Harman, C. 2002. *A People's History of the World*. London: Bookmarks.

Harrison, B. 1997. *Lean and Mean: The Changing Landscape of Corporate Power*. New York: Guilford Press.

Heinberg, R. 2005. *The Party's Over: Oil, War and the Fate of Industrial Societies*. Gabriola Island, BC: New Society Publishers.

Herring, E. and Rangwala, G. 2006. *Iraq in Fragments: The Occupation and Its Legacy*. Ithaca: Cornell University Press.

Horne, A. 2006. *A Savage War of Peace: Algeria 1954—1962*. New York: New York Review of Books.

Howard, M. C. and King, J. E. 1989. *A History of Marxian Economics. Volume I: 1883—1929*. Princeton: Princeton University Press.

Howard, M. C. and King, J. E. 1992. *A History of Marxian Economics. Volume II: 1929—1990*, Princeton: Princeton University Press.

Hroub, K. 2000. *Hamas: Political Thought and Practice*. Washington, DC: Institute for Palestinian Studies.

Ilyenkov, E. V. 1974. *Dialectical Logic*, Moscow: Progress. http://www.marxists.org. (accessed June 4, 2003).

Ilyenkov, E. V. 1977. "The Concept of the Ideal." In Daglish, R., ed. *Philosophy in the USSR: Problems of Dialectical Materialism*. Moscow: Progress. http://www.marxists.org. (accessed June 4, 2003).

Kershaw, I. 2000a. *Hitler, 1889—1936: Hubris*. New York: W. W. Norton.

Kershaw, I. 2000b. *Hitler, 1936—1945: Nemesis*. New York: W. W. Norton.

Keynes, J. M. 1953. *The General Theory of Employment, Interest, and Money*. New York: Harcourt Brace Jovanovich.

Kramer, P. and Holborn, F. 1971. *The City in American Life: A*

Historical Anthology. New York:Capricorn.

LaFeber, W. 1997. *The Clash: US-Japanese Relations Through-out History*. New York:W. W. Norton.

Laibman, D. 1992. *Value, Technical Change, and Crisis: Explorations in Marxist Economic Theory*. Armonk, NY:M. E. Sharpe.

Lardy, N. 1995. "The Chinese Economy Under Stress, 1958—1965." In MacFarquhar, R. and Fairbank, J. K. eds, *The Cambridge History of China*, Vol. 14, Cambridge:Cambridge University Press.

Lasch, C. 1991. *The Culture of Narcissism: American Life in An Age of Diminishing Expectations*. New York:W. W. Norton.

Lecercle, J. 2006. *A Marxist Philosophy of Language*. Leiden: Brill.

Lenin, V. I. 1967a. *Selected Works*. New York:International.

Lenin, V. I. 1967b. *State and Revolution*. New York:International.

Lenin, V. I. 1977. *The Development of Capitalism in Russia*. Moscow:Progress.

Lenin, V. I. 1981. "Philosophical Notebooks." In Lenin, *Collected Works*. Vol. 38, Moscow:Progress.

Lenin, V. I. 1984. *Imperialism: The Highest Stage of Capitalism*. New York:International.

Lenin, V. I. 2006. "What Is to Be Done?" In Lih, L. T., *Lenin Rediscovered: What Is to Be Done? In Context*. Leiden:Brill.

Lih, L. T. 2006. *Lenin Rediscovered: What Is to Be Done? In Context*. Leiden:Brill.

Löwy, M. 2002. *The Theory of Revolution in the Young Marx*. Leiden:Brill.

McGirr, L. 2001. *Suburban Warriors: The Origins of the New American Right*. Princeton:Princeton University Press.

Mandel, E. 1968. *Marxist Economic Theory*. London:Merlin.

Mandel, E. 1979. "Why the Soviet Bureaucracy is not a Ruling Class." *Monthly Review* 31:63－86. http://www. marxists. org. (accessed July 7, 2003).

Marx, K. 1963. *The Poverty of Philosophy*. New York: International.

Marx, K. 1964a. *Pre-Capitalist Economic Formations*. New York: International.

Marx, K. 1964b. *Class Struggles in France, 1848—1850*. New York: International.

Marx, K. 1967. *The 18th Brumaire of Louis Bonaparte*. New York: International.

Marx, K. 1968. "Theses on Feuerbach." In Marx, K. and Engels, F., *The German Ideology*. New York: International.

Marx, K. 1976. "The Economic and Philosophical Manuscripts of 1844." In Marx, K. and Engels, F., *Collected Works*. Vol. 3. New York: International.

Marx, K. 1986a. "Grundrisse." In Marx, K. and Engels, F., *Collected Works*. Vol. 28. New York: International.

Marx, K. 1986b. *Capital*. Moscow: Progress.

Marx, K. and Engels, F. 1968. *The German Ideology*. New York: International.

Marx, K. 1971. *Writings on the Paris Commune*, New York: Monthly Review.

Marx, K. 1975. *The Holy Family or the Critique of Critical Criticism*. New York: International.

Marx, K. 1986. *Ireland and the Irish Question*. Moscow: Progress.

Mazower, M. 2000. *Dark Continent: Europe's Twentieth Century*. New York: Knopf.

Miller, A. V. (trans.) 1999. *Hegel's Science of Logic*. Atlantic Highlands, NJ: Humanities Press.

Moody, Kim, 2007. *US Labor in Trouble and Transition: The Failure of Reform from Above, The Promise of Revival From Below*. London: Verso.

Morris, C. R. 2008. *The Trillion Dollar Meltdown: Easy Money,*

High Rollers and the Great Credit Crash. New York: Public Affairs.

Moseley, F., ed. 1993. *Marx's Method in Capital: A Reexamination*. Atlantic Highlands, NJ: Humanities Press.

Mure, G. R. G. 1967. *A Study of Hegel's Logic*. Oxford: Oxford University Press.

Nasr, V. 2006. *The Shia Revival: How Conflicts within Islam Shape the Future*. New York: W. W. Norton.

Nicolaides, B. and Wiese, A., eds. 2006. *The Suburb Reader*. New York: Routledge.

Nussbaum, H. 1988. "International Cartels and Multinational Enterprises." In Teichova, A., Levy-Leboyer, M., and Nussbaum, H., eds, *Multinational Enterprise in Historical Perspective*, Cambridge: Cambridge University Press.

Pablo, M. 1953. "The Post Stalin 'New Course'." *Quatrieme Internationale*, 14(4). http://www.marxists.org. (accessed July 7, 2003).

Phillips, K. 2008. *Bad Money: Reckless Finance, Failed Politics, and the Global Crisis of American Capitalism*. New York: Viking.

Preobrazhensky, E. 1965. *The New Economics*. Oxford: Oxford University Press.

Qassem, N. 2005. *Hizbullah: The Story from Within*. London: Saqi.

Rees, E. A. 1987. *State Control in Soviet Russia: The Rise and Fall of the Workers' and Peasants' Inspectorate 1920—1934*. New York: St. Martin's Press.

Rees, E. A., ed. 2002. *Centre-Local Relations in the Stalinist State, 1928—1941*. New York: Palgrave.

Reich, R. 1992. *The Work of Nations*. New York: Knopf.

Riddell, J., ed. 1984. *Lenin's Struggle for a Revolutionary International: Documents 1907—1916, The Preparatory Years*. New York: Pathfinder.

Rieber, A. J. 1982. *Merchants and Entrepreneurs in Imperial Russia*. Chapel Hill: University of North Carolina Press.

Rigby, T. H. 1979. *Lenin's Government: Sovnarkom 1917—1922*.

Cambridge:Cambridge University Press.

Robinson, J. 1966. *An Essay on Marxian Economics*. London: Macmillan.

Rose, G. 1995. *Hegel Contra Sociology*. London:Athlone.

Schroter, H. 1988. "A Typical Factor of German International Market Strategy:Agreements Between the US and German Electrotechnical Industries up to 1939." In Teichova, A., Levy-Leboyer, M., and Nussbaum, H., eds, *Multinational Enterprise in Historical Perspective*. Cambridge:Cambridge University Press.

Shiller, R. J. 2008. *The Subprime Solution:How Today's Global Crisis Happened and What To Do About It*. Princeton:Princeton University Press.

Sraffa, P. 1960. *The Production of Commodities by Means of Commodities*. Cambridge:Cambridge University Press.

Suny, R. G. 1998. *The Soviet Experiment*. Oxford: Oxford University Press.

Sweezy, P. 1953. *The Present as History*. New York:Monthly Review Press.

Sweezy, P. 1970. *The Theory of Capitalist Development*. New York:Monthly Review Press.

Teaford, J. C. 2006. *The Metropolitan Revolution: The Rise of Post-Urban America*. New York:Columbia University Press.

Teiwes, F. C. 1995. "Establishment and Consolidation of the New Regime." In MacFarquhar, R. and Fairbank, J. K., eds, *The Cambridge History of China*. Vol. 14. Cambridge:Cambridge University Press.

Trotsky, L. 1936. *The History of the Russian Revolution*. New York:Simon and Schuster.

Trotsky, L. 1967. *Problems of the Chinese Revolution*. Ann Arbor:University of Michigan Press.

Trotsky, L. 1971. *The Struggle Against Fascism in Germany*. New York:Pathfinder.

Trotsky, L. 1976. *The Permanent Revolution*. New York: Pathfinder.

Trotsky, L. 1990. *Trade Unions in the Epoch of Imperialist Decay*. New York: Pathfinder.

Trotsky, L. 1996. *The First Five Years of the Communist International*. Vol. 1, New York: Pathfinder.

Trotsky, L. 1997. *The Challenge of the Left Opposition*. Vol. II. New York: Pathfinder.

Turner, G. 2008. *The Credit Crunch: Housing Bubbles, Globalization, and the Worldwide Economic Crisis*. London: Pluto Press.

Uriu, R. M. 1996. *Troubled Industries: Confronting Economic Change in Japan*. Ithaca: Cornell University Press.

Zandi, M. 2009. *Financial Shock*. Upper Saddle River, NJ: FT Press.

第 5 章　走向全球统治阶级？全球化与跨国资产阶级 *

[美] 威廉·I. 鲁滨逊　杰里·哈里斯 著

孙安洋 译　黄蓉 校

一、跨国阶级和跨国资产阶级的形成：一些概念问题

20 世纪 60 年代以来，越来越多的观察家开始讨论"国际资产阶级"的兴起。在 20 世纪 70 年代初期，斯蒂芬·海默①指出"其利益根植于整个世界经济体系，来自私人资本在国家间的自由流动……资本大鳄的未来越来越取决于全球市场的繁荣而非凋敝"（Hymer，1979：262）。依附论学者提出了一个国际资产阶级的假设，这个资产阶级由各国资产阶级联合而成，其共同利益是捍卫世界资本主义制度。1974年，巴尼特（Richard Barnet）和米勒（Ronald Mueller）在《全球范围》（*Global Reach*）中进行了具有里程碑意义的研究，他们认为跨国公司的崛起催生了一个新的跨国企业精英。戈德弗兰克（Goldfrank）在 1977 年总结了 20 世纪 60 年代和 70 年代早期的研究成果，并指出，"越来越多的证据表明，跨国企业的所有者和管理者将成为一个强有力

＊ William I. Robinson，Jerry Harris. Towards a Global Ruling Class? Globalization and the Transnational Capitalist Class. Science & Society，2000，64（1）：11-54.

① 斯蒂芬·海默全名斯蒂芬·赫伯特·海默（Stephen Herbert Hymer，1934—1974），加拿大经济学家，跨国公司理论之父。提出了"垄断优势"并且和金德贝格共同提出并发展了"结构性市场非完美理论"。

的社会阶层",而且在全球层面对阶级结构和阶级分层的研究已经起步。

与迅速发展的经济全球化研究相同步,近年来,跨国阶级形成的过程越发吸引研究者的关注。凯斯·范德尔皮耶尔(Kees van der Pijl)对此做出了杰出的理论贡献(1984;1989;1998)。他分析指出,在第二次世界大战后,发达资本主义国家的资本跨国扩张导致各国的资本分配和产业分工国际化,随之而来的是国际阶级意识的觉醒,以及在国际层面上"(资产阶级)控制的共识"。大卫·贝克尔(David Becker)和他的同事在他们有争议的关于"后帝国主义"的论文中,观察到跨国公司在新的跨国基础上促进了各国利益的一体化。资产阶级经理人组成的"企业国际部"是这一进程的首要促进者,代表第三世界旧有公立-私营部门利益的"资产阶级管理人"和与跨国企业相生相伴的跨国"资产阶级企业家"形成了新的统治联盟。

相对而言,国际关系中的"意大利学派"试图将日益超出民族国家之外的逻辑的全球社会形态理论化(Cox,1987;Gill,1990)。罗伯特·考克斯(Cox,1987:271)讨论了"一种新兴的全球阶级结构",斯蒂芬·吉尔认证了"发展中的跨国资产阶级"(Gill,1990:94)。作为一种完全不同的倾向,莱斯利·斯克莱尔的"全球体系理论"(Sklair,1995)包含跨国资产阶级的思想,它将跨国公司的高管、"全球化的官僚主义者、政治家和专业人士"以及媒体和商业部门中的"消费精英"聚集在一起(Sklair,1995;1998)。虽然他的分析因许多理论和概念上的混淆变得杂乱(包括将阶级和阶层混为一谈,以及未能处理国家问题),但斯克莱尔的工作在设想资产阶级方面走得最远——跨国资产阶级不再与属地性挂钩,也不受国家间竞争的影响。

除了斯克莱尔,所有这些研究中都存在一个以国家为中心的阶级概念。这些研究假定,国家资产阶级通过资本的国际化和公民社会的国际化,在国际体系层面与其他民族阶级在外部趋同。世界统治阶级的形成被看作这些民族资产阶级及其国际联盟的国际共谋。在新的全球化时代,作为竞争中的国家资本集团的国际化的旧观点仅仅是为了适应共谋而已。相反,我们认为,全球化正在为一个不再是国家坐标的资产阶级的崛起创造物质条件。在这个跨国阶级形成的过程中,优势群体在跨国空间内融合为一个阶级(或阶级部分)。这些群体的组织构成、客观地位和主观构成不再与民族国家联系在一起。

　　全球化迫使我们以这种方式修改阶级分析的一些基本前提。要通晓全球化带来的变化，就需要我们的方法论和认识论假设回到古典政治经济学中来，而古典政治经济学则从理论上提出了一套在当代实践中并非不言自明的关系，以突出在现有条件下潜在的结构和历史运动。马克思关于政治经济学的一般概念是普遍的，而不是抽象的，是与民族国家同时发生的。但是，随着历史以其具体的形式展开，政治经济学的困境就成为解释经济在世界政治体系中明显国际化的悖论的需要，这个世界政治体系被划分为独立的民族国家。资本在民族国家领土范围内的自我扩张和民族国家体系所产生的国际动态，确立了许多社会分析的决定因素。这些参数越来越无法捕捉与全球化有关的现象，例如阶级的国际化。

二、从国际到跨国资产阶级

　　马克思和恩格斯在《共产党宣言》中谈到了资本主义制度的全球性质和资产阶级扩大其在世界各地的变革性影响的动力。但是，对于马克思和他之后的许多马克思主义者来说，资产阶级虽然是一个全球性的代理人，但在某种观念上是有机的、具有民族性的，因为它的发展是在特定的民族国家的范围内进行的，并且是通过一个以民族国家为基础的阶级来发展的。20 世纪初，帝国主义理论建立了马克思主义的国际竞争资本分析框架，由后来的政治经济学家通过依附理论和世界体系理论、激进的国际关系理论、美国干预研究等理论支撑到 20 世纪后半叶。这些理论的发展与思想的顺序不同，既是为了解释两次世界大战等实际发生的世界历史事件，也是为了指导实践，例如第三世界的民族革命被认为是针对某些帝国主义国家的革命。问题不在于这些理论超越了历史，相反，它们是来自实际历史现实的理论抽象。这些理论没有承认其所讨论的现象的历史特征，而是更倾向于从资本主义发展的某个特定历史时期推断出一个关于世界阶级形成动态的过渡性结论。

　　作为这一理论和政治遗产的一部分，无论是马克思主义者还是非马克思主义者在其对全球化的研究中，都从民族国家体系的政治框架以及国际阶级组织的作用分析了经济全球化的进程（对这种"民族-国家框架-分析研究"的批评，见 Robinson，1998；1999）。经典的马克思主义观点认为，由于资本主义日益国际化，因此资产阶级在性质上也是国际性的，需要随着全球化的发展而更新。国际概念是一个固有的国家体系，它可以调解阶级和群体之间的关系，包括国家资本和民族资产阶级的概念。相比之下，跨国是指经济和社会关系、政治和文化进程（包括阶级形成），其已超越了民族国家。全球经济正在给世界范围内的社会生产过程带来变化，从而将世界阶级的构成进行重组。

一个世纪前，股份制企业和国有企业的经济主导地位的兴起，对阶级结构产生了深远的影响。随着国有公司和国家市场的巩固，各地方和地区资产阶级形成了国家资产阶级。它们成为强大的统治阶级，其重组社会并且开创了企业资本主义的新时代。我们正处于同一进程的早期阶段，目前正在全球性复制这一进程。各国资本也越来越多地融入跨国资本。跨国资本从以前的国家资本中崛起，对国家资产阶级也产生了类似的变革作用。这些都是由全球化引入的跨民族链条，这些链条重新定位了阶级构成的决定因素。全球领先的资本主义阶层正在融入跨国资产阶级。

因此，跨国阶级的形成是全球化进程的一个关键因素。退一步来说，在抽象层次上，全球化涉及世界资本主义制度发展的"划时代转变"（Burbach and Robinson，1999）。具体来说，它代表了从民族国家阶段向新的跨国资本主义阶段的过渡。在民族国家阶段，世界通过商品和金融联系在一起而融入一体化的国际市场。在新的阶段，世界范围的社会联系是产生于生产过程本身的全球化和国家生产结构的超国家一体化的内在联系，如下文所述[1]。因此，全球化重新界定了生产与领土、民族国家、经济制度和社会结构之间的关系。阶级的形成不再与领土和民族国家的政治管辖有关。

在资本主义的民族国家阶段，从属阶级通过民族国家来调解它们与资本的关系。资产阶级是在民族国家的保护下发展起来的，发达国家利益是反对与之竞争的国家资本的。这些国家是被纳入民族国家历史的阶级和团体的联盟。对于这个世界范围内的阶级形成过程，没有任何过渡性，或者说是预先确定。它现在正被全球化取代。全球权力下放和生产过程的分散重新定义了相对于民族国家的资本和阶级的积累。正在发生的是一个跨国阶级形成的过程，在这个过程中，民族国家的调解要素已经被改变。主导和从属的社会团体一直在通过一个民族国家世界的结构、制度和现象进行全球化，资本主义在原始的基础设施上正在建立一个新的跨国制度。

民族国家不再是资本主义的组织原则，不再是阶级发展和社会生活的制度"容器"。随着国家生产结构的跨国一体化，通过民族国家进行有机发展的世界阶级正与其他国家的"民族"阶层进行超国家一体化。全球阶级的形成，使世界加速分化为全球资产阶级和全球无产阶级，改变了统治阶级和附属阶级的关系，对世界政治也产生了影响。正如我们稍后讨论的那样，跨国资产阶级的世界政治并不像国家资产阶级那样，受到洲际制度所表现出的不断变化的竞争和联盟的推动。

资本具有整体的竞争性，个人资本的现实性及其具体的存在作为一种阶级关系，是在特定的空间范围内被确定下来的，因为民族国家在世界资本主义发展中反对跨国或超国家的统一趋势。资本从新技术带来的这种空间障碍中被释放出来，进行世界范围内的生产重组，同时民族国家对全球市场运作的限制解除，这意味着当前时期的阶级和群体关系的轨迹不是民族国家的轨迹。

然而，许多马克思主义者和非马克思主义者都提出了一种独特的二元论概念，即为全球化的经济体系和以民族国家为基础的政治制度提出了不同的逻辑。在这种二元结构中，民族国家被看作资本主义发展的内在产物，因此，跨国阶级的形成不能真正超越"民族"阶级的构成[2]。但是，如果我们认为物质条件，特别是生产过程是政治发展的中心，并且这种阶级是以实际经济生产关系为基础的，那么这种二元论结构就违背了唯物史观的基本原则。如果我们承认这些生产关系正在全球化，那么我们就有责任处理跨国阶级的形成问题。因此，在转向跨国资产阶级之前，让我们简要讨论一下生产全球化的问题。

三、生产全球化与资本循环

全球资本主义并不仅仅是"国家经济"的集合，正如主导概念所暗示的那样（Wood，1999）。许多批评家认为，全球化被夸大了，甚至是虚幻的（例如 Wood，1999；Gordon，1988；Hirst & Thompson，1996；Weiss，1998；Glyn & Sutcliffe，1992），他们声称当前时期只是历史趋势的定量强化，而不是一个定性的新时代。但是，这一论点并没有区分跨越国界的贸易和资金流动的延伸，我们认为这是国际化的概念，而生产过程本身的全球化则代表了跨国化。这些报告表明，在第一次世界大战之前，世界贸易一体化程度很高（实际上，当时的世界经济至少与 21 世纪初的经济一体化程度一样）。但他们没有注意到什么是定性的新事物。1913 年以前的一体化是通过以国家为基础的生产系统之间的货物和服务贸易以及以投资组合为资本形式的跨境资金流动来实现的。在这一时期，国家资产阶级组织了民族生产链并且在自己的边界内生产商品（实际上是劳动力生产的商品），然后用这些商品交换其他国家生产的商品。这就是迪肯所说的"浅层一体化"（Dicken，1998：5）。这与全球化背景下的"深度融合"形成了鲜明的对比。这包括产品和服务生产的跨国化。

生产的全球化导致复杂生产链的分散和需求的分散，以及这些链条中的不同部分在世界范围内的分散和功能整合。关于生产全球化的研究逐渐增多。我们在这里关注的是它的社会和政治影响，特别是对阶级形成的影响。生产全球化为阶级的跨国化和跨国资产阶级的兴起提供了基础。克里斯蒂安·帕洛伊克斯（Christian Palloix）在他的关于资本国际化的重要著作中，提出了一个明确的历史顺序：商品资本的循环是世界贸易首次以国际化形式出现；货币资本的循环是第二次，以有价证券投资资本形式流入海外企业；生产性资本的循环是第三次，第二次世界大战后跨国公司大幅增长（Palloix，1977 a；1977 b）。自 20 世纪 80 年代后期帕洛伊克斯撰文以来，生产的这种跨国化趋势急剧增长，不仅涉及跨国公司活动的展开，而且还涉及生产过程的结构调整、分散和世界范围的权力下放（除其他外，见 Dicken，1998；Howells and Wood，1992；Burbach and Robinson，1999；UNCTAD，多年）。让我们回顾一下资本循环对阶级分析的集中性，这一循环根植于社会、政治和文化进程。它是循环反复的，特别是 M-C-P-C′-M′[①]（关键的是 P 或者说是生产）产生的阶级形成，阶级斗争，政治进程展开，国家试图为循环再生产创造一个综合的环境、文化进程，等等。在较早的"浅层一体化"时期，这一循环 M-C-P-C 是发生在国民经济回路中的第一

---

① 在 M-C-P-C′-M′ 公式中，M 代表货币，C 代表商品，P 代表生产，C′ 代表新商品，M′ 代表更多的货币。

部分。商品在国际市场上出售，利润被收回，不断地循环往复。在全球化的背景下，产品正日益向全球分散，整个循环的第一部分 M-C-P 也是如此。

产自全球的商品和服务在世界市场上销售。利润通过 20 世纪 80 年代以来的全球金融体系分散在世界范围内，这一体系在质量上不同于早期的国际金融流。随着整个循环变得国际化，阶级、政治进程、国家和文化-意识形态进程也趋于国际化。本章关注的是跨国阶级的形成和跨国资产阶级的兴起。资本回路的跨国化也意味着资本代理人的跨国化[3]。随着国家资本回路的跨国整合，这些新的跨国回路成为世界范围内阶级形成的场所。

那些认为全球化只是国际化进程的深化的人还指出，民族国家现象继续存在，例如民族差异和"独特性"，某些生产过程明确地包含在特定民族国家、民族资本主义集团甚至国家实践的范围内，而这些群体有能力影响这些实践、国家间的持续竞争关系、挥之不去的民族国家现象等等（Wood, 1999）[4]。所有这些现象目前都是存在的，但它们绝对不能证实对全球化的分析是世界资本主义发展中一个定性的新时代。

下面，我们将在民族和跨国阶级组成及其之间的矛盾的具体案例中进行讨论。在整个历史结构中，有许多相互矛盾的过程，或在更大的统一体中朝着不同的方向移动的情况。全球化是一个过程，不是一种状态或条件。

它是一个运动中的历史结构概念，它的动态性可能涉及许多形式，如在统治地位的跨国阶级形成和传统民族国家的阶级形式、生产结构等。对唯物主义分析来说，重要的是捕捉历史运动的方向和起步的趋势，这样的历史进程是宽泛的，会受到新的和无法预料的事件的推动，甚至是逆转。

四、跨国资产阶级作为一个自在阶级和一个自为阶级

所谓阶级，是指在社会权力斗争的基础上与社会生产和再生产过程有着共同关系的一群人。这一概念可以适用于具有两极性的对立面，如资产阶级和无产阶级，也可以适用于单个阶级内的部分利益（例如

工商业资本)。对跨国阶级形成的辩证分析,必须从生产关系在对立阶级构成中的首要地位入手,从建立在这些关系上的阶级斗争中衍生出特定的阶级或阶级分支,如跨国资产阶级。马克思和恩格斯清楚地把阶级认同为生产和生产过程的集体立场。但他们也认为,一个阶级的存在取决于它是否有能力形成一个集体政治和(或)文化的主体,即自我代表,而这个阶级的形成涉及对立阶级的相互构成。

这一辩证概念最好地体现在马克思关于自在阶级和自为阶级的概念中,体现在现代阶级文学中,或许最主要地体现在 E. P. 汤普森(E. P. Thompson)的著作中。对阶级形成的研究涉及结构和机构层面的分析。第一种是产生和界定阶级的物质基础与生产关系;第二种是意向性和参与形成社会进程的干预的意识形态,以及物质关系的发展方向。在结构层面上,全球经济,特别是资本的跨国化为跨国资产阶级提供了物质基础。根据对跨国资本的所有权和(或)控制权,可以将跨国资产阶级定位于全球的阶级结构中。跨国资本构成了全球经济的"制高点",资本决定了全球生产的总体方向和特征,以及世界资本主义社会的环境、政治和文化特征。跨国资产阶级的成员是世界主要生产资源的所有者,或者如马克思所说的"生产系统的所有者"。

因此,我们认为,跨国资产阶级代表跨国资本的是世界资产阶级的一部分。旧的民族资产阶级国际联盟在新的时代演变为跨国资产阶级,并且这种跨国资产阶级已成为全球霸权主义阶级的一部分了。跨国资产阶级由跨国资本所有者组成,即拥有全球领先的生产资料的集团,主要体现为跨国公司和私人金融机构。跨国资产阶级与国家或地方资产阶级的区别在于它参与了全球化的生产,并管理全球化的积累循环,使它在全球系统中在空间和政治上比任何地方领土和政治所具有的阶级、存在和特性都客观。

在代理层面,跨国资产阶级具有阶级意识,具有跨国性[5],并一直在进行资本主义全球化的阶级计划,这反映在它的全球决策市场和在这一小部分人的支持下跨国的国家机构的崛起上。无产阶级也正处于跨民族阶级的形成过程中。跨国工人阶级群体不断壮大,成为自在阶级。但是,由于民族国家的继续存在和不平衡的发展,我们无法在此探讨这一问题。然而,跨国资产阶级正日益成为一种自在阶级和自为阶级。资本主义全球化在 20 世纪末 21 世纪初的短暂历史关头,通过充当资产阶级的向心力和工人阶级的离心力,增强了全球资本相对于全球劳动力的力量[6]。

五、全球化、跨国阶级分级（层）和跨国资产阶级[7]

阶级分级（层）是沿着一个新的国家或多个国家中的轴心国进行的。近年来，世界上每个国家的主导行业都出现了跨国性的部分。在这里，国家和全球积累的矛盾逻辑正在起作用。一个集团的利益在于国家积累，包括一整套传统的国家监管和贸易保护主义机制，而另一个集团的利益在于以全球市场自由化为基础的不断扩大的全球经济。在 20 世纪后期，优势群体的后裔民族集团与崛起的跨国集团之间的斗争常常与表面政治动态和意识形态进程相伴展开。自 20 世纪 70 年代以来，这两个部分一直在争夺地方政府机构的控制权。20 世纪 80 年代和 90 年代，当地精英组成的跨国集团在世界各国大行其道。它们抓住了国家决策的"制高点"：决策机构中的关键部委和官僚机构——尤其是中央银行、财政部和外交部——这些连接各国与全球经济的关键政府部门。它们利用国家机构推进全球化，推行全面的经济结构改革，并进行全面的经济结构重组，分解旧的以国家为基础的凯恩斯主义福利和发展主义项目。它们寻求全球市场自由化（遵循新自由主义模式）和经济一体化项目，如北美自由贸易协定（North American Free Trode Agreement，NAFTA）、亚太经合组织（Asia Pacific Economic Cooperation，APEC）论坛和欧盟。正如我们在下文所讨论的那样，它们促进了全球经济的超国家基础设施的建立，如世界贸易组织。

关于国家／多国分拆的一个关键问题是全球化与传统的资本分割的工业，商业和金融集团之间的关系。国家／多国轴心作为第二条分界线，与传统的资本分割重叠。金融资本无疑已经成为霸主，它是最具流动性和最具威慑力的。全球金融市场每天约有 25 万亿美元的货币流动，最大股票市场的日成交额已超过 1 万亿美元（Harris，1998—1999：23），而世界每日贸易额仅为 100 亿美元（因此实际贸易仅占虚拟贸易的 1％）。20 世纪 70 年代到 80 年代，金融资本开始成为全球积累循环的决定因素，即货币资本成为国际生产循环的调控者，而不是投资资本。跨国银行和投资公司以及中央银行拥有大量的外汇储备，并在其全球交易中使用不同的货币。

在这种情况下，很难说世界政治动态是由争夺美元、日元或其他货币霸权的斗争决定的，比如 1913 年以前的时期，或者二战后的早期时期。跨国资产阶级和各国均在一个稳定的全球货币体系中有着既得利益[8]。究竟是什么原因导致了世界金融体系的这些戏剧性发展以及金融与生产性资本的明显脱钩？这些前所未有的现象，引起了激烈的争论。

显然，它与技术变革和信息公开的可能性联系在一起。它也可能与世界资本主义的周期，特别是康德拉蒂夫（Kondratieff）周期有关，因为长期波动的结束（例如二战后的繁荣时期）的特点是大量的资本储蓄和积累的剩余价值表现在货币资本和金融投机的霸权中（Arrighi，1994）。但是，在分析跨国资产阶级的目的时，重要的是全球化进程影响到生产资本和商业资本，因此，不能说全球化时代的阶级分割是流动货币资本和"固定"生产性资本（商业资本在两者之间）之间的分化[9]。

事实上，国家/多国轴心跨越货币、商业和生产性资本，因此这三种资本在内部沿轴分裂。希尔菲汀（Hilferding）关于金融资本的概念也是与此相关的，但在这里不可能被采纳，因为金融资本是将货币、商业和工业资本社会化看成一个相互依存的复合体。跨国资本在多大程度上实现了有机细分？或者说，事实上它是否构成了希尔菲汀意义上的跨国金融资本？对于跨国公司和银行的连锁结构，我们可以推测（例如，Fennema，1982；van der Pijl，1998，特别是第二章），后者就是这种情况，因此跨国资本之间的差异是战略性的，企业集团之间的差异也是如此。最后，值得注意的是，大多数跨国生产单位也同时直接或间接地参与金融、生产和商业资本业务与投资。

因此，跨国资产阶级的兴起涉及更综合的全球资本，我们最好从非传统的分析问题的角度来研究全球阶级形成的现象，例如局部和全球积累循环，或国家/领土对跨国/非属地化的阶级利益。范德皮耶尔认为，货币利益在自由主义和共产主义中往往倾向于证明自身，而生产资本在历史上和国家范围内都表现为历史性的，因此是以货币资本为主导的跨国化（1984；1989）。这在资本主义的早期可能确实如此，但全球化的核心显然是生产的去中心化、碎片化和分散性，部分原因是新一代科学和技术的出现，产生了生产资本"固定性"解体的趋势。许多以前以国家为基础的工业，例如汽车、电子、纺织品和计算机，甚至服务业，现在都已彻底跨国化了（例如，Dicken，1998；Howells and Wood，1992；UNCTAD，多年）。此外，货币资本必须"降落"在生产中，在全球化环境下，生产越来越不固定，分散在世界各地的可移动生产场所，使周转时间加快（从而降低了固定性）。

六、跨国国家机构的形成[10]

跨国资产阶级在经济上占主导地位，但它在政治和文化上也占主导地位吗？在什么意义上和多大程度上可以证明跨国资产阶级是一个全球统治阶级？跨国资产阶级是否作为一个阶级集体行使政权[11]？经济上占主导地位的阶级不一定是统治阶级，它是或不是统治阶级是必须加以证明的。在这方面，我们将按照从经济统治到政治统治的决策进行。我们先前提出的主张是，跨国资产阶级成为世界资产阶级的一部分已经成为事实，这个跨国资产阶级正处在实现其统治或成为一个全球统治阶级的过程中。

跨国资产阶级在追求全球经济和社会一体化的全球化项目时，以政治目的阐明了经济利益，鲁滨逊称之为"跨国精英议程"，其目的是创造最有利于全球资本主义自由运作的条件（Robinson，1996 a；1996 b；1997；1998—1999；1999）。因此，如果不提及跨国资产阶级在生产结构中的客观决定因素，就不可能全面描述它的情况——在这里，生产过程的跨国化是关键；也要考虑它的主观决定——在这里，跨国国家机构的崛起作为跨国资产阶级的一个关键的政治和体制表现是很重要的。换言之，对资本主义统治阶级权力的分析离不开国家和政治进程的问题。但是，我们可以按决定的顺序来分析，一是跨国资本所体现的跨国资产阶级的经济情况，二是跨国国家设备所表达的阶级权力的行使。体系与机构的辩证关系推动了全球化的进程。在此程度上，全球化是一个客观的过程，因为它是资本主义发展导致的结果，而不是原因，是世界资本主义长达几个世纪的扩张的一个阶段。全球化也是一个主观的过程，因为它是作为代理的结果而展开的。

统治群体，特别是跨国资产阶级，将跨国化作为解决问题的一种手段。民主国家层面上的附属阶级的政治统治和阶级斗争，以及在这个层面上对资本的约束，是最初推动资本跨国化的因素。我们应当记得，一个统治阶级通过政治机构来行使其统治，其高级人员必须代表这个阶级，尽可能地统一其行动，加强对社会再生产过程的控制，这意味着确保全球资本主义生产关系的再生产，同时保证有利于其统治的政治和文化制度的延续（或改造）。

20 世纪 70 年代至 90 年代，新兴跨国资产阶级的主要阶层被政治化。全球统治阶级最高层的管理精英控制着全球政策制定的标准，由这一概念产生了全球统治阶级政治活跃分支的理念。作为其政治主体的一部分，这一分支开始创建和（或）转变为一套新兴的跨国制度。

这些机构的设立构成了最初的跨国国家机构。这一跨国国家机构是一个新兴的网络，由转型和外部一体化的民族国家以及超国家经济和政治论坛组成，它尚未获得任何集中的体制形式。经济论坛包括国际货币基金组织、世界银行、世界贸易组织、区域银行等。政治论坛包括七国集团和二十国集团，以及联合国系统、经济合作与发展组织（Organization of Economic Cooperation and Development, OECD）、欧盟、欧洲安全与合作会议（Conference on Security and Cooperation in Europe，CSCE）等等。跨国资产阶级直接利用这一跨国国家机构，通过跨国国家的多层次结构行使某种形式的跨国国家权力。正是通过这些全球性的制度，跨国资产阶级试图形成一个新的全球资本主义霸权集团[12]。

20 世纪 80 年代，跨国公司和政治精英出现在世界舞台上，它们通过多边重组和国家机构明确提出了建立和管理全球经济的主张。跨国资产阶级的政治组织包括 20 世纪 90 年代中期成立的三边委员会，该委员会汇集了北美、欧洲与日本部分企业、政治和知识精英（Gill，1990）。其政治化的其他标志是：在政府一级设立七国集团论坛，开始使核心民族国家的集体管理和政治精英对全球经济的集体管理制度化；扩大经合组织的活动，由 24 个最大的工业化国家组成一个超国家机构，观察和协调本国经济，创建世界经济论坛（World Economic Forum，WEF），该论坛汇集了跨国公司和全球政治精英的最高代表（见下文）。关于建立全球经济和跨国管理结构的研究来自核心国家的智囊团、大学精英团队和政策规划机构[13]。

这一越来越有组织的全球精英团体提出了一项以市场自由化为中心的全球经济和政治改革方案，也就是所谓的"华盛顿共识"（Williamson，1993）或新自由主义项目（见下文），并着手将世界变成全球资本主义的单一的一元化（统一）区域。它推动全球市场的规则更加统一和标准化，这一过程类似于19世纪国家市场的建设，但现在已在新的全球空间中得到复制。1982年，七国集团指定国际货币基金组织和世界银行为"中央当局"，行使资本主义民族国家在国际金融谈判中的集体权力（Harvey，1990：170）。1982年，在墨西哥举行的坎昆峰会上，以美国为首的核心资本主义国家启动了全球新自由主义时代，作为这一进程的一部分，其已经着手在第三世界和当时的第二世界实施结构调整计划。

跨国精英推动了国际经济一体化进程，建立了新的机构和论坛，如世贸组织、多边投资协定（Maltilateral Agreement on Investment，MAI）等。国际货币基金组织、世界银行和世贸组织等跨国机构，不仅是世界资产阶级反对世界工会的工具，也是资本间对抗的工具。相对于不同的资本主义派别，这些机构不是中立的。它们压制国家集团，反对解决方案（如保护主义、固定的换股率等），这将加强国家资本并提升跨国集团的利益。

跨国化是跨国阶级社会化的一项重要研究，世界一流的大学、面向跨国合体的智囊团、主要的资产阶级基金会，如哈佛国际商业学院、福特基金会和卡内基基金会，以及外国关系委员会等政策规划小组等，都是跨国阶级社会化的重要研究领域。精英计划小组是整合班级群体、制定新的倡议、集体战略、政策和班级规则项目以及围绕这些项目形成共识和政治文化的重要讨论组。至少在20世纪末，企业精英一直通过政治组织运作。

这些尖端商业协会的作用是将资本与其他领域（政府、民间社会机构、文化论坛等）联系起来。例如，在美国，这些活动包括商业圆桌会议、商会和全国制造商协会等。近几年来，跨国资本主义组织和规划组织在三边委员会等更著名的组织和计划团体中大量涌现。例如，国际金融研究所于1983年由跨国银行和投资公司的代表创建，在全世界56个国家拥有300名成员。国际金融研究所作为其成员的政策中心、说客、研究员和顾问，是一个虚拟的跨国金融政治中心。

而世界经济论坛则是跨国资产阶级最全面的跨国规划机构，也是全球网络将跨国公民社会中的跨国资产阶级联系在一起的典型例子。正如范德皮耶尔所指出的那样，世界经济论坛各部分组成机构都是公认的阶级组织，它们都必须遵守"严格的接纳条件，以保持其同等的特征"（van der Pijl，1998：133）。这些不同的组成机构包括：前 1 000家跨国公司的首席执行官（这一组成部分机构被称为"基金会成员"，是世界经济论坛的核心）；来自全世界 100 个最有影响力的媒体集团（"世界媒体领袖"）的代表；世界各国政府和国际组织的主要决策者（"世界经济领袖"）；选定的来自政治、经济、科学、社会和技术领域（"论坛研究员"）的专家和学者等等。范德皮耶尔说："这种规模的机构以前显然从未存在过。""这是一个真正的资本国际"（van der Pijl，1998：133）。

全球媒体也是跨国资产阶级社会化及其霸权项目发展的关键因素。全世界媒体的所有权和合并是跨国化的一个主要领域。除了跨国企业媒体的经济影响，以及它们对全球信息和图像流动的严格控制，还有文化主导的问题。全球企业媒体在形成一个把跨国资产阶级与其他阶级、集团和阶层结合在一起的霸权集团的思想意识形态基础方面发挥着至关重要的作用。长期以来，社会科学家一直在关注文化、教育和其他机制的作用，这些机制产生了一种阶层团结和自我复制所必需的凝聚力［例如，多姆霍夫（Domhoff）、乌塞姆（Useem）、戴伊（Dye）和米尔斯（Mills）的作品］。跨国社会化的过程包含新兴的跨国国家，作为跨国资产阶级的有机代表，跨国资本主义论坛、媒体的作用等，都需要进一步研究。

跨国资产阶级虽然有组织性和连贯性，但并不是一个统一的群体。马克思恩格斯在讨论形成新的阶级群体时指出，同样的条件，同样的矛盾，同样的利益，必然会在世界各地的相似习俗中产生。但单独的个人只有在必须与另一个阶级进行共同斗争的情况下才能组成一个阶级，否则他们相互之间作为竞争对手就处于敌对状态。寡头集团之间的激烈竞争、相互冲突的压力，以及维持阶级统治、解决全球资本主义危机和矛盾的策略、战略上的分歧，使全球统治阶级不可能实现真正的内部统一。

七、跨国资产阶级形成的若干实证指标

资产阶级是以经济实力跨越全球，或者说是跨国的，因为它正在

通过公司合并、银行利益等方式成为一个全球资产阶级。我们认为，前者是国际资产阶级的标志，后者是跨国资产阶级的标志。当各国资本将其影响扩大到境外时，就会发生国际化。跨国化是指国家资本与其他国际化国家资本融合在一起，使其与本国脱节，并在全球经济下在新的超国家的空间中进行定位的过程。

跨国资产阶级的界限是不确定的。国家阶级在什么时候转变为跨国阶级是值得争论的（尽管我们可以在概念上区分这类阶级），且取决于我们为界定跨国阶级的物质基础而做的设置。关于跨国资产阶级崛起的经验证据包括跨国公司的扩张、外商直接注资的增加、跨国合并、战略联盟、资本的相互渗透和跨国的连锁理事会。此外，还有全球范围的分包和外包现象、自由企业区的扩展以及与全球经济相关的许多其他新经济形式。这种组织全球化生产的新形式很重要，因为它们有助于将当地资产阶级彼此联系起来的世界性网络的发展，并在全球（而不是当地）积累的过程中使这些资产阶级产生客观利益和主观观点的认同。因此，它们在跨国资产阶级的形成中起着综合机制的作用，起到了将阶级形成的轨迹从民族空间向新兴跨国空间转变的作用。

在这里，我们粗略地看了一下其中的一些指标。目的是结合下一节的结语分析，为我们的理论阐述提供一些实证性参考，并为今后关于跨国资产阶级的研究指明方向，这就要求我们对这类数据进行系统的研究。跨国资产阶级及其代理人崛起的一个重要标志是跨国公司的增加，跨国公司体现了资本的跨国循环并组织了这些循环。1995 年，根据联合国贸易与发展会议（UNCTAD，1996：3），大约有 40 000 家公司在三个以上的国家设立了总部，约三分之二的世界贸易是由跨国公司组织进行的。跨国公司控制的世界国内生产总值份额从 1960 年代中期的 17％增长到 1984 年的 24％并且在 1995 年达到近 33％[14]。也许跨国公司活动和跨国生产增长的最全面指标是全球外国直接投资存量（外国直接投资，见表 5-1），其价值超过 4 万亿美元，在过去十年的增长率是全世界固定资本构成总额的两倍多。在 1994 年，据估计，外资企业在全世界的资产为 8.4 万亿美元。当地公司通过参与外国直接投资和跨国公司活动的一系列机制，包括兼并、订约和外包安排、当地营销交易、收购等，被纳入跨国企业结构。截至 1995 年，大约 28 万家跨国公司的子公司所生产的货物和服务被估值为 7 万亿美元

(UNCTAD，1996)[15]。

表 5-1　全球外国直接投资流出量

年份	数量（十亿美元）	增长百分比（%）
1983—1987*	76.8	35.0
1988—1992	208.5	4.0
1993	225.5	11.0
1994	230.0	2.0
1995	317.8	38.0
1996	347.9	9.0
1997	589.0	41.0
1998	644.0	39.0

注：＊此栏为每年的平均数额和增长率，1988—1992 年与此相同。
资料来源：UNCTAD，1996：4；UNCTAD，1997：4；UNCTAD，1998：19。

　　20 世纪 80 年代以前，大多数并购活动都是在各国国界内进行的，但在过去的 20 年中，跨国并购已经成为企业跨国扩张的重要手段之一，也是跨国化过程中必不可少的一种机制。资本的集中并不是什么新鲜事。这是资本主义发展过程的一部分，是民族阶级形成和民族资产阶级兴起初期的一个组成部分。通过全球并购实现资本的跨国集中对于跨国阶级的形成和跨国资产阶级的崛起具有同等的重要性。有些跨国收购涉及跨国公司的合并，但也有许多涉及的是跨国公司对本国企业的收购，从而将当地社会力量纳入跨国化进程。

　　1997 年，全球外国直接投资流出总额为 5 890 亿美元，其中 3 420 亿美元（占总额的 58%）用于并购。这意味着大约五分之二的外国直接投资被用于新的或新兴的投资：余下的用于跨国收购其他公司。在合并的情况下，这意味着来自至少两个不同国家的资本的整合。如果是收购，则意味着某家公司将外国公司与其员工、经理和"国家"利益相结合。在总结当前的"并购热潮"时，《商业周刊》（*Business Week*）指出："从汽车到电信等行业，分析师预计合并热潮还将继续。"跨国并购不仅涉及世界经济中最大的全球化的部门，如电信、金融和汽车，还涉及大型零售商、农产品贸易公司和从法律公司到保险、管理等众多服务业公司。近年来，一些最大的跨国并购是：英国电信和美国 MCI 通信公司、戴姆勒奔驰（Daimler Benz）和克莱斯勒

（Chrysler）、杜邦（Dupont）和赫伯特（Herberts）、阿尔卡特（Alcatel）和摩托罗拉，以及阿尔卡特收购 DSC 通信公司等（UNCTAD，1996：12）。1998 年的前 9 个月，全球此类跨国并购交易总额达 3 830 亿美元，高于 1997 年的总额。随着这一进程的深化，跨国资本收益日益增加，对全球经济各个部门的控制日益增强，跨国阶层的形成也在加速。在贝塔斯曼（Bertelsman）宣布收购兰登书屋（Random House）的采访中，贝塔斯曼的主席托马斯·米德霍夫（Thomas Middelhoff）在谈到全球并购浪潮时指出："没有德国公司和美国公司。只有成功的公司和失败的公司。"（White，1998：1）

值得注意的是，主要的资本主义国家之间存在着高度的交叉投资（Dicken，1998：45-46），这表明"国家"资本在扩大外国直接投资的过程中具有高度的相互渗透性。发展中国家通过旧的殖民"势力范围"的世界秩序结构在二战前吸收了五分之四的外国直接投资。但是，从 20 世纪 60 年代到 80 年代，大多数外国直接投资流动则发生在核心区域之间[16]。这一点很重要，因为外国直接投资的第一种模式反映了核心民族资产阶级处于竞争状态，而第二种模式则是使这些"民族"资产阶级跨国化的关键。

在第三世界，跨国阶级的形成是最弱的，"民族"资产阶级仍然可以控制国家，组织具有影响力的政治项目。然而，即使在这里，跨国阶级的形成也在顺利进行中。国际工人组织在最近的一份报告中指出，外国直接投资"急剧增加，尤其是对发展中国家的投资。自 1980 年初以来，全世界的年平均投资量增加了三倍以上，而发展中国家的年投资量到 1993 年增加了五倍"。南方的国家资本越来越多地通过自身的外国直接投资和整合进入全球积累循环中实现跨国化。1960 年，外国直接投资仅有 1％来自发展中国家。到了 1985 年，这个数字已经上升到大约 3％，而 1995 年则上升到大约 8％（Dicken，1998：44）。南方跨国公司在国外投资了 510 亿美元，而发展中国家在 20 世纪则吸收了越来越多的外国直接投资（Burbach and Robinson，1999）。新加坡、韩国、中国台湾、巴西、智利、墨西哥等国家和地区的第三世界资产阶级正在成为跨国资产阶级的重要"民族"代表。1996 年，两家第三世界公司——韩国大宇公司（Daewoo Corporation）和委内瑞拉石油公司（Petroleos de Venezuela）首次跻身前 100 强跨国公司行列。1993年至 1995 年，第三世界前 50 名跨国资本家增加了 280％的外国资产，而总部设在核心国家的前 100 家公司的外国资产仅增加了 30％（ILO，1996：17)[17]。

第三世界经济体跨国化的另一个重要方面是外国证券投资的重要性日益增加，而外国证券投资不被算作外国直接投资流入。这些是国际投资，主要是由股票经纪公司和共同基金在外国股票市场管理投资者的资本，这些投资者一般只关心其投资的充分回报，在其投资的公司中几乎不发挥直接作用。因此，外国证券组合股权投资流动代表了显著的资本跨国化，因为它们是由来自许多国家的一系列投资者展开的。20 世纪 90 年代，作为实施新自由主义自由市场政策的一部分，许多第三世界国家通过建立或开放其股票市场交易所，为外国证券投资的流入提供了便利。这些被称为"新兴市场"的国有公司和资产急剧跨国化，加速了跨国资产阶级的形成。

直接投资和股本投资流动的增长是世界资本市场通过金融工具商品化而引人注目和日益一体化的一部分。一项研究发现，1980 年至 1992 年，在世界资本市场上交易的证券的综合市场价值增加了三倍（Akdogan，1995：9）。同一项研究显示，1986 年至 1989 年，国际股本流动总额翻了一番，1991 年，它们相当于世界资本市场资本总额的四分之一以上。除了股权投资，世界资本市场的其他组成部分是债券和债务融资，以及衍生品、股票期权、权证和转换。20 世纪 80 年代以来，一个新的全球一体化金融体系的崛起确实是惊人的。国家股市几乎都消失了。20 世纪 80 年代至 90 年代，仅股票跨境交易量就以每年 28％的复合速度增长，从 1 200 亿美元增至 1.4 万亿美元。同期，跨境银行贷款存量从 3 240 亿美元增至 7.5 万亿美元，离岸债券市场（公司在海外发行债券）从 2 590 亿美元增至 1.6 万亿美元，增长了 537％。正如霍格弗尔特（Hoogvelt）所指出的，如果我们把所有主要股票衍生品和外国直接投资的存量加起来，"总额将超过经合组织经济体的外国直接投资总额"（Hoogvelt，1997：78 - 80）。跨国化也反映在逐渐增强的贸易一体化方面。世界贸易增长比产出增长快得多，这一增长在 20 世纪 90 年代初曾短暂放缓，这是全球经济衰退的结果，如表 5 - 2 所示，这一增长在十年中再次回升。

表 5-2　世界贸易（商品和服务）的增长和实际 GDP 的增长（1974—1995）

世界贸易		世界生产总值	
年份	成交量增长百分比（%）	年份	年平均值增长率（%）
1974—1983	3.1	1974—1980	3.4
1984—1989	6.4	1981—1990	3.2
1990—1993	4.6	1991—1993	1.2
1994	8.7	1994	2.9
1995	7.9	1995	2.8

资料来源：ILO，1997：3。

世界贸易可以标示国际化而非跨国化。然而，三分之一到三分之二的世界贸易是以公司内贸易的形式进行的（World Bank，1992：22），很明显，关于世界贸易增长的数据本身就是全球化生产的商业表现。国际工人组织在报告中强调："在直接投资增加的同时，全球一体化生产系统也在增长，其特点是中间产品的公司内部贸易和外包、许可和特许经营安排的迅速扩大，包括跨越国界的工作外包的新形式。"（ILO，1996-1997：2）

自 1970 年代末以来，这种多样化的新经济安排，如外包、分包、跨国公司间联盟、许可协议、当地代表等，在很大程度上与外国直接投资、合并和收购的增加相平行，并突出了跨国资本联系的另一个主要方面。这些安排产生了巨大的跨国生产链，并在全球范围内形成了纵向和横向一体化的复杂网络。据迪肯说，跨国公司也被锁定在与无数其他公司的外部网络中：跨国和国内、大和小、公共和私人。

正是通过这种相互联系，即便是一个国家中的一个非常小的公司也可以直接连接到一个全球性生产网络中，而大多数小公司此前只为一个非常有限的地理区域服务。不同规模和类型的公司之间的这种相互关系日益跨越国界，形成了一套从地方到全球的地理嵌套关系……事实上，存在一种令人困惑的组织间协作关系。

这些往往是多边的而不是双边的，类似于一夫多妻制而不是一夫一妻制（Dicken，1998：223）。迪肯的权威研究强调的是，围绕跨国资本和大型跨国公司组织起来的世界各地多层次资本之间的相互渗透越来越强，越来越难以将当地的生产和分销回路与全球化的回路分离开来，全球化的回路支配着世界范围内积累的条款和政策，即使是在表面上给人（误导）的印象，认为地方政府仍然保持其自主权的情况下也是如此。

当然，仍然存在地方和国家资本，而且还将持续很长一段时间。但它们要想生存下去，就必须"去本土化"，并与霸权跨国资本挂钩。受地域限制的资本不能与跨国流动资本竞争。由于全球资本回路包含了这些地方回路，因而管理这些回路的当地资本家也被或多或少地卷入了跨国阶级形成的过程中。

全球经济中的各种新的经济安排与从福斯特（Fordist）积累制度过渡到新的后福斯特灵活制度有关（Harvey，1990；Amin，1994；Hoogvelt，1997；Dicken，1998）。正如许多人所指出的，正在形成的灵活制度的结构是全球性的，因为这种积累根植于全球市场，涉及全球企业组织和一套全球资本-劳动关系（特别是世界各地解除管制并将备用的劳动力转为临时工）（Hoogvelt，1997：109-113）。竞争要求公司必须建立全球市场，而不是国家或区域市场。正如霍格弗尔特所表明的那样，全球经济中的竞争日益迫使它们在全球三位一体的所有三个区域（北美、欧洲和东亚）运行完整的生产系统。主要的跨国公司正在成为"跨区域"公司，在整个三合会中经营多种综合生产以及金融和商业业务（同上）。这些跨国企业是通过跨国公司之间的联盟、兼并和其他形式的一体化协调战略而产生的，这是资本跨国整合过程中的一种普遍的过渡形式。

与此同时，从墨西哥到亚洲，从俄罗斯到巴西，在正在发生的世界经济危机中的每一次冲击都会导致受影响国家的当地资本家加速跨国一体化，融入跨国资产阶级的行列。这些危机明显地缓解了地方精英之间的分裂进程。例如，亚洲危机正在导致该区域许多主要公司和经济体的结构调整，从而促进和推动跨国资本的巩固。例如，韩国强大的金融产业集团"财阀"（Chaebol）被迫将本国资产出售给跨国资产阶级，同时它们还与来自世界其他地区的公司建立起伙伴关系（*Business Week*，1998a）。正如劳伦斯·萨默（Lawrence Summer）在1998年担任美国财政部副部长时所说的：

> 在某些方面，在过去几个月里，国际货币基金组织在使这些［亚洲］经济体自由化和向美国商品和服务开放市场方面所做的工作，比在该地区几轮谈判中所取得的成就要大得多。（Bello，1998-1999：138）

跨国资产阶级的大鳄越来越多地在全球公司结构中占据各种相互关联的位置。例如，芬尼马（Fennema）在 20 世纪 80 年代初确定了一个主要跨国银行和工业公司的连锁董事国际网络（1982 年）。这一过程与早期类似的进程差别不大，当时民族资产阶级的崛起涉及国家一级的董事会，它们汇集了民族资产阶级的客观联系和主观身份，这在大量关于国家"权力精英"、统治集团、"核心集团"等问题的文献中，在马克思主义者和非马克思主义者的论述中都有记载（主要见于 Domhoff，1967；Useem，1984；Dye，1986；Mills，1959）。主要跨国公司董事会的组成不断发生变化，这是一个研究得较为成熟的领域。

八、霸权主义和跨国资产阶级的"自上而下"的全球政治

新的全球统治集团由全球资产阶级领导的各种经济和政治力量组成，其政治和政策受到新的全球积累和生产结构的制约。指导这个统治集团的政治和经济行为的是全球积累的逻辑，而不是国家积累，因此其被称为"全球主义"集团。全球化集团的核心是跨国资产阶级，它由跨国企业的所有者和管理者以及管理跨国资本的世界各地的其他资产阶级组成。该集团还包括管理诸如国际货币基金组织、世界银行和世贸组织等跨国公司机构的干部、官僚管理人员、技术人员、北部和南部国家以及其他跨国论坛。霸权主义集团的成员还包括政治家和有公众影响力的人物，以及一些提供意识形态合法性和技术解决方案的有组织的知识分子。在这一跨国精英之下，是一小部分正在缩小的中产阶级，中产阶级很少真正地行使权力，但通过大量消费，其在跨国精英和世界上贫穷的多数群体之间形成了脆弱的缓冲带。正是通过这种方式，我们可以将葛兰西学派（Gramscian）意义上的历史集团称为统治联盟。那些在物质上和在思想上都没有被卷入霸权主义计划的大多数穷人，则会受到遏制或压制。

全球化集团的结构是松散的，跨国资产阶级很难获得领导地位和霸权。阶级或阶层取得霸权的必要条件是，狭隘的经济利益被更普遍的社会观念或意识形态超越，以及将其他群体的利益与领导阶级或分群体的利益具体协调。在这方面，跨国金融资本（货币投机者、银行家、证券投资者等）的狭隘利益似乎会导致霸权项目的失败。此外，

很难实现一个统一的社会愿景，因为跨国资产阶级的不同阶层往往会根据其区域制度的历史经验寻求不同甚至相互矛盾的解决办法来解决全球资本主义的问题。在这一节中，我们将从对概念和理论问题的叙述转移到对跨国资产阶级的政治性分析，包括战略辩论和其内部的战术分歧，特别是日益严重的分裂和派系争端[18]。

20 世纪 80 年代初，全球主义者在"华盛顿共识"（Williamson，1993），即由里根和撒切尔政权首先发起的全球新自由主义计划下，巩固了意识形态。新自由主义作为经济结构调整的一种模式，力求在世界每个国家和区域获得资本流动和自由运作的环境。该方案力求在多个国家之间协调财政、货币、工业和商业政策，这是充分流动的跨国资本必须同时移动，且瞬间跨越多个国家边界的一项要求。除了旨在实现宏观经济稳定的财政、货币、外汇和相关措施，结构调整还包括：贸易和金融自由化，使经济向世界市场开放；解除管制，使国家脱离经济决策（但不包括为资本提供服务的活动）；如果公共利益高于私人利润的标准生效，就可能阻碍资本积累的公共领域的私有化。因此，新自由主义创造了通过新的全球化回路（"有效"）恢复资本积累的总体条件，并推动每个国家的经济附属并融入全球经济。新自由主义模式在新古典经济学和自由贸易、增长、效率、繁荣的全球化言论中取得了合法性。全球新自由主义还需要为全球经济建立一个新的法律和经济方面的上层建筑。这一过程与早期资本主义的国家建设阶段相类似，后者围绕一个共同的国家建立了一个具有共同法律、税收、货币和政治整合的一体化国家市场。全球化正在重复这一进程，但是是在世界范围内[19]。

到了 20 世纪 90 年代初，全球主义者已经达成了一项关于新自由主义计划的真正的格莱斯坎共识：它代表着在全球体系中占主导地位的群体之间的利益一致；这些利益是掌握权力的机构（世界各国和跨国公司机构）来促进的；这一共识通过为世界各地下属团体之间就备选方案和替代项目进行辩论设定了参数和限制，从而实现了意识形态霸权。从这个意义上讲，"华盛顿共识"反映了在跨国资产阶级的领导下，全球资本主义新霸权集团的出现。然而，到十年期结束时，共识中的裂痕已变得十分明显。

九、全球主义集团中的分裂

1990 年世界的经济衰退和 1997 年从墨西哥蔓延到亚洲的一系列危机，以及 1998 年的俄罗斯和巴西的金融危机，暴露了世界货币体系的脆弱性，引起了日益严重的恐慌，暴露了全球主义集团中的主要矛盾和日益严重的分裂。全球资本主义的根基越深，对体系的冲击越大，就越会在跨国资产阶级内部产生紧张局势。跨国资产阶级在其全球主义者论述政治远见和意识形态一致性方面越来越四分五裂。

全球主义统治集团有三个主要集团或派别：自由市场保守主义者、新自由主义结构主义者和新自由主义规范主义者。这些派系的不同立场与其说与狭隘的公司利益有关，不如说与阶级统治的战略政治问题有关。最重要的是如何以最佳方式构建新的全球经济，实现世界秩序，并确保该体系的长期稳定和再生产。

这三个派别都是"全球主义者"，其计划是建设全球资本主义，三者都代表跨国资产阶级，而不是国家资本。此外，这三者都是新自由主义，因为没有人质疑世界市场自由化和跨国资本自由这一基本前提。简而言之，自由市场保守主义者呼吁在"华盛顿共识"未被冲淡的基础上，实现完全的全球放任自流。新自由主义结构主义者想要一个全球上层建筑，它能够为动荡的世界金融体系提供些许稳定，在不影响全球经济的情况下调整"华盛顿共识"。新自由主义规范主义者呼吁建立更广泛的全球监管机构，以稳定金融体系，并缓和全球资本主义中一些最尖锐的社会矛盾，以确保该体系的政治稳定。他们设想建立后华盛顿的全球主义共识。然而，即使是规范主义者也没有提出任何可能涉及再分配或国家控制跨国资本特权的全球凯恩斯主义（Keynesianism）。

主要的全球化集团是结构主义者，包括比尔·克林顿、乔治·布什（老布什和小布什）、纽特·金里奇（Newt Gingrich）、世界银行行长詹姆斯·沃尔芬森（James Wolfensohn）、世界货币基金组织总裁米歇尔·康德苏（Michel Camdessus）、货币投机者乔治·索罗斯、跨国公司和主要金融机构的许多三方主义者与高管。他们在初期的迅速发展全球经济基础设施方面取得了重大成功，如达成北美自由贸易协定和关贸总协定，建立世贸组织，并扩大了世界货币基金组织和世界银行的权力。这一派别的特点是坚持新自由主义的政治和经济政策，关心为全球积累建立一个稳定而规范的环境，并努力保护世界金融机构不遭受破坏和失败。

在每日投资于外汇市场的 1.3 万亿美元中，约三分之二仅持有 7 天或更短时间。在所有投机交易中，只有 1% 停留在一年或更长时间内。巨额利润之所以成为可能，是因为货币的这种不稳定性和快速流动性导致了货币价值的快速波动。令结构主义者感到不安的是，这种狂热的全球金融活动可能会导致市场极度不稳定。乔治·索罗斯曾警告说："市场可能会像一个毁灭的球一样移动，相继打垮一个又一个经济体。这种波动是无法完全避免的，但它们需要得到控制。"（Harris，1999：4）

这种恐惧是由亚洲金融危机带到家庭中的。在亚洲货币一夜之间贬值和破产风暴的推动下，国际货币基金组织扩大了对国际货币政策的控制，向亚洲提供了 1 200 亿美元的救助（随后又向巴西提供了 420 亿美元）。这一援助在全球主义者中引发了一场接连不断的大萧条。保守派反对这种对自由市场的结构性干预，而规范主义者则提高了他们对新自由主义社会政策的关注。讨论的重点是是否应对金融机构实行更严格的监管，加强市场对风险管理做法的监督，以及如何应对国际货币基金组织政策造成的社会后果。这场辩论还揭示了世界银行和国际货币基金组织之间不断扩大的分歧。事实上，国际货币基金组织日益成为全球阵营争论的中心。国际货币基金组织利用亚洲危机对第三世界国家施加更大的杠杆作用，以进一步向全球公司开放。

与国际货币基金组织明显的结构主义做法相反，世界银行提出了规范主义的论点。其 1997 年的报告《不断变化的世界中的国家》（*The State in a Changing World*）对促进"极简主义国家"提出质疑，并主张政府在保护和纠正市场方面应发挥更大的作用。该报告试图"将注意力从国家和市场的无结果的辩论转移到更为根本的国家效力危机上"。报告虽然强调应维持和深化自由市场政策，但强调"自由化与解除管制不同"，并认为国家的目的是"维护金融体系的健康"。在 1998 年 11 月的第二次报告中，世界银行集中批评了国际货币基金组织的政策过于苛刻，目标是使国际货币基金组织迅速推动全面金融自由化，控制短期投资，以及增加对穷人的援助。

　　这里的区别更多的是战术上的而不是战略上的。自由贸易、开放的市场或长期的外国投资，皆不会导致经济衰退。相反，经济衰退与否取决于全球金融体系。康德苏认为，当前世界危机可以通过在国际监管和监督方面的适度政策调整来缓和，但国际货币基金组织的政策基本上是正确的，并且已经在亚洲显现出成功的迹象。克林顿总统的财政部前部长罗伯特·罗宾（Robert Rubin）、接替他的劳伦斯·萨默和英国首相托尼·布莱尔（Tony Blair）也采取了同样的做法。对于聚集在国际货币基金组织周围的结构主义者来说，全球危机呼吁更大程度地集中了起来。意大利财政部部长卡洛·阿泽利奥·钱皮（Carlo Azeglio Ciampi）呼吁国际货币基金组织临时委员会成为世界经济政府的"雏形"。临时委员会由钱皮主持，由 24 个核心国家的财政部部长组成。钱皮认为，委员会应"成为国际金融界和国家决策者之间的主要沟通渠道"，因为危机使"加强国际金融机构的干预手段变得十分必要"（AFP，1998）。他认为，国际货币基金组织应该绕过任何国家对经济政策的控制，成为这一加强干预手段的机构。

　　代表这一趋势的是美国前国务卿乔治·舒尔茨（George Schultz）、花旗银行（Citibank）前首席执行官兼投机者沃尔特·里斯顿（Walter Wriston）、美国财政部前部长兼国际投机者威廉·西蒙（William Simon）、里根时代的经济学家劳伦斯·库德洛（Lawrence Kudlow）和马丁·费尔德施泰因（Martin Feldstein）、美国传统基金会主席埃德温·福伊尔纳（Edwin Feulner）和卡托研究所（Cato Institute）的伊恩·瓦斯克斯（Ian Vasquez）。这些人深受米尔顿·弗里德曼（Milton Freedman）的影响，认为任何官僚主义中央计划都是对市场纯粹运作的干预。正如库德洛所说的："国际货币基金组织的中央集权下的经济统制并不比苏联的中央集权下的经济统制好。"（《勒纳新闻一小时》）保守派认为，市场需要承担自己的风险，必须允许企业在不被国际机构拯救的情况下破产。正是在这个过程中出现了熊彼特式的"创造性破坏"。金钱从糟糕的管理中解脱出来，交给那些最懂得投资的人。破产，或资本主义毁灭性的一面，是自由资本用于创造新财富所必需的。库德洛说："没有破产的资本主义就像没有地狱的天堂。"舒尔茨、西蒙和其他人实际上已经在呼吁废除国际货币基金组织。正如里斯顿所说的，改变政府政策的权力最好留给国际金融家，而不是官僚机构："金钱是在主张对政府的控制，约束不负责任的政策，并在任何地方剥

夺免费午餐。如果你的经济政策很糟糕，市场就会立即惩罚你。我赞成这种经济民主。"（1998，202-203）

十、后华盛顿共识？

尽管结构主义者和保守主义者之间的派系纷争愈演愈烈，但自亚洲金融危机和俄罗斯崩解以来，规范主义者的重要性却在上升。规范主义者支持自由市场、私有化和全球资本主义的结构。但是随着贫困的扩大，他们开始质疑劳动力市场的完全放松、社会服务的削减，以及政府对监管的放弃。他们希望利用全球政治和监管结构来驯服自由市场最具破坏性的特征。他们认识到不受监管的资本主义会造成巨大的不平等，并担心可能由此导致的政治动荡。

随着亚洲危机蔓延到俄罗斯和巴西，一些结构主义者，如基辛格（Kissinger）和沃尔芬森，以及哈佛经济学家和世界经济论坛主管杰弗里·萨克斯（Jeffrey Sachs），开始分享规范主义者的担忧，并就如何最好地应对政治和社会危机的后果展开辩论。也许是由于世界银行内部的自由派人士如约瑟夫·斯蒂格利茨（Joseph Stiglitz）的推动，沃尔芬森对那些因国际货币基金组织的政策而陷入贫困的人表示关切。在印度尼西亚总统苏哈托辞职后，亨利·基辛格加入辩论，表示担心"1990年不分青红皂白的全球主义可能对自由金融市场的概念造成世界性的冲击"，其方式与早期资本主义"催生马克思主义"的方式相同（1998）。基辛格对当时席卷印尼的政治爆炸感到不安，他抱怨说，由于"过分强调经济"，"国际货币基金组织完全没有抓住其行动的政治影响"（1998）。他支持沃尔芬森的立场，认为国家应该提供一个"社会安全网，并通过监管来抑制市场的过度行为"。

实际上，一些规范主义者对"华盛顿共识"持质疑态度，认为这是建设全球经济的最佳途径。美国的全球化派包括民主党的一个重要派别，其中的成员有国会议员迪克·格普哈特（Dick Gephart）和劳工部前部长罗伯特·赖克（Robert Reich）、戴夫·博尼奥（Dave Bonior），以及越来越多的有影响力的经济学家和商界人士。在欧洲、亚洲和第三世界，美国全球化派代表的主要是劳动和社会民主平等关系，例如布莱尔的"新"工党、德国和法国的社会民主党、巴西的执政联盟以及日本副财务大臣叶上原先生。抛开它们的民族主义和保护主义言论（这往往是它们合法化的言论），这些集团并不代表国家的一部分资本，而是支持全球资本主义。然而，它们却呼吁在更多的国际协议中提高工人待遇标准和加强环境保护，一些人主张使用不同的监管手段来减缓资本流动。

乔治·索罗斯虽然是一名货币投机者，但他也曾表示，他的投机者同伴同样有可能破坏创造财富的制度。在《金融炼金术》（The Alchemy of Finance）中，他声称："不稳定是不断累积起来的，因此导致了自由浮动外汇的最终崩溃。"因此，他认为，私营部门"不适合分配国际信贷"，因为其目标是实现利润最大化，而不是维持宏观经济稳定。他的解决方案是创建一个新的国际信用保险公司，通过设定保险金额的上限来担保贷款。超出保险金额的投机性投资将因失败而损失，而不是为国际货币基金组织的紧急救助所拯救。索罗斯明白，进一步的监管将"激怒金融界"，但在他看来，"开放［民主］社会的主要敌人不再是共产主义者，而是资本主义的威胁"（Harris，1999：4）。

这些不同的声明所指的是"华盛顿共识"中的裂痕，世界银行高级副行长兼首席经济学家约瑟夫·斯蒂格利茨或许最好地表达了这一点，他曾任美国经济顾问委员会（Council of Economic Advisors）主席，也是规范主义者的核心。1998 年 4 月在赫尔辛基发表的讲话中，斯蒂格利茨对"华盛顿共识"提出了批评，称其为"不完整和具有误导性的"。斯蒂格利茨是跨国资产阶级重要的知识分子，他认为，"政府在应对市场失灵方面具有重要作用"，并"在适当的监管、产业政策、社会保护和福利方面发挥重要作用"。斯蒂格利茨呼吁达成"华盛顿共识"，扩大政府的作用，提供普及教育，转让技术。科学和技术进入社会公共领域，使人们的生活水平得到提高，健康状况得到改善，生活环境更加美好。

十一、走向新的政治配置？"第三条道路"与排斥政治

跨国资产阶级内部的分裂和倾向，会不会产生新的政治格局？这种新的政治格局会是什么样子的？规范主义者的崛起和自由市场保守派的日益边缘化表明，全球主义阵营的第一阶段可能即将结束。一个

新秩序的兴起总是包含一个"革命"阶段，它将取代旧秩序，然后是一个更加"缓和"的阶段，在这个阶段中，新秩序将得到制度化。

跨国资本和跨国资产阶级崛起的革命阶段是由里根和撒切尔政权发起的（的确，里根政府是由坚持自由市场的保守派主导的）。20 世纪 80 年代，全球化计划以更加教条主义和意识形态化的形式出现。旧制度的体制结构因其好战性和极端的新自由主义而遭到攻击和瓦解；在全球化之前的时期，旧制度在世界各地是形形色色的凯恩斯主义、福利和发展主义政权。但到了 20 世纪 90 年代末，全球主义项目似乎开始进入一个缓和阶段，在这一阶段，结构主义者和规范主义者开始围绕着新的政治格局联合在一起。

这一结构是所谓的"第三条道路"，以克林顿和布莱尔政权的形式在美国和英国首次提出，作为新秩序的制度稳定器。到了 20 世纪 90 年代末，随着德国总理格哈德·施罗德（Gerhard Schroder）的崛起，第三条道路（又称"新中间"）成为全球资本主义的一项新兴政治计划，并在世界各地的许多国家和地区，从巴西和新西兰到南非，从西班牙和中国台湾到阿根廷和日本，都获得了追随者。墨菲（Murphy，1999）回顾了全球精英对世界秩序采取的相互竞争的战略方法。他确定了五个政治立场："新自由主义"、"第三条道路自由主义"、"温和的第三条道路自由主义"、"全球社会民主观"和"负责任的人道主义观"。他预言"第三条道路自由主义"（或称"温和的新自由主义者"）即将取得胜利，这似乎是我们所称的新自由主义结构主义者和规范主义者的混合体。在他的分析中，第三种意识形态可能会在新自由主义的棘手问题和合法性危机面前成为霸权。然而，该计划不会质疑更加开放和一体化的全球经济的前提。

如果全球主义者在新古典经济学中发现了其在知识上的合法性，那么第三条道路也将借鉴"新制度经济学"，而不会真正质疑自由市场原则或挑战资本的特权（难怪世界银行的约瑟夫·斯蒂格利茨也是新制度学派的主要经济学家）。新制度经济学强调在自由市场中的经济协调问题，并通过国家"专家"的管理来解决这些问题。

从理论上讲，这种方法认为，有权创造货币、影响利率、通过教育和区域政策等方式鼓励技术发展和研究的国家可以通过创造更可预测的经济环境影响经济活动而不直接干预市场［特别见科尔（Cole）即将出版的著作］。在第三条道路中，这是"一个有可能的而不是官僚的政府"（Democratic Leadership Council，1999）。在这里，我们可以注意到，一种强调单个生产者之间协调以及在不挑战资本特权的情况下为资本提供最佳的制度和基础设施的经济理论的兴起，这与后形式主义"灵活"积累模式或所谓的"新经济"的兴起密切相关。该理论强调分散和纵向解体的生产过程之间的复杂协调，以及一个新的、更复杂的基础设施环境，如通信网格和信息高速公路，即"货物"，而更"纯"的新自由主义、自由放任的国家是没有能力提供这些环境的。

在第三条道路中，政客们已将失业、贫困和不平等问题重新列入经济政策议程，尽管这些问题不再需要通过国家干预机制来解决。该方案重申了一套与新自由主义有关的宏观经济财政和货币政策，国家退出了"经济问题"（国家资本监管），福利国家继续倒退。但是，这些方面与对"社会问题"的关注和自由主义的立场相结合，强调机会平等，强调"市场个人主义"的新政治文化和地方政治权力下放。创造高科技信息资本主义所需的"人力资本"的教育和医疗保健等社会项目受到高度重视，创建"灵活的劳动力市场"也是如此。如果在弗雷德里克·詹姆逊（Frederick Jameson，1984）的著名论述中，后现代主义是晚期资本主义的"文化逻辑"，那么第三条道路可能是正在出现的全球资本主义的"政治逻辑"，以及随之而来的灵活积累形式。

但是，"第三条道路"的政治格局能否稳定跨国资产阶级的统治呢？没有一个新兴的统治阶级能够在不发展各种合法化和保障社会基础的机制的前提下稳定一个新的秩序，即葛兰西（Gramsci）所谓的历史集团的建设。

全球社会正以三层社会结构为特征而日益增长。第一层由核心国家 30%～40% 的人口组成，在外围国家所占人口比例则更少，这些人在全球经济中拥有"终身制"就业，能够维持甚至扩大消费。第二层，由核心国家约占 30%、外围国家 20%～30% 的人口组成了一支日益壮大的"临时工"队伍，他们在就业条件方面处于长期的不安全状况，而且没有任何集体保险来防范以前由福利国家防范的风险。第三层人口约占核心资本主义国家人口的 30%、外围国家人口的 50% 或更多，这些人口在结构上被排除在生产活动之外，由于福利国家的解体而完全得不到保护，即全球资本主义的"多余"人口（主要参见 Hutton，1995；Hoogvelt，1997）。

在这种两极分化的社会结构中，第三条道路是寻求在第一层中确保稳固的社会基础,在第二层中拉人（draw）,并包含第三层。在这种"排斥政治"中,社会控制问题变得至关重要。从社会福利国家向社会控制（警察）国家转变,充斥着公共和私人保安部队的急剧扩大、被排斥人口（不成比例的少数群体）的大规模监禁、通过复杂的社会控制技术维持的新形式的社会种族隔离、镇压性的反移民立法等等。根据第三条道路关于"地方政治"和"社区赋权"的欺骗性论述,它还将导致社会再生产的责任从国家和整个社会转移到最边缘化的社区本身[20]。正如霍格弗尔特所指出的,其企图"在领土上和意识形态上遏制"被排斥的群体,组织"穷人和边缘化群体来照顾、遏制和控制他们自己"（Hoogvelt,1997:49）。

总之,我们并不清楚全球主义集团是否会巩固其经济和政治霸权。世界货币体系的脆弱性将是跨国资产阶级内部日益紧张的根源,因为它正在寻找一种可能给该体系带来某种监管秩序的准则。然而,紧张局势的主要根源将是如何避免自下而上的威胁。在新的时代,还不清楚全球资本主义的矛盾将如何发展,特别是过度积累和全球社会两极分化的矛盾。但是,这些矛盾和它们在全球化集团内部产生的紧张关系,无疑为摆脱全球劳动力解放项目提供了新的机会。一个不断扩大的跨国无产阶级是跨国资产阶级的"老朋友"了。两者之间的斗争将促使新的全球统治阶级的进一步发展并使之成为新兴的全球社会的动力。

注释

［1］关于进一步详细讨论,参见 Robinson,1996a,1996b,1998,1999;Burbach and Robinson,1999;Harris,1998/1999。关于生产全球化的具体研究,参见 Dicken,1998;Howells and Wood,1992;UNCTAD,多年。

［2］伍德（1999）明确阐述了这种二元论,以及民族国家内在于资本主义本身的概念,他认为"全球资本主义是由国家组织起来的,而且不可避免地依赖于民族国家"。

［3］工人阶级的形成也发生在这些回路周围,全球工人阶级也在形成的过程中。工人阶级正在走向跨国一体化,资本-劳动关系在资本循环中形成了一种跨国的阶级关系,这种关系又嵌入新兴的全球化资本回路中。但这是一个需要在其他地方讨论的问题。

[4] 特别是，在跨国化进程中，引起混乱的一个关键就是在一个仍然以民族国家为中心的制度体系中生产力的全球化。一方面，一个完整的资本主义全球社会将意味着所有国家市场完全融入一个单一的全球市场并被迫进行劳动分工，所有资本的国家附属关系消失——这些趋势已经在进行中，当然还没有完全实现。另一方面，滞后的是政治和制度的伴生物：法律、政治和其他国家制度的整个上层建筑的全球化，以及社会意识和文化模式的跨国化（详细讨论，参见 Robinson，1996b；1998；1999）。在更为认识论的层面上，问题在于，关于全球化的辩论大多局限于形式逻辑层面，而对这一现象的分析则需要采用辩证的方法。

[5] 早在 1974 年，巴尼特和米勒就注意到了这一点。关于这一跨国资产阶级思想的"从马口中"的描述，参见 Wriston，1992；Soros，1998。里斯顿是花旗银行（Citibank）前首席执行官，索罗斯（George Soros）是全球货币投机者。

[6] 因此，这里的讨论是片面的。一个全面的陈述必须从阶级斗争的因果关系和社会生产关系的演变开始，并包括全球资本主义重组对被剥削阶级的影响。

[7] 民族和跨国分级的概念在鲁滨逊的许多著作中得到了发展，作为参考章节。斯克莱尔（Sklair，1995；1998）讨论了"本土化"和"全球化"的资产阶级，吉尔在他 1990 年的研究中，提出了类似的民族的和跨国的集团紧张的关系（Gill，1990）。

[8] 早期的金融资本是以国家为基础的，而现在则是跨国的。用帕特奈克的话说："我们拥有的不是几个相互竞争的金融资本集团，而是一个巨大的实体，其中特定国家的金融资本占据很大比例"（Patnaik，1999：56）。

[9] 关于商业资本日益全球化的问题，《经济学人》报告说，大型零售商"已陷入全球化热潮"，其不仅参与了个别零售商的跨国扩张，而且还参与了一波跨境并购浪潮（1999：59）。

[10] 这节所提出的问题在鲁滨逊 1999 年的扩展讨论中得到了总结。

[11] 我们不能在这里就"集体行动者"和阶级是不是集体行动者等问题进行讨论（请参阅 Hindess，1987）。我们的立场是，各个阶级是集体的行动者，而跨国资产阶级由于它作为"有组织的少数群体"

和其所支配的资源及网络，以及作为一个集体行动者是相当一致的。此外，正如我们下面所讨论的，跨国国家机器的崛起促使跨国资产阶级成为主角。

[12] 这里不可能重新进行关于国家和国家与阶级之间关系的理论辩论，只是要注意到，跨国资产阶级的兴起既涉及结构层面，也涉及工具层面。一方面，阶级形成是建立在作为行动者的跨国资产阶级"背后"展开的结构过程中的。但另一方面，这一进程还涉及现有和新成立的跨国公司中的新兴跨国资产阶级的工具化（Robinson，1999）。

[13] 为早前讨论的全域国际精英报道撰写的前夕全球化，参见Cox，1979。有关更新的讨论，请参见 Murphy，1999。

[14] 根据联合国贸易与发展会议《世界投资报告》中的数据，迪肯构建了一个"跨国指数"（index of transnationality），根据其外国资产、销售额和就业与总资产、销售额和就业的比例，对世界上前100家跨国公司进行了排名。他发现，在这100家公司中，有42家的得分超过50（13家得分超过75），而只有7家的得分低于20。

[15] 这种生产的跨国化是多方位的。1996年，美国对外直接投资为854亿美元，略低于总额的四分之一，而外国直接投资流入美国。1996年，外国公司投资额为846亿美元。

[16] 迪肯指出："在世界跨国公司中供职的人不仅增长得非常迅速，而且其起源的地理多样性也有了明显的增加，其方式跨越了过去的国际分工……几乎所有发达经济体都有大量的对外直接投资和外来直接投资。事实上，这些模式所暗示的是主要发达市场经济体之间的高度交叉投资。"（Dicken，1998：45-46）

[17] 迪肯指出："近年来，外国直接投资的地理结构已经变得更加复杂，这进一步表明了全球经济内部相互联系的增加。"（Diken，1998：45）

[18] 在这里，派系与前面定义的分裂主义是不同的，是指在不同的具体背景下，为了追求共同的政治目标而聚集在一起的集团。

[19] 基辛格协会（Kissinger Associates）董事总经理、在克林顿第一任期内担任商务部高级官员的戴维·罗特科普夫（David Rothkopf）指出："通过建立一系列多边实体，为国际商业制定共同规则，全球市场正在制度化。如果资本要自由流动，披露规则必须相同，结算程序必须一致，纠正必须透明。货物要想畅通无阻地运输，关税法必

须一致，海关标准必须统一，产品安全和标签必须符合标准。"（Roth-kopf，1997：44）

[20] 以下是"第三条道路"文件中的说法："第三条道路哲学寻求……一种共同责任的伦理，它拒绝权力政治……这种新的治理方式，赋予公民自己行动的权利。"（Democratic Leadership Council，1999）

参考文献

Agence France Press. 1998. "IMF Must Become 'Embryo' of World Government：Italy."Dispatch dated.

Amin, Ash, ed. 1994. *Post Fordism：A Reader*. Oxford：Blackwell.

Arrighi, Giovanni. 1994. *The Long Twentieth Century*. London：Verso.

Barnet, Richard and Ronald Mueller. 1974. *Global Reach：The Power of the Multi-national Corporation*. New York：Simon and Schuster.

Bass, Thomas. 1996."Want to Know About the Future of Money? Talk to Walter Wriston."*Wired*(October)：202-203.

Becker, David G., Jeff Frieden, Sayre P. Schartz, and Richard L. Sklar. 1987. *Post-imperialism International Capitalism and Development in the Late Twentieth Century*. Boulder：Lynne Rienner.

Business Week. 1998a. "Psst! Want a Nice Piece of Chaebol?" May 18：50-51.

Business Week. 1998b. "The Year of the Deal." July 13：52-53.

Bello, Walden. 1998—1999. "The Asian Economic Implosion：Causes, Dynamics, and Prospects." *Race and Class*, 40(2/3)：133-143.

Burbach, Roger, and William I. Robinson. 1999. "The Fin De Siecle Debate：Globalization as Epochal Shift." *Science & Society*, 63(1)：10-39.

Cole, Ken. Forthcoming. *Economy, Environment, Development, Knowledge*. London：Routledge.

Cox, Robert W. 1979. "Ideologies and the New International Economic Order：Reflections on Some Recent Literature." *International Organization*, 33(2)：267-302.

Cox, Robert W. 1987. *Production, Power, and World Order*. New York: Columbia University Press.

Democratic Leadership Council, Progressive Policy Institute. 1999. "The Third Way," and "The Third Way Goes Global." Documents retrieved on August 26, 1999. http://www. dlcppi. org/ppi/3way/3way. html.

Dicken, Peter. 1998. *Global Shift: The Internationalization of Economic Activity*. 3rd edition. New York: Guilford Press.

Domhoff, G., William. 1967. *Who Rules America?* Englewood Cliffs: Prentice-Hall.

Domhoff, G., William. 1970. *The Higher Circles*. New York: Random House.

Domhoff, G., William. 1978. *The Powers that Be*. New York: Random House.

Dye, Thomas, T. 1986. *Who's Running America*. 4th edition. Englewood Cliffs: Prentice Hall.

Feldstein, Martin. 1998. "Refocusing the IMF." *Journal of Foreign Affairs*, 77(2): 20.

Fennema, Meindert. 1982. *International Networks of Banks and Industries*. The Hague: Nijhoff.

Gill, Stephen. 1990. *American Hegemony and the Trilateral Commission*. Cambridge, England: Cambridge University Press.

Glyn, Andrew, and Bob Sutcliffe. 1992. "Global But Leaderless? The New Capitalist Order." In Ralph Miliband and Leo Panitch, eds., *New World Order: The Socialist Register*. London: Merlin Press.

Goldfrank, Walter. 1977. "Who Rules the World? Class Formation at the International Level. " *Quarterly Journal of Ideology*, 1(2): 32-37.

Gordon, David, M. 1988. "The Global Economy: New Edifice or Crumbling Foundations? " *New Left Review*. 168: 24-64.

Harris, Jerry. 1998—1999. "Globalisation and the Technological Transformation of Capitalism." *Race and Class*, 40(2/3): 21-36.

Harris, Jerry. 1999. "The Politics of Globalization: Regroupments in the Ruling Class. " cy. Rev 6: 3-10.

Harvey, David. 1990. *The Condition of Postmodernity*. Oxford, England:Basil Blackwell.

Hindess, Barry. 1987. *Politics and Class Analysis*. Oxford, England:Basil Blackwell.

Hirst, Paul, and Grahame Thompson. 1996. *Globalization in Question*. Cambridge, England:Polity Press.

Hoogvelt, Ankie. 1997. *Globalization and the Postcolonial World: The New Political Economy of Development*. Baltimore, Maryland: Johns Hopkins University Press.

Howells, Jeremy, and Michelle Wood. 1992. *The Globalization of Production and Technology*. London and New York:Belhaven Press.

Hutton, Will. 1995. *The State We're In*. London:Jonathan Cape.

Hymer, Stephen. 1979. *The Multinational Corporation:A Radical Approach*. Cambridge, England:Cambridge University Press.

Jameson, Frederick. 1984. "Post-Modernism or the Cultural Logic of Late Capitalism." *New Left Review*. 146:53−92.

Kissinger, Henry. 1998. "IMF:Throwing More Fuel on the World Economy." *New York Post*, October 6:29.

Marx, Karl, and Frederick Engels. 1970 (1846). *The German Ideology*. New York:International Publishers.

Mills, C. Wright. 1959. *The Power Elite*. New York:Oxford University Press.

Murphy, Craig N. 1999. "Inequality, Turmoil, and Democracy: Global Political-Economic Visions at the End of the Century." *New Political-Economy*. 4(2):289−304.

Patnaik, Prabhat. 1999. "Capitalism in Asia at the End of the Millennium." *Monthly Review*, 51(3):53−70.

Robinson, William I. 1996a. *Promoting Polyarchy:Globalization, U. S. Intervention, and Hegemony*. Cambridge, England: Cambridge University Press.

Robinson, William I. 1996b. "Globalization: Nine Theses of Our Epoch." *Race and Class*, 38(2):13−31.

Robinson, William I. 1997. "A Case Study of Globalization

Processes in the Third World: A Transnational Agenda in Nicaragua. " *Global Society*, 11(1):61-92.

Robinson, William I. 1998. "Beyond Nation-State Paradigms: Globalization, Sociology, and the Challenge of Transnational Studies. "*Sociological Forum*, 13(4):561-594.

Robinson, William I. 1998—1999. "Latin America and Global Capitalism. " *Race and Class*, 40(2/3):111-132.

Robinson, William I. 1999. "Capitalist Globalization and the Transnationalization of the State. " Paper presented at the Transatlantic Conference on Historical Materialism and Globalization, University of Warwick, April 15-17.

Rupert and Hazel Smith, *The Point is to Change the World: Socialism Through Globalization?* London: Routledge.

Rothkopf, David. 1997. "In Praise of Cultural Imperialism. "Foreign Policy, 107:38-53.

Sklair, Leslie. 1995. *Sociology of the Global System*. Second revised edition. Baltimore, Maryland: Johns Hopkins University Press.

Sklair, Leslie. 1998. "The Transnational Capitalist Class and Global Capitalism: The Case of the Tobacco Industry. "*Political Power and Social Theory*, 12:3-43.

Soros, George. 1994. *The Alchemy of Finance: Reading the Mind of the Market*. Geoff Shandler, ed. New York: John Wiley and Sons.

Soros, George. 1998. *The Crisis of Global Capitalism: Open Society Endangered*. New York: John Wiley and Sons.

United Nations Conference on Trade and Development (UNCTAD). Various Years.*World Investment Report*. New York: United Nations/UNCTAD.

Useem, Michael. 1984. *The Inner Circle: Large Corporations and the Rise of Business Political Activity in the U. S. and U. K*. New York: Oxford University Press.

Van der Pijl, Kees. 1984. *The Making of an Atlantic Ruling Class*. London: Verso. 1989. "The International Level. " In Tom Bottomore and Robert J. Brym, eds. , *The Capitalist Class: An International*

Study. New York: New York University Press.

Van der Pijl, Kees. 1998. *Transnational Classes and International Relations*. London: Routledge.

Volcker, Paul, with Toyoo Gyohtens. 1992. *The World's Money and the Threat to American Leadership*. New York: Times Books.

Weiss, Linda. 1998. *The Myth of the Powerless State*. Ithaca, New York: Cornell University Press.

White, Joseph, B. 1998. "Global Mall: 'There are No German or U. S. Companies, Only Successful Ones'—Business Forces Open Borders as Nationalism Yields to Shared Ambitions—Big Egos Remain a Big Issue." *Wall Street Journal*, May 7, A1.

Williamson, John. 1993. "Democracy and the 'Washington Consensus'." *World Development*, 21(8): 1329–1336.

Wood, Ellen Meiksins. 1999. "Unhappy Families: Global Capitalism in a World of Nation-States." *Monthly Review*, 51(3): 1–12.

World Bank. 1992. *Global Economic Prospects and Developing Countries*. Washington, D. C. : World Bank.

World Bank. 1997. *The State in a Changing World*. Washington, D. C. : World Bank.

Wriston, Walter. 1992. *Twilight of Sovereignty: How the Information Revolution is Transforming the World*. New York: Scribner's.

第三编　当代资本主义社会阶级结构

第6章　跨国资本主义与阶级构成*

［美］杰里·哈里斯 著　栾哲 译

　　我们如何分析跨国资产阶级（Transnational Capitalist Class，TCC）的构成？在全球资本主义研究中，对跨国资产阶级的本质和内聚力有各种各样的解释。研究涵盖了不同的领域，但主要的两个领域是政治经济学和网络理论。那些主要着力考察跨国公司的投资和生产、资本流动、劳资关系以及国家的研究者希望看到一个统一的跨国资产阶级。其他主要研究公司、董事会和精英政策团体的人则将其视作一个构成薄弱的阶级或区域共同体（regional community）。领域间的分歧并不尖锐；也有重叠的部分，而且存在分歧和重叠的领域都在学习对方。但这种认识论的差异是值得探讨的，因为这些差异会导向不同的结论，这些结论对理论和实践都将造成影响。

　　一种历史的理解应该从工业资产阶级的构成开始。在此，一些基本而简要的观察对于理解跨国资产阶级的出现是很重要的。现代资本主义一直有一种全球冲动（global impulse），寻求在市场关系中将整个世界囊括在内。促使资产阶级改变生产形态的最主要的动因之一是生产工具的革命，这一革命导致了工作的重组以及资本所有者和工人之间的新型生产关系。随着新的谋取剩余价值（the expropriation of sur-plus value）的方法的诞生，阶级斗争不仅在工人阶级和资产阶级之间，而且还在资产阶级和旧的农业统治阶级（agrarian ruling class）之间发

＊ Jerry Harris. Transnational Capitalism and Class Formation. Science & Society，July，2014.

生。这些不同程度的冲突有助于确定阶级关系的轮廓，并且能够跨越政治、经济、文化和社会的界限而发生。

如果我们从1760年代工业革命的开端开始追溯现代资本主义，我们会看到资本主义的国家权力和阶级构成经过较长的时间才得以稳固。在此过程中，工业和金融家族依靠它们对生产资料和资本的所有权来确立自身地位并扩大财富。这一过程直到第一次世界大战结束，随着德国皇帝、俄国沙皇、奥匈帝国和奥斯曼帝国的垮台才宣告终止。产业转型的巨大经济能量和动力改变了政治和国家的结构。私人网络通过教育、联姻、共同投资、社会关系和政治俱乐部（political clubs）而变得更加密集。随着政治和文化的改变，特别是通过建立一个由国家调解的管理和治理结构，它们进一步巩固了经济转型，国家转而帮助促进和保护海外扩张。由生产方式的革命以及就业和财富的重组导致的这种长期不平衡发展的总体路线适合于跨国资产阶级的发展。由于资本主义总是具有全球性维度，从国家到跨国阶级构成的发展道路是其内在逻辑所固有的。

尽管资本主义扩张导致了跨国经济体系，但这并不意味着所有国家形式和资本表现（expressions of capital）都被消除了。与工业资本主义一百多年来的发展一样，跨国资本主义正在经历一个长期的巩固过程。每个国家都按照自己的节奏融入全球的生产、金融和治理中，而这些步骤是由许多历史和文化因素所决定的。因此，国家竞争仍然可以在国际政治舞台上表现出来。以国家为中心的帝国主义与跨国资本主义的关系和相互影响是复杂而持续的（Harris，2003；2005）。这类问题都是值得研究的，但本章将专注于阶级构成问题。

一、阶级构成、生产和积累

跨国资产阶级是在深入到跨国经济的过程中出现的（Sklair，2001；Robinson，2004；Harris，2008；Liodakis，2010）。主要经济指标包括：国外直接投资、跨境资本流动、跨国并购、主权财富基金的国外投资活动、跨国性股权、外国子公司、避税天堂（tax havens）、全球装配线、公司内贸易、与跨国公司捆绑的庞大的国家分包商网络、外资资产比例、就业和销售情况以及国外收入和利润的百分比。资本主义积累通过这些全球化循环来运转，很少有人在其购买或出售商品的过程中不受影响。

对这些活动的组织和引导决定了跨国资产阶级在生产关系、价值的创造和占有上的地位。将制造业重组为跨国价值链（transnational value chains），以及通过全球金融化来占有价值是跨国资产阶级的核心特征。对于跨国公司和金融机构的所有者和董事来说，他们的日常生活深陷于竞争和积累的全球战略中。当企业对其资产、雇工，以及与世界范围的积累循环相关联的销售和利润拥有决定性的份额时，这种深陷就会以有组织的形式表现出来，在这一点上，日常决策以及长期战略必须从全球一体化的观点出发，去考虑装配线的管理、劳资关系、营销、竞争威胁、监管结构、税收制度和其他类似因素。

当通用电气的首席执行官杰夫·伊梅尔特（Jeffrey Immelt）[①] 被问及他最引以为豪的是什么时，他回答道：

> 如果说引以为豪的事情的话，那可能就是通用电气的全球化了。我们已经从十年前在美国国内占 70％ 份额的公司变成今天在美国以外占 65％ 份额的公司了。回顾过去十年，对于通用电气及其他大公司而言，最大的变化就是全球市场的开放。公司需要在世界的每一个角落都成为自信的竞争者。这就是我们在通用电气的情况。（Wharton，2013）

对伊梅尔特和跨国资产阶级的其他成员来说，全球积累和生产是现代企业的基本特征。价值生产及其征收具有全球性的地理特征。国家市场成为众多国家中的一个，国家增长和生存战略消失，取而代之的是跨国经济需要。一个占主导地位的企业文化是由最有效和最有利可图的跨国公司创造的，并被编码为最佳商业实践。虽然有些个别资本家可能已将社会责任内化，而另一些人则可能内化了一种民族主义意识，但所有这些人都遵循着在全球资本主义垄断竞争制度内创造利润的战略和决定。

资本与劳动的关系也发生了与新的地理位置相适应的重要变化。跨国资产阶级依靠的是一支全球劳动力队伍，这支队伍融合了来自中

---

① 杰夫·伊梅尔特，通用电气公司董事长兼首席执行官，毕业于达特茅斯学院，数学系应用数学专业，后获得哈佛大学工商管理硕士学位。

国、印度、俄罗斯、巴西和其他几十个国家的数百万工人。1999 年至
2008 年，美国跨国公司在美国减少了 210 万个工作岗位，而在国外增
加了 220 万个（BEA，2013）。随着新工人进入新的生产和利润的循
环，其他人被剥夺了工作和谋生手段。跨国投资和制造业的深化已将
跨国关系扩展到劳动力领域（Struna，2009）。

依赖于全球装配线的生产形式，跨国公司以新的编队方式组织工
人，把按等级划分的权利集中在跨国规模上。这些新的关系削弱了与
西方工人阶级签订社会契约的必要性，导致了数百万人处于一种物资
匮乏、缺乏安全感的境况之中以及临时工和兼职劳动力的增长。

香港服装公司利丰（Li & Fung）就是全球装配线组织的典范。利
丰没有工厂，没有缝纫机，也没有布料工厂，但却能接受来自世界上
最大的服装零售商的订单。利丰公司提供的是超过 60 个国家的 15 000
家供应商，这些供应商为最低工资而工作。2012 年，它们有 218 亿美
元的收入。由于它们的规模像沃尔玛一样，因而其可以设定整个行业
的工资和条件。正如利丰的首席执行官布鲁斯·罗科维茨（Bruce
Rockowitz）所说，"我们肯定会压低价格的一部分，这是毫无疑问的，
因为我们一直在对工厂和国家进行套利"（Urbina and Bradsher，
2013）。这种全球套利及其发生的速度是一种新的跨国生产关系的表
现。但不仅是利丰公司的非熟练劳动力和半熟练劳动力面临全球化，
其管理人员也是如此。公司的 830 名高级管理人员来自 40 多个不同的
国家，其中一半人员在两个或两个以上的国家工作（Li & Fung，
2013）。

审查跨国公司是否不再主要依赖其国家劳动力的另一种方法是查
看其外国雇员和外国子公司的数量。表 6 - 1 列出了美国、英国、德国
和日本按全球资产排列的若干不同行业的公司。

表 6 - 1　2004 年按外国资产分列的公司

企业	国外雇员（人）	本国雇员（人）	外国子公司（个）
通用电气（1）	142 000	165 000	787
沃达丰（2）	45 981	11 397	70
BP（5）	85 500	17 400	445
壳牌（7）	96 000	18 000	328
西门子（18）	266 000	164 000	605

续表

企业	国外雇员（人）	本国雇员（人）	外国子公司（个）
本田（21）	76 763	61 064	245
索尼（41）	90 092	61 308	385
拜耳股份公司（55）	112 500	48 700	214
可口可乐（71）	40 400	9 600	58
米塔尔钢铁公司（76）	150 437	9 563	110

注：公司后括注的数字表示该公司在行业内的排名。

资料来源：UNCTAD，2006：280-281。

正如网络理论家所说，跨国阶级成员资格的基础并不是通过跨国公司网络联系的公司董事会成员。相反，它是一个集中在公司等级制度下的劳动和资产的全球组织，在这个组织中，主要的剩余价值分配是通过跨国金融投资进行的。跨国资产阶级的核心成员是组织、从事金融活动和领导这一过程的成员。这是由金融公司、公司董事会和政府之外的精英政策机构执行的。但是，阶级构成从不局限于领导干部。因此，这些机构成员之间的联系对于为容纳、保障和扩大全球利润、生产，以及劳动权重建而建立的体制和组织结构来说是排在第二位的。实际上，阶级构成处于生产关系中。正是这些关系产生了阶级成员所遵循的可驱动的内部逻辑，无论这种逻辑是主观的还是客观的。

通过共同的金融投资汇集资本对于巩固跨国资产阶级结构和阶级内聚力的过程来说至关重要。通过外国直接投资、兼并和收购、合资企业、股票所有权、跨境资金流动、贷款和债务等方式实现经济利益的一体化，将共同的数万亿美元的跨国经济编织在一起。所有这些庞大的经济活动都不是为了给自己的国家创造更多的就业机会或扩大自己的国家而纳税。这些经济活动不是国家议程，只是一个以全球金融和生产组织为基础的跨国积累和垄断竞争进程。

决定在哪里投资资本是一项很关键的权力。企业的经营战略是通过对最有效地使用劳动力、避税、全球采购、股东价值、竞争优势等方面共同持有的信念来制定的。在这套理论和实践中，投资决策是根据谁获得最佳回报制定的。当贝莱德集团（BlackRock）投资中国石油公司中国石油化工集团公司（简称"中石化"）时，其就正在为成千上万的私人和机构资本投资。贝莱德集团不需要控制中石化。跨国投资者相信，中石化的统计学者／企业领导者将在跨国资本主义理论和实践中采取行动，以获得投资利润。由于每个人都必须吸引投资者，因此引导资金流动的能力成为权力的核心。

二、阶级构成与网络理论

控制有关投资资金的决策这一进程的一个重要方面是整合业务领导，因为公司董事会和精英政策中心的组成将关键参与者联系在一起，并吸收不同国籍的个人跨国资产阶级。这些网络通过促进政治和社会一体化来深化跨国资产阶级的结构。跨国公司董事会、精英政治委员会和专属俱乐部的相互会员制也为跨国资产阶级成员培养领导干部、创建共同项目、形成共同的文化态度和经济假设提供了场所（Carroll，2010；Staples，2012）。相互会员制的目的是提高跨国公司而不是国家的利润和垄断地位。实际上，跨国资产阶级是在为阶级工作，而不是为国家工作。

精英网络理论有着悠久的历史，包括 G. 威廉·多姆霍夫（Dom-hoff，1967）、赖特·米尔斯（Mills，1956）和罗伯特·米歇尔斯（Michels，1915）等。但我的主要关注点将集中在利用这一理论框架来分析跨国资产阶级的新趋势。这一新的学术研究领域，即追溯精英企业网络与跨国资产阶级理论的关系，已经在许多详细的研究中得以展开，其中做得最完整、最丰富的是威廉·卡罗尔（William Carroll）。这一重要而有价值的工作使跨国资产阶级在社会学层面上得以系统发展。它加强和扩展了我们对阶级构成的理解。然而，这些关系主要建立在跨国资产阶级组织的生产关系和剩余价值分配的变化之上。虽然加入董事会或政策研究所可以通过网络促进阶级自我意识的提升，但并不能创建阶级。相反，它反映了它的成员身份。权力是阶级问题，不是个人问题。董事会成员之间的联系是次要问题，因为全球劳动力和跨国资本之间的阶级关系是由个体建立起来的。因此，它处于资本与劳动和以阶级为主要根源的积累模式的关系中。

当网络研究过于狭隘地关注个人关系而不是生产关系时，就可能得到基于有限证据的薄弱结论。例如，伯里斯和斯特普尔斯说："跨国资产阶级作为一种真正的全球现象出现，距离实现这一目标还有很长的路要走，而且在可预见的未来不大可能实现。"（Burris and Staples，

2012：13）他们的立场与范德皮耶尔的大西洋统治阶级论断（van der Pijl，1984）密切相关，因为他们主张："对于以北大西洋地区为中心的更具限制性的跨国资产阶级的出现来说，综合证据更加强大且相对一致。"（Burris and Staples，2012：1）

在对欧元区的研究中，迪杜埃、格雷蒙特和维翁得出了一个更严格的结论："从整个欧洲精英网络结构来看，我们得出的数据表明，荷兰、德国、意大利和法国的网络深深根植于国家商业界，并没有取代跨国网络。"（Dudouet，Gremont and Vion，2012：139）他们进一步表明"全球网络内的跨国联系是少数几个关键行为者的工作"（2012：142）。因此，没有足够的证据来确定跨国资产阶级的存在。

为了得出这样的结论，网络理论家从狭隘的社会学角度分析了阶级的构成。以这句话为例："如果一个人对跨国阶级的形成和促进跨国阶级认同与阶级内聚力的人际关系感兴趣，那么首选的方法就是研究人与人（导演到导演）网络的结构和演变"（Burris and Staples，2012：7）。一些研究得出了关于相互联系关系的非常详细的例证。但是如果过分强调这一方面，就会把对阶级形成的调查变成类似于了解 Facebook（脸书）上的好友信息。在强调谁知道谁在哪个董事会的时候，资本和劳动力之间的关系似乎消失了。对于网络理论家来说，如果公司董事会成员之间缺乏联系，跨国资产阶级就没有实质性的构成；即使通过跨国循环征收剩余价值，生产也会转变为全球装配线，并且从世界各地吸收投资。

跨国公司董事会的职位也被赋予了特权，远远超出了存在的数百种其他个人阶级关系：学校、（美国男学生的）大学联谊会和女学生联谊会、家庭专用社区、最受欢迎的餐馆、酒店和度假胜地、家庭，以及晚餐、婚礼和聚会、高尔夫旅行、马球俱乐部、政治筹款者、慈善工作、文化组织董事会、商业关系、世贸组织和国际货币基金组织的谈判、达沃斯（Davos）的关系网、波希米亚俱乐部（Bohemian Club）① 的避风港等等。因此可以得出结论，在社会学方面几乎没有证据表明主要以公司董事之间的关系为基础的全球跨国资产阶级的存在

---

① 美国知名权贵俱乐部波希米亚俱乐部堪称全球最隐秘的男士俱乐部，目前有会员 2 700 名，包括大多数来自共和党阵营的美国前任总统、少数来自民主党阵营的美国前总统、政要、企业家、金融家、科学家和艺术家。

是有限的。

董事会之间的相互联系也是一种精确的方法，可以用来检查跨国公司内部的权力、领导和阶级构成。伊梅尔特在谈到他在通用电气公司的领导核心时解释道：

> 如果你想管理一家像通用电气这样大的公司，你必须非常了解前 200—300 名员工。我能够很好地经营通用电气的唯一方法就是我精心挑选前几百人。他们必须体现公司的价值观、其自己的价值观和我的价值观。你需要拥有公司高层领导的独特的所有权。（Wharton，2012）

这种"独特的所有权"和价值体系是跨国资产阶级意识和实践发展的另一种方式。这 300 人不在董事会，但作为领导核心，他们掌握着大量的权力，并与其他全球公司和金融机构的领导人有着直接的联系。

这种领导力从何而来？伊梅尔特进一步解释：

> 我认为领导力的保质期很短，所以每隔几年，我们都会在公司外面看看其他人在做什么：谷歌在做什么？美国军事学院（U. S. Military Academy）在干什么？麦肯锡公司①教他的人什么？我很关注从班加罗尔到波士顿乃至世界各地的公司是如何吸引和留住优秀领导人的。（Wharton，2012）

因此，跨国资产阶级干部，他们的招聘、培训，以及精英职位带来的股票和收入丰厚的回报，都是一场全球人才争夺战，旨在寻找最优秀、最聪明的人才。

卡罗尔的工作通常避免了简化的分析。关于企业连锁中的个人网络，他指出"我们的发现突出了社会文化进程与资本积累的经济过程之间的某种距离"（Carroll，2010：225）。重要的是，卡罗尔认识到跨国经济的先进状态及其不均衡的社会文化发展，因此客观和主观的阶级构成是有区别的。但卡罗尔似乎在寻找历史上以国家

---

① 麦肯锡公司是世界领先的全球管理咨询公司，是由美国芝加哥大学商学院教授詹姆斯·麦肯锡（James O'McKinsey）于 1926 年在美国创建的。自 1926 年成立以来，公司的使命就是帮助领先的企业机构实现显著、持久的业绩提升，打造能够吸引、培育和激励杰出人才的优秀组织机构。

为中心的阶级构成模式的共性。在讲解他对跨国连锁公司的研究时，他写道：

> 除了极少数例外，跨国连锁并不是战略控制的工具，它们是独立于跨国公司间所有权而产生的。从这个意义上说，没有证据表明跨国企业集团形成了一系列庞大的公司，这些公司的董事会相互联系并且股份归集团所有，这些集团能够对多个国家的大公司进行协调的战略控制。相反，公司间所有权关系通常来自金融机构，并且持有相当于不到 5％ 的股本，这表明投资的交叉渗透和跨国公司社区的发展稳固性。

卡罗尔组建跨国资产阶级的方法是在具有协调战略控制能力的跨国企业集团中寻找与众不同的人。缺少了任何东西，跨国资产阶级都将只是一个"共同体"，而不是一个阶级。但是，全球阶级的构成并不一定要遵循民族国家时代的历史形式。通过企业集团控制国内市场是垄断资产阶级形成的必不可少的步骤。这种情况必然发生在全国性的资本家中，这些资本家往往是围绕着家族和银行组织起来的。产业的战略控制可以通过围绕着银行家族（如摩根或洛克菲勒）的集团联合来实现。

意大利是一个长期坚持战略控制的国家，引用卡罗尔的话说，"这些大型企业的董事会相互联系，其股份属于集团所有，可实现协调的战略控制"。米兰投资银行（Mediobanca）的创始人恩里科·库西亚（Enrico Cuccia）是为意大利最强大的家族建立交叉持股机制的关键。其中包括阿涅利家族①、贝纳通公司②、拉齐奥（Ligrestis）③、佩森特（Pesentis）、倍耐力④以及后来的西尔维奥·贝卢斯科尼（Silvio

---

① 在意大利，阿涅利家族（Agnellis）是财富与荣耀的象征，人们习惯性地将它称为"王族"。由阿涅利家族创办的菲亚特汽车公司，如今已成为意大利最大的工业集团。

② 贝纳通是贝纳通公司（Benettons）的品牌，成立于 1965 年，主要针对大众消费者，充分体现了新一代年轻人的价值观，在休闲服装生产领域，与美国加利福尼亚州的埃斯普瑞（Esprit）并驾齐驱。

③ 拉齐奥足球俱乐部是一家位于意大利首都罗马的足球俱乐部，以大区名"拉齐奥"为名，于 1900 年成立，现为意大利足球甲级联赛球队之一。

④ 倍耐力（Pirelli），倍耐力轮胎是当今世界享有盛名的轮胎公司之一，1872 年创立于意大利，倍耐力公司也是国际米兰足球俱乐部的最大赞助商。

Berlusconi)①。交叉持股的领域包括机场、汽车、银行、建筑、酒店、保险、休闲、媒体和电信（等多个行业）。这种安排阻碍了外国投资，但当经济危机来袭时，损失像传染病一样通过相互关联的公司蔓延，造成了历史性的损失。现在，在被描述为残酷的流血事件中，旧的合作伙伴关系已经被撕毁。外资并购接管了许多意大利最知名的公司，而意大利公司本身也已将它们的持股和投资全球化。旧的国家企业集团制度成为跨国扩张的障碍，也阻碍了对意大利的资本投资（Sanderson，2013）。

三、阶级构成与金融化

如果处于企业集团中的国家阶级构成体系已经崩溃，那么有什么结构和方法能够取代它呢？卡罗尔明确指出，"公司间的所有权关系，通常来自金融机构"。这是一个关键因素，但是卡罗尔仍未能充分意识到它的重要性。金融机构已成为资本组织和跨国资产阶级形成的核心，但并不是在在其控制下创建产业集群的意义上。金融化改变了权力的轨迹，导致数万亿美元投资于数万家全球跨国公司。事实上，公司本身已经成为一种可以持有、废除和作为商品出售的东西。对冲基金行业就是基于这种活动形成的。对于这样的投资者来说，企业集团的战略控制并不是权力的主要表现形式。从事灵活的跨国投资制度的权力以及引导全球资本大量、快速流动的权力是他们价值征用和阶级构成的核心。

正如保罗·斯威齐②指出的：

随着金融资本的崛起，经济实力的轨迹发生了变化。长期以来，人们（尤其是激进分子）一直理所当然地认为，资本主义社会的权力的所在地是为数不多的几百家大型跨国公司的董事会。

---

① 西尔维奥·贝卢斯科尼（Silvio Berlusconi），生于意大利北部城市米兰，毕业于米兰大学法学系，意大利政治家和知名企业家，中右翼的意大利力量党创始人，AC米兰足球俱乐部的实际领导人和名誉主席。

② 保罗·斯威齐（Paul Marlor Sweezy），20世纪美国最为著名的马克思主义经济学家之一，在继承和发展马克思主义经济理论方面颇有成就。

但是，真正的权力与其说是在公司董事会，不如说是在金融市场。（Sweezy，1994）

因此，没有必要让跨国企业集团组成一个统一的自觉阶级。随着全球化的发展，跨国资产阶级通过共同的观念、共同的实践、相互的投资和广泛的社会合作创造了主观内聚力。

董事会和首席执行官在工厂的选址、工资的确定、与谁分包、与谁合并、收购谁等方面都拥有很大的权力。这种决策权无疑对工人的生活产生了重大影响，而且是决定生产关系的关键因素。但这一决定是在整个跨国资产阶级共有的新自由主义意识形态的理论和实践中做出的。经理一职的流动性很大，财富 500 强公司 CEO 的平均任期只有 3.5 年。需要强调的是跨国公司的结构特征和跨国金融投资，而不是强调少数相关的董事会成员。

我们了解的跨国资产阶级的核心是一家像贝莱德集团一样的投资公司，贝莱德集团拥有 3.65 万亿美元的资产。如果我们只注意它们的一支基金——贝莱德可变系列基金公司（BlackRock Variable Series Funds，Inc.），就会发现，其有 63 亿美元投资于 34 个国家的 475 只普通股，有 7.29 亿美元投资于覆盖 24 个国家的 95 种公司债券，以及 16 种不同货币的投资工具（2012：7-12）。这只是一份报告的前几页。贝莱德集团并不控制这 570 家公司中的任何一家。但贝莱德集团确实对世界各地的跨国资本家进行了投资。所有这些投资者是否都是董事会的一员或能控制这些公司的战略决策？当然不是。但他们是资本主义金融化的一部分，通过这种方式，他们从世界各地劳动者中获得了剩余价值。

资本主义金融化这种活动对跨国资产阶级的发展至关重要，是董事会之外的一个权力中心。实际上，金融公司已经成为跨国资本的组织中心。金融公司的活动是指导跨国资产阶级的全球投资，并充当征收价值的主要渠道。它们这样做不是作为国家资本的代表，而是作为来自任何国家的资产阶级的代表。高盛（Goldman Sachs）、巴克莱（Barclays）和德意志银行（Deutsche Bank）并不是全国性的冠军企业，而是跨国金融垄断企业，它们争夺世界投资者并投资世界各地，而且往往相互交叉投资。个别董事之间的联系有助于商业交易，但这不是阶级构成的主要因素。虽有数万亿美元流经这些公司，但这些投资是如何组织的和为谁组织的，才对跨国资产阶级的构成至关重要。

尽管网络理论家强调董事会之间的联系，但贝莱德集团倾向于对董事任职于过多的董事会的情况表示不满。贝莱德集团称这种现象为"过度登机"，2012 年，贝莱德集团投票反对三名可口可乐董事，因为每名董事都在四个以上的董事会中任职。这有力地表明，作为一家金融机构，贝莱德集团对相关的企业集团并不感兴趣，而是对那些能够专注于最大回报而没有分散注意力的董事感兴趣。作为全球最大的股份制机构，它们拥有巨大的权力，可以在 14 872 家股东大会上投票。其中 3 800 家公司位于美国，贝莱德集团是其中 20％ 的公司的最大的股东。即便如此，贝莱德集团也从未提出过一个股东提案（Craig，2013）。对贝莱德集团而言，它们持有的股份并不构成历史意义上的企业集团，在这些企业集团中，战略控制是由众多的董事会支撑起来的。相反，贝莱德集团的财务策略取决于其每项资本投资的回报率。瑞士联邦理工学院在苏黎世进行的一项重要研究确定了跨国公司的所有权，为金融化进程提供了重要的见解。在一个由 3 700 万家公司和投资者组成的数据库中，它们专注于 43 060 家跨国公司。通过考察股权网络，该研究发现了一个由 147 个主要金融机构组成的核心小组，构成了一个"超级实体"，控制着整个网络的 40％ 左右（Coghlan and MacKenzie，2011）。考察主要集中在这些超级实体中的投资者，该研究发现了来自 190 个国家的 47 819 名个人股东和公共机构股东，这些股东涉及了世界上占主导地位的 15 491 家跨国公司（Vitali, Glattfelder and Battiston，2011）。此外，这些金融公司所代表的投资者可能会为另外的机构和个人投资者做事。因此，从上面的例子来看，在贝莱德可变系列基金中，我们可能会发现先锋（Vanguard）或州立街（State Street）为它们的客户投资贝莱德。因此，47 819 名主要投资者实际上意味着更多数目的个体，因为机构投资者往往代表着多个个体的利益。从美国经济分析局（U. S. Bureau of Economic Analysis，BEA）的数据中可以看出证券和股票的全球综合特征，这些数据提供了进一步的证据。2010 年，美国持有的外国证券和股票价值为 5.471 万亿美元，美国境内的外国私人持有证券和股票价值为 6.113 万亿美元，外国官方在美国持有的证券为 4.373 万亿美元（BEA，2013），共计有超过 15 万亿美元的跨境股票和证券，这些股票和证券代表着跨国资产阶级广泛的投资，这些投资融合了金融和公司利益，利益不分国界和董事会成员。2012 年 3 月，银行和非银行对外持有的资产和负债的比例更大，为 64.7 万亿美元（BIS，2012）。资本如此大规模地跨国流动意味着其背后有大量的跨国投资者群体。金融机构在指导这些数万亿美元方面的关键作用是它们作为跨国资产阶级的经济组织中心的体现。

卡罗尔认识到了金融的力量。他写道：

> 在一个广泛的公司兼所有权网络中，少数关键金融机构扮演着关键的一体化角色。在这种新的金融资本主义中，投资很少与董事关系相匹配。相反，权力在于退出选择，这意味着机构有能力投资和剥离任何一家公司。（Carroll，2012：70）

卡罗尔的观察在目标上是对的，但他强调的不是金融的力量。相反，他的重点是"具有跨国性质的弱势资本和董事关系——后者为新兴的跨国资产阶级提供了基础"（Carroll，2012：72）。问题不在于他的研究，事实上，卡罗尔很了解政治经济学。相反，他的假设是，必须在有联系的跨国公司和政策委员会的基础上，存在私人关系，这是阶级充分形成的先决条件。"弱的董事关系"会导致阶级内聚力不足。由于金融投资"很少与董事关系相匹配"，因此，他忽视了两者匹配的重要性。

卡罗尔所缺少的是跨国公司内部的、完整的、系统的社会学条件，他把这种条件提升到了建立全球金融资本与劳动力之间更为牢固的阶级关系以及剩余价值被征收的方式之上。

克利夫·斯特普尔斯（Cliff Staples）通过他对商业圆桌会议的研究得出了肯定跨国资产阶级的立场。斯特普尔斯从财富 500 强的 661 名核心 CEO 中选出了 49 个圆桌的"核心"成员。然后，他继续研究圆桌如何在一个名为"世界商业领袖促进增长"的游说组织中"加入一个超级 CEO 小组"，其得出的结论是，这个小组将"跨国资产阶级的代表聚集在一把保护伞下，并且可以说这是迄今为止跨国资产阶级意识、团结和政治行动的最好例子"（Staples，2012：116）。像卡罗尔一样，斯特普尔斯专注于投资个体及其数量。阶级构成是在有权势的人围坐在一起做决定的房间中形成的。这是一个有趣的话题，在跨国资产阶级理论中占有重要地位。但是，阶级构成并不能为少数的个体和群体所接受。瑞士信贷（Credit Suisse）报告称，约有 84 700 人拥有超过 5 000 万美元的可投资资产，29 000 人拥有超过 1 亿美元的可投资资产。正如瑞士信贷指出的那样，"（这些）个人的财富投资组合也可能相似，主要是金融资产，尤其是在国际市场交易的上市公司持有的股票"（Freeland，2012：5）。跨国资产阶级其他的深度指标是高净值个人持有的私人客户资产。这些基金在瑞士达到 1.75 万亿美元，在英国达到 1.69 万亿美元，在新加坡达到 1.63 万亿美元（Grant，2013）。这类数字提供了关于跨国资产阶级的更广泛的理解，以及金融机构所扮演的关键角色。如果没有这样的参考，网络理论就会被简化为类似于大卫·罗斯科普夫（David Rothkopf）的"超级阶级"（Superclass），后者将全球精英阶层划分为约 6 000 人，担任关键的商业、军事和政治职位（Rothkopf，2008）。

大卫·佩茨（David Peetz）和乔治娜·默里（Georgina Murray）在其关于跨国公司与资本所有权关系的详细研究中总结了金融资本与公司之间更广泛的关系。他们写道：

> 金融资本不仅将资金借给可以扩展的公司，而且还决定了它们在股票市场上的举动，这些举动标志着公司管理层的成败，它们也是公司的所有者。最后，产业资本就是金融资本。今天，遵循金融资本逻辑和货币逻辑的公司主宰着世界。它们的逻辑不是个人的逻辑，而是阶级的逻辑。（Peetz and Murray，2012：50）

因此，与看到跨国精英网络的卡罗尔不同，佩茨和默里得出结论，"现在我们也可以谈论真正的跨国阶级"（同上）。

四、阶级构成技术与劳动

金融化通过使用新的信息技术而扩大，使资产阶级通过使用最少的劳动力而变得非常富有。贝恩资本（Bain Capital）发布了一份关于资本过度积累的报告，揭示了这一矛盾的严重性。

> 金融经济与基础实体经济的关系已到了决定性的转折点。到 2010 年，全球资本已经膨胀到大约 600 万亿美元，在过去 20 年里翻了三倍。今天，金融资产总额几乎是全球所有商品和

服务所产出价值的 10 倍，（创造出）一个在结构上充斥着资本的世界。（Bain Report，2012）

贝恩的"决定性的转折点"是指社会必要劳动与创造剩余价值之间的断裂。这意味着大量资金涌入投机活动，助长了金融化。它还允许投资公司的首席执行官们获得数十亿美元的年薪，并且允许最富有的那十分之一的可憎的财富又增加了百分之一。一方面，技术革新减少了对劳动力的需求，而为大量因全球化而被过度剥削的工人打开了大门。美国和欧盟的结果是，数百万人被驱逐出劳动力队伍，面临着社会契约的破裂，跨国资产阶级认为不再有任何维持这一契约的理由。

金融生产资料的技术工具加剧了社会化大生产与生产资料私有制之间的矛盾。数万亿美元的投机金融所涉及的劳动力是由全球劳动力中的一小部分来完成的。此外，每天大约有一半的交易是由少数专家编写的计算机算法完成的，而且不需要每天进行人工输入。这位高盛前首席技术官报告称，交易策略是由"5 万台只做模拟操作的服务器"完成的，他指出，此后还增加了更多的交易策略（Hardy，2013）。这种技术的速度是如此重要，以至于许多贸易公司已经从纽约搬到纽瓦克，只为距离环球金融电信协会（Society for Worldwide Interbank Financial Telecommunication，SWIFT）更近一些，环球金融电信协会经营着处理世界贸易的超级计算机。光纤电缆则以每秒大约十亿英尺的速度传输数据。因此，物理严密性在信息的传输速度和从中获利的能力方面提供了微妙的优势。这些庞大的数据中心中没有工作人员，只有被闪烁的计算机荧幕照亮的服务器机架。

货币市场是一种检验这一现象的场所。这只是货币交易，使货币成为一种商品，而不是一种交换形式。这些交易是通过寻找套利的计算机算法来完成的，或者是通过在不同地方的同一时间存在的货币价格的微小差异来实现的。当算法读取到编程所要寻找的数学公式和数字时，跨国交易的实施不到一秒钟就能完成。数十亿美元反反复复跨越国界，每天总计达到 1.7 万亿美元。人们或许很难理解一万亿美元意味着什么。为了更好地领会这个想法，可以看一下几个数字：万亿秒等于 36 000 年，而百万秒只有十二天半。

亨利·福特①（Henry Ford）的财富取决于对成千上万汽车工人创造的价值的日常征用。而这种征用只有当工人在装配线上被取代时才会发生（工人被机器取代）。高盛从其没有日常人力劳动投入的计算机运作中获得了巨大的财富。这种社会必需的劳动时间与财富之间的断裂是使跨国资产阶级从任何以国家为基础的工人阶级中获得自由的一个因素。它扩大了实体经济和金融资本之间的距离。

金融资本的投资和撤资速度是其实力的一个关键方面。企业集团的日常控制现在因资本的力量和速度而黯然失色。金融机构有权投资或撤走能够推动股价并实施新自由主义效率的资金。因此，无论边界线在哪里，股票、债券、产权、有价证券和衍生品的持有者都可以推动影响工人日常生活的公司董事会的决策过程。资本所有者对劳动力的使用是最少的，现在驱动着绝大多数劳动力工作的是实体经济。毫无疑问，这种积累模式产生了一种执着于紧缩意识形态的跨国资产阶级。在一个资产阶级和劳动者之间的距离从未如此之大的世界里，凯恩斯主义几乎没有立足之地。

如今，金融的跨国化不仅影响跨国公司，其逻辑还界定了跨国资产阶级的道德、身份和个人金融战略。它们的世界观是逃税现象如此普遍的原因之一。

随着资本的跨国流动达到了几万亿元，无论是企业还是个人都放弃了一些国家责任感。跨国公司和投资者积累财富的方式自然成为跨国资本家储蓄和保护个人财富的方式。仅在英属维尔京群岛、库克群岛和新加坡的三个离岸避税天堂，就有来自170多个国家的120 000多家公司和近130 000份个人的信息。其他离岸避税天堂，如开曼群岛，拥有更大的账户和更多的数量。麦肯锡咨询集团（McKinsey Consulting Group）估计，有21万亿至32万亿美元的隐性财富被囤积到避税天堂，瑞士联合银行集团（United Bank of Switzerland，UBS）和德意志银行等全球银行则深入参与帮助客户隐藏资金（Gladstone，2013）。从美国跨国公司的报告中看到的更多证据表明，他们43%的海外利润来自避税天堂，虽然只有7%的外国投资。只有4%的外国工人在这些

---

① 亨利·福特，美国汽车工程师与企业家，福特汽车公司的创立者。他也是世界上第一位使用流水线大批量生产汽车的人。他的生产方式使汽车成为一种大众产品，不但革新了工业生产方式，而且对现代社会和文化带来了巨大的影响。

国家工作（Huang，2013）。离岸避税天堂也成为一种为了避开税率而开展的外商直接投资（Foreign Direct Investment，FDI①）的常见载体。隐藏利润和财富以及分享如何追求和构建避税天堂的信息的常见做法是跨国资产阶级形成的另一种方式。它创造了关于控制个人和企业财富的共同假设，同时放弃了对社会责任的担忧。

安东尼·范·福森（Anthony van Fossen）对避税天堂做了详细的研究，他调查了 70 个不同的避税地点，报告称，截至 2009 年，高净值个人的 19％的个人财富在离岸金融中心。最近公布的离岸记录可能会显示出更多的信息。范·福森得出的结论是："资本主义财富的跨国化远比世界大公司和精英企业政策集团董事会的跨国化更具有广泛性和全球性。"（van Fossen，2012：82）他的观察深入到跨国资产阶级的中心。董事会和政策小组之间的联系是重要的，并将继续下去。但是，金融和财富的跨国化推动了这一进程。

结　论

要了解跨国资产阶级对世界工人阶级攻击的程度和性质，重要的是要了解跨国资产阶级的凝聚力和霸权地位。北方的紧缩和南方的结构调整计划是与工业时代、以国家为中心的资本主义决裂的结果。

美国和法国的资产阶级民主革命是建立在资产阶级、工匠、工人、农场主和佃农之间的革命联盟之上的。（革命联盟）创造了一种历史性的辩证法，它包含了一种矛盾的、充满张力的关系，而这种关系允许把劳动群众的要求纳入资本主义社会。因此，工人阶级的反对始终存在于资本主义的辩证法中，以产生民主的结果。葛兰西②在他的霸权理论中最好地解释了这一点，揭示了共识和胁迫的双重性。虽然总是存在武力和暴力，但共识是更发达资本主义社会的主要工具（Gramsci，

---

①　即外商直接投资，是一国的投资者（自然人或法人）跨国境投入资本或其他生产要素，以获取或控制相应的企业经营管理权为核心，以获得利润或稀缺生产要素为目的的投资活动。

②　安东尼奥·葛兰西是意大利共产党创始人之一，著名马克思主义思想家，与列宁、托洛茨基等同时代的马克思主义者一样，葛兰西终其一生坚持实践与理论的结合，在两方面均做出了伟大贡献。

1971）。这种矛盾在产业生产关系的起源中建立起来，产生了政治上的灵活性，使资本主义得以被采用并继续存在。

社会主义运动试图超越这种辩证法，达到一个以工人阶级国家政权为基础的新辩证法的质的飞跃。这是解决资本主义固有矛盾的唯一途径：事实是资产阶级统治绝不会允许大规模民主的充分发展，因为它会削弱资产阶级的权力。这种资本主义从来没有像革命活动分子所设想和要求的那样发展，而是以允许经济和政治社会契约扩大的方式进行的。特别是在大萧条和反法西斯战争之后，这两种情况都迫使资产阶级做出进一步让步。

左派经常把工人阶级的敌对、罢工和社会武装反抗看作社会主义历史的一部分，而不是以民族为中心的资本主义的基本特征。然而，现代国家的特有定义却围绕着公民权，以及成为现代社会一部分的政治和经济权利。社会契约是一个人的身份属于国家的基本表达。劳动群众历来是创造辩证法的矛盾对立面。从巴黎群众看到《人权宣言》的那一刻起，他们就将自由、平等和博爱视为自己的权利，而不仅仅是特定的为财产所有者保留的权利。当托马斯·杰斐逊① （Thomas Jefferson）宣称"人人生而平等"并被赋予"不可剥夺的权利"时，农民和工人就拥有了自己的想法。公民权和民主的漫长而永无止境的斗争产生于这些革命性的开端。

但正如社会主义者试图解决这一矛盾的历史关系一样，资产阶级也想摆脱它。这就是全球化所要承担的责任。因为它允许资本主义推进这一目标。世界金融化和产业化意味着，资产阶级最终可以摆脱与本国工人阶级的烦累的关系。这就是为什么将跨国资产阶级理解为一个协同一致和霸权的阶级是很重要的。以国家为中心的资本主义在历史上是经济和政治必然的选择，它的基础是与自己的工人阶级组建的一种充满张力的联盟。这种关系由于资本主义在跨国层面上的重组而破裂。作为以国家为中心的资本主义的关键特征，葛兰西霸权关系理论的共识正为一种新的技术统治论威权主义所取代（Harris and Davidson，2013；DuRand and Martinot，2012）。民主意志被跨国机构推到一边，这些机构对民众的反对实施紧缩政策。胁迫、失业威胁、贫困、

---

① 托马斯·杰斐逊，美利坚合众国第三任总统（1801—1809），同时也是《独立宣言》的主要起草人，美国开国元勋之一，与华盛顿、本杰明·富兰克林并称为美利坚开国三杰。

镇压、间谍活动和监禁已成为首选武器。美联社报道说，在他们的工作生涯中，80％的美国成年人将生活在接近贫困、失业或接受福利救济的状况中（Yen，3013）。

全球权力转移不是任何一个单独的国家或霸权国家的战略，也不是一个组织薄弱的、不完全的跨国资产阶级的结果，而是通过全球化改造资产阶级的战略目标。斗争远未结束，易受危机影响的全球化远未得到巩固。但为了迎接未来的挑战，我们必须清楚地认识到我们面对的是什么和谁，以及为什么认识论上的差异会带来相应的影响和后果。

参考文献

Bain Reports. 2012. "A World Awash in Capital." *Insights* (November 14).

Bank of International Settlements. 2012. "Detailed Tables on Preliminary Locational and Consolidated Banking Stats at End of June 2012." Monetary and Economic Department. http://www. bis. org/statistics/rppb1210_detailed. pc.

Black Rock. 2012. *Annual Report* (December 31). BlackRock Variable Series Funds, Inc.

Bureau of Economic Analysis. 2010. "U. S. Net International Investment Position at the Yearend 2009." https://www. bea. org/mnewsreleases/international/intinv/intinvnewsrelease. htm.

Bureau of Economic Analysis. 2013. PBS. org/wgh/pages/frontline/the-state-of-the-American-middleclass-in-eight-chapters.

Burris, Val, and Clifford Staples. 2012. "In Search of a Transnational Capitalist Class: Alternative Methods for Comparing Director Interlocks Within and Between Nations and Regions." *International Journal of Comparative Sociology*, 53:323.

Business Week. 2013. http://investing. businessweek/research/stocks/private/person. asp?personId=9176800.

Carroll, William K. 2010. *The Making of a Transnational Capitalist Class: Corporate Power in the 21st Century*. London/New York: Zed Books.

Carroll, William K. 2012. " Capital Relations and Directorate Inter-locking: The Global Network in 2007. " pp. 54−75 in *Financial Elites and Transnational Business: Who Rules the World?* Cheltenham, UK: Edward Elgar Publishing.

CDH. 2013. http://www.cdhfund.com/en/index.html.

Coghlan, Andy, and Debora MacKenzie. 2011. "Revealed: The Capitalist Network that Runs the World."www.newscientist.com/science-in-society.

Craig, Susanne. 2013. "The Giant of Shareholders, Quietly Stir-ring."*New York Times* (May 18).

Domhoff, G. William. 1967. *Who Rules America?* Englewood, New Jersey: Prentice-Hall.

Dudouet, Frabcius-Xavier, Eric Gremont, and Antoine Vion. 2012. "Transnational Business Networks in the Eurozone: A Focus on Four Major Stock Exchange Indices. " pp. 124−145 in *Financial Elites and Transnational Business: Who Rules the World?* Cheltenham, UK: Edward Elgar Publishing.

DuRand, Cliff, and Steve Martinot, eds. 2012. *Recreating Democracy in a Globalized State.* Clarity Press.

Freeland, Chrystia. 2012. *Plutocrats: The Rise of the New Global Super-Rich and the Fall of Everyone Else.* New York: Penguin.

Gladstone, Rick. 2013. "Vast Hidden Wealth Revealed in Leaked Records."*New York Times* (April 4).

Gramsci, Antonio. 1971. *Selections from the Prison Notebooks of Antonio Gramsci.* New York: International Publishers.

Grant, Jeremy. 2013. " Singapore Funds Benefit from Asian Wealth. "*Financial Times* (July 23).

Hardy, Quinten. 2013. " A Strange Computer Promises Great Speed. "*New York Times* (March 21).

Harris, Jerry. 2003. "Power in Transnational Class Theory. "*Science & Society*, 67(3):329−338.

Harris, Jerry. 2005. " To Be or Not to Be: The Nation-Centric World Order Under Globalization."*Science & Society*, 69(3):329−340.

Harris, Jerry. 2008. *The Dialectics of Globalization; Economic and Political Conflict in a Transnational World*. Newcastle upon Tyne, UK: Cambridge Scholars Publishing.

Harris, Jerry, and Carl Davidson. 2013. " Globalization and the Crisis of Democracy." *Perspectives on Global Development and Technology*, 12(1-2):181-193.

Huang, Chye-Ching. 2013. "An Unneeded Gift to Corporations. " *New York Times* (April 11).

Li & Fung. 2013. http://www. funggroup. com/eng/about/managers.

Liodakis, George. 2010. *Totalitarian Capitalism and Beyond*. Surrey, UK: Ashgate Publishing.

Michels, Robert. 1915. *A Sociological Study of the Oligarchical Tendencies of Modern Democracy*. London: Jarrold & Sons.

Mills, C. Wright. 1956. *The Power Elite*. Oxford/New York: Oxford University Press.

Peetz, David, and Georgina Murray. 2012. "The Financialization of Global Corporate Ownership." pp. 26 - 53 in *Financial Elites and Transnational Business: Who Rules the World?* Cheltenham, UK: Edward Elgar Publishing.

Robinson, William I. 2004. *A Theory of Global Capitalism: Production, Class, and State in a Transnational World*. Baltimore, Maryland/London: The Johns Hopkins University Press.

Rothkopf, David. 2008. *Superclass: The Global Power Elite and the World They Are Making*. New York: Farrar, Straus and Giroux.

Sanderson, Rachel. 2013. "Italian Business: No Way Back." *Financial Times* (August 20).

Sklair, Leslie. 2001. *The Transnational Capitalist Class*. Oxford: Blackwell.

Staples, Clifford L. 2012. "The Business Roundtable and the Transnational Capitalist Class." pp. 100-123 in *Financial Elites and Transnational Business: Who Rules the World?* Cheltenham, UK: Edward Elgar Publishing.

Struna, Jason. 2009. "Towards a Theory of Global Proletarian Fractions."*Perspectives on Global Development and Technology*, 8(2-3):230-262.

Sweezy, Paul M. 1994. "The Triumph of Financial Capital." *Monthly Review*,46(2):9-10.

UNCTAD. United Nations Conference on Trade and Development. *2006.World Investment Report 2006*. New York/Geneva:United Nations.

Urbina,Ian, and Keith Bradsher. 2013."Linking Factories to the Malls, Middleman Pushes Low Costs."*New York Times* (August 7).

van der Pijl, Kees. 1984. *The Making of an Atlantic Ruling Class*. London:Verso.

van Fossen, Anthony. 2012. "The Transnational Capitalist Class and Tax Havens." pp. 76-99 in *Financial Elites and Transnational Business:Who Rules the World?* Cheltenham, UK:Edward Elgar Publishing.

Vitali,Stefania,James B. Glattfelder, and Stefano Battiston. 2011. "The Network of Global Corporate Control." Systems Design (July 28).

Wharton School of Business. 2013. "GE's Jeff Immelt on Leadership, Global Risk and Growth." http://knowledge. wharton. upenn. edu/article. cfm?articleid=3241.

Yen, Hope. 2013. "Exclusive:Signs of Declining Economic Security." http://bigstory. ap. org/article/exclusive-4-5-us-face-near-poverty-no-work-0.

第7章 美国工人阶级的困境[*]

[美] 弗雷德·马格多夫　约翰·贝拉米·福斯特 著

宋天啥 译

　　社会学家马克斯·韦伯（Max Weber）在 20 世纪初的著名论断是，现代资本主义是基于"（形式上）自由劳动的理性资本主义组织"。但韦伯也承认，这一领域的"理性"极其受限，以至于在现实中是"非理性的"。尽管劳动有着形式上的自由，但在资本主义制度下，其实质是不自由的[1]。

　　这与卡尔·马克思在《资本论》中提出的观点是一致的。由于在资本主义制度下的绝大多数个人都与生产资料相分离，因而他们没有其他的生存手段，只能把劳动力出卖给那些生产资料的所有者，即资产阶级的成员。所有者——资产阶级是受雇于他们的劳动力所创造的所有社会增值的合法接受者。这其中，资本家支付工人工资，同时继续拥有社会生产过程的盈余或剩余价值。而剩余价值又成为资本进一步积累的基础，进而增加了资产阶级所拥有的生产资料，其结果是社会收入和财富的两极分化趋势愈演愈烈。劳动的社会生产力增加越多，其对私人资本的财富和力量的增进就越大，同时，工人的相对贫困和经济上的依赖性就越高。

　　在此过程中的一个关键因素是劳动力后备军或相对过剩人口。除了一些特殊的情况，例如能够调动数百万人的战争或者由于特殊的历史因素造成的划时代的扩张，资本主义经济体制是无法为所有人创造

　　* Fred Magdoff, John Bellamy Foster. The Plight of the U. S. Working Class. Monthly Review，2014，65（8）.

充分的就业岗位的。尽管随着经济的上升或衰退状况会时好时坏，却总是有大批需要工作的人难以找到工作。许多工作机会薪资很低，甚至难以满足基本生活需求，如体面的住房和良好的饮食。失业者、未充分就业者，以及那些只能勉强保住饭碗的人，构成了资本主义运作所必需的劳动力后备军。建立和维持这种后备军是资本积累的一种手段，这种积累需要不断提供剩余劳动力以促进资本扩张，同时压低工人的工资并使他们更少抗拒[2]。

劳动力后备军中工人的特点是"极不合规的就业"[3]。他们在经济放缓时会被轻易解雇，但在经济复苏时又准备去应聘。这一群体包括所有那些放弃在疲软的劳动力市场寻找工作的人，以及那些在官方指定为失业的人之外从事兼职但想要全职工作的人，也包括长期穷困的人[4]。正是因为有这支"过剩"工人的后备军的存在，使现役工人在不进行工会斗争的情况下，难以提高工资或改善工作条件。

马克思将工人，特别是劳动力后备军的普遍状况，定义为不稳定者之一（precariousness）。正如他所说的那样：劳动生产率越高，就业方式给工人的压力就越大，而他们只能出售自己的劳动力以换取额外的收入，因此他们的生存环境也越动荡，或者说，这是资本价值的"自我稳定"。随着资本流动、现代材料处理和快速航运技术的发展，这支可供任何国家资本使用的劳动力后备军真正地实现了范围上的全球性[5]。

当然，也有一些时期，强大的工会运动或亲工人的政党（特别是在欧洲）考虑到要为工人改善工作条件并提高工资。尽管没有工人的斗争，资本一般是不会付出任何代价的，但冷战却上升到了一个新维度。处于资本主义世界经济中心的富裕国家需要确保得到工人的支持，作为冷战协定的一部分，这些国家的政府更有可能考虑到工人的意愿。但这种情况随后出现了逆转。尽管自 20 世纪 70 年代末以来，工人的劳动条件一直变化起伏，但在整个时期内，劳动条件普遍恶化。

美国的工人目前正承受着巨大的压力，这与 20 世纪 30 年代大萧条以来的任何时期都不同。当今垄断阶段的条件——受新自由主义政策左右的金融资本，是长期悬殊的阶级斗争的顶点——资本在限制和控制劳动力的斗争中不断增强获取力量。在这一时期，尤其是大衰退开始以来，资本为了增加利润不断压榨着劳动力——正如他们所说的，用更少的钱做更多的事。

与此同时，经济的特征是停滞加深——实际 GDP 增长率从 20 世纪 50 年代和 60 年代的 4% 左右下降到 20 世纪 70 年代至 90 年代的每年 3% 左右，再降到过去十年（2002—2012 年）的 1.8%。这为应对 20 世纪 70 年代至今日益加深的经济停滞而产生的金融化，起到了保护顶层财富并促进其增长的作用，还暂时缓解了整体经济停滞的状态——但从长远的角度看，其代价是使经济更加不稳定。

随着经济增长放缓，净创造就业机会也随之减少——从 20 世纪 70 年代和 80 年代的每年增长约 2%，到过去十年（2002—2012 年）每年增长不到 0.3%（过去 20 年来每年增长 1%）。经济停滞的趋势则更加严重。与此同时，资本应对经济停滞的方式包括转向金融、外包和离岸外包，以及对工人和工人组织施加更大的压力。所有的这些加在一起，造成了美国工人阶级整体状况的恶化[6]。

一、工人的全面战争

美国工人境况的恶化可以追溯到经济大衰退之前很久——第二次世界大战后资本对工人斗争性高涨的担忧，特别是 1946 年的罢工浪潮。在那一年里，大约有 450 万工人参加了罢工，从夏威夷糖种植园到奥克兰（总罢工），再到通用汽车，再到铁路、钢铁和煤炭行业。1947 年，共和党国会通过了《塔夫特-哈特利法案》（*Taft-Hartley Act*），民主党对杜鲁门总统的否决表示支持，这显然是对工会的攻击。大萧条时期的《美国国家劳资关系法》（1936 年）推动了工人和工会的发展，该法案限制了一些反工会的雇主行为，例如干涉试图组建工会的工人。然而，《塔夫特-哈特利法案》对工人施加了严格的限制手段，例如，取缔了非常有效的罢工和抵制手段。它还要求工会领导人提交宣誓书，表明他们既不是共产党员，也与颠覆性组织没有任何联系，从而剔除了一些最激进的领导人[7]。

《塔夫特-哈特利法案》开启了资本对抗工人的阶级战争新阶段，这场战争在 1960 年代曾短暂中断，但随着 1970 年代经济的放缓而再次升级。1971 年 8 月 23 日，公司律师刘易斯·鲍威尔（Lewis Powell）向美国商会提交了一份保密备忘录（仅在尼克松总统提名他进入美国最高法院的两个月前），针对美国工人阶级和所有进步政府政策进行一场全面、有组织的阶级战争，他呼吁企业及其首席执行官组织对工人阶级、左派学院（the left academy）和自由媒体进行协同攻击——利用他们的财务杠杆来控制政府。这份备忘录是在鲍威尔被任命为最高法院大法官后才曝光的，它动员了商界和富人，导致雅各布·哈克（Jacob Hacker）和保罗·皮尔逊（Paul Pierson）在《赢者通吃》（*Winner-Take-All Politics*）一书中所描述的"国内版的震慑和敬畏"。正如比尔·莫耶斯（Bill Moyers）所写的那样，"我们现在回想起来，这是一种自上而下发动阶级战争的号召"。它激发了强大的商业圆桌会议（只有首席执行官作为成员）、美国立法交流委员会（American Legislative Exchange Ganci，ALEC）、传统基金会、加图研究所，以及健全经济公民（美国繁荣的先驱）等组织的建立。在十年内，拥有说客的公司数量增加了近15倍。从1976年到20世纪80年代中期，公司政治行动委员会（Political Action Committee，PAC）的数量翻了两番[8]。

在鲍威尔之后，威廉·E. 西蒙（William E. Simon）是1970年代基于企业对工人发起新攻击的最有影响力的人，他是尼克松和福特政府的财政部部长，曾在所罗门兄弟公司担任高管。西蒙于1978年出版的著作《真理的时代》（*A Time for Truth*）收录了米尔顿·弗里德曼（Milton Friedman）的序言和哈耶克的前言，并呼吁掀起一场与工人、环保主义者和左派对抗的商业战争。西蒙坚持认为，保守派需要"数百万"美元，才能推翻新政的遗产。这些攻击为卡特总统1979年的右倾转向奠定了基础，其标志是任命保罗·沃尔克（Paul Volcker）为美联储主席[9]。

里根总统在1981年对空中交通管制员罢工的破坏，对有组织的工人的威望和力量造成了重大打击。国家劳资关系委员会和法院任命者更倾向于资本观点，甚至不愿意采取中立的态度。今天的阶级战争的其他方面包括对城市和州一级的公务员养老金的攻击以及工作场所安全执法力度的下降。目前，职业安全与健康管理局的检查员估计能够每99年访问美国的每个工作场所一次。自检查人员最后一次视察得州化肥厂以来，已有25年多的时间。2013年4月，该厂发生了一起爆炸，造成14人死亡，200多人受伤[10]。

金融危机的余波，以及茶党作为共和党右翼附庸的崛起，使工人遭受的打击更加猛烈。经济政策研究所在一份报告中回顾了国家级立法改变劳动政策和劳动标准，"自 2010 年以来发生的变化削弱了工资、工作条件、法律保护，或议价能力的有组织的和无组织的雇员……这一立法议程的结果是削弱工人赚取中产阶级工资的能力，并增强雇主在劳动力市场的力量。这些变化不仅发生了，而且是商业集团有意而持久的政治运动的结果"[11]。

亿万富翁沃伦·巴菲特（Warren Buffet）在 2006 年宣称："阶级战争是存在的，这是我所在的阶级——富人发动的战争，并且我们正在逐步取得胜利。"[12] 工会已经崩溃到一个世纪以来的最低水平，工会工人在私营公司雇员的占比只有 6.6％。阶级战争的攻击目标越来越多地转向州政府和地方政府工作人员，特别是教师工会已被视作公共教育私有化的阻碍[13]。

根据美国政府数据，这场上层阶级战争对官方指定的"穷人"进行公开的打击，"穷人"现在大约有 5 000 万人。长期以来种族主义一直存在一个观点，就是将穷人的贫穷归咎于他们自身的处境，但现在，这种观点却变成了一种持续的反省。毕竟，如果他们能接受更多的教育，没有孩子，或者没有非婚生子女——那么他们就不会贫穷。既然这是他们自己的错，那么社会为什么要帮助他们呢？在这种扭曲的逻辑中，儿童因父母所犯的错误而受苦。21 名共和党州长拒绝接受《平价医疗法案》（Affordable Care Act）的部分内容，该法案通过扩大医疗补助计划，扩大了穷人的医保服务范围。因为这项医保最开始是由联邦政府提供全部资金，然后再变成联邦政府提供 90％的资金，州长们的行动可以解读为不想花钱。这就像正在实施强化医疗补助计划（Enhanced Medicaid Program）的俄亥俄州共和党州长约翰·卡西奇（John Kasich）所说的那样，"我担心的是这似乎是一场针对穷人的战争。如果你穷的话，不知怎么的，你就是个懒惰又不上进的人"[14]。

二、国际反劳动协议

现在生效的各种双边和多边贸易协定，如北美自由贸易协定等并不是为了回应新的统治阶级意识形态而凭空产生的。相反，这些协定是帝国资本在后二战、后殖民时代建立服务于其利益的经济结构这一持续过程的结果。为了给资本以最大限度的灵活性，它确保了一个更加温顺的劳动力群体，工人们有理由担心其工作岗位会被"外包"到工资较低和其他生产成本较低的国家。最初发生在美国境内的制造业工厂从东北部（纺织业）和中西部（汽车业）向南方转移的趋势，现已在全球范围内出现。

美国帝国主义推动国际政治进程开放了世界体系的边缘，使资本在全球范围内不受限制地流动，跨国企业生产开始向南半球转移，以便剥削全球范围内单位劳动力成本最低的工人，这种趋势被金融界称作"全球劳动套利"[15]。这意味着对全球南北方的工人及其政治权力的双重打击——1994年的北美自由贸易协定（North American Free Trade Agreement，NAFTA）就是其中的象征。

1998年，哈里·马格多夫（Harry Magdoff）在《每月评论》上写道：

> 北美自由贸易协定的道路始于战后初期。1948年在波哥大举行的一次会议上，20个美洲国家签署了促进外国投资的协议。美国就双边友好、商业和航海条约与其他大陆的国家进行谈判，为资本的无限制投资铺平道路。自诞生起，扩大市场以及为私人投资创造机会就成了世界银行和国际货币基金组织的主要目标。国际货币基金组织甚至扮演了殖民地监督者的角色，执行游戏规则，包括为大众制定紧缩的规则，以确保利润和债权源源不断地流向资本主义世界的中心。所谓的凯恩斯主义时期与今天的不同之处在于，早期强加给第三世界的规则是保密的，而现在新自由主义原则被宣布为真正的信仰[16]。

有许多迹象表明，从1970年代到2007年末的大萧条，美国有组织的工人的财富和权力相对资本下降。例如，工会的劳动力比例下降了，社会上许多人认为工会工人受到尊重的程度下降，大规模罢工的频率较低（从1950—1980年的每年数百次罢工降低到每年几次）。毫无疑问，面对资本的攻击，工人更多地妥协是可以理解的，因为他们担心老板雇用替代工人或关闭工厂，或者将工作转移到美国的另一地区或另一个国家。

鉴于劳动力存在的问题和消极趋势，大衰退（官方认为是从2007年12月至2009年6月）和随后的深度停滞使美国工人的处境更加岌岌可危。就工人而言，"大衰退"已演变为"大停滞"，是二战后经济低迷时期最缓慢的"复苏"。工资停滞不前，2012 年的家庭实际收入中值低于 1996 年，经济尚未产生足够的活力来重获那些在衰退期间失去的工作岗位。

工人因长期遭受劳动攻击而丧失权力的境况，只会因"大衰退"和"大停滞"带来的影响而进一步恶化。在此境况下，也出现了一些重要的趋势：（1）就业减少；（2）与失业有关的健康问题；（3）工资停滞；（4）"穷忙族"（working poor）的增长；（5）劳动剥削的增加；（6）劳动收入份额的下降。这些问题需要分别进行讨论，但要把握其中的相互联系，以便更好地把握问题的严重性。

三、就业衰退

工人们不需要任何人告诉他们总体就业形势很糟糕。官方的失业数据并不能最好地揭示总体就业形势，而是通过观察失业人口占非机构（non-institutional）人口的比例，目前的失业率在 7％左右。这通常被称为"实际失业率"或"非就业率"（为了避免与通常使用的"失业率"混淆，因此这里称为"实际失业率"）。一些失业者可能不想工作或者无法工作。有些人靠配偶的收入养家，有些人是学生，有些人是残疾人——当然只有极少数是独立且富裕的人。相对于更为有限的失业数据（不包括大量没有工作的人）而言，实际失业率的长期数据使人们能够更广泛地了解实际就业差距[17]。

如图 7-1 所示，25 岁至 54 岁的男性非机构人口占总人口的比例从 1968 年的 5％上升到 2013 年的 18％。

在 20 世纪的最后几十年中，妇女劳动力参与率稳步上升，因此妇女的实际失业率一直在下降，但这一趋势现在已经出现逆转。1990—2013 年，25 岁至 54 岁的女性（如图 7-2 所示，五年移动平均值），实际失业率的趋势呈急剧变化的 V 型曲线，在 20 世纪初开始逆转，并在 2013 年上升到 30％以上。与 20 年前相比，这些失业妇女中有更多的人需要靠工作来维持自己的生活和家庭。

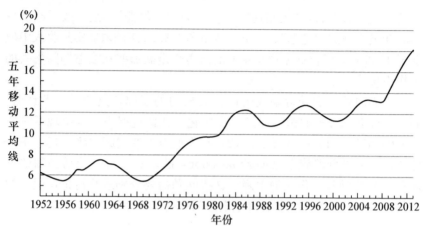

图 7 - 1　25—54 岁男性的实际失业率

注：实际失业率计算为 1—特定年龄组的就业/平民非机构人口。这与美国劳工统计局所称的"就业人口比率"相反。

资料来源：美国劳工统计局，"就业水平"和"人口水平"，系列号为 LNU02000061 和 LNU00000061，http://data.bls.gov。

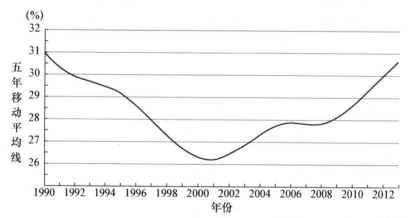

图 7 - 2　25—54 岁女性的实际失业率

参见图 7 - 1 的注释。

资料来源：美国劳工统计局，"就业水平"和"人口水平"，系列号为 LNU02000062 和 LNU00000062。

对于年轻工人来说，情况更糟。图 7 - 3 显示了自 1990 年以来 18 岁至 24 岁的男性和女性的实际失业率趋势。2013 年，这一比例分别上升至 44％和 46％。越来越多的年轻人被完全赶出就业市场。他们发现自己处于一种特别难以维持的境地，甚至想要进入就业队伍都非常困难。在 16 岁到 24 岁的人群中，有 15％的人（约有 600 万人）既不工作也不上学[18]。研究结果显示，一旦工人在就业市场上落后于同龄人，他们就很难再赶上了。

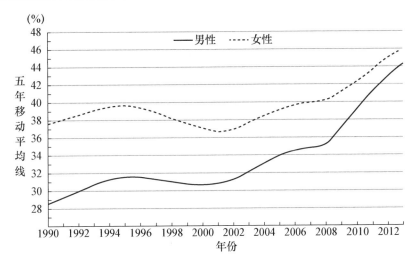

图 7 - 3　18—24 岁男女的实际失业率

参见图 7 - 1 的注释。

资料来源：美国劳工统计局，"就业水平"和"人口水平"，系列号为 LNU02000152、LNU02000317、LNU02024885、LNU02024886、LNU00024886、LNU00000317、LNU00000061、LNU00000152 和 LNU00024885。

长期失业者的处境确实令人沮丧，而这正是美国劳动力的现状。《纽约时报》的一篇文章，描述了一位女士从大学专业岗位被辞退后的求职经历，援引如下："我被麦当劳拒绝了，因为有人告诉我，我太能说会道了……我被剥夺了清洁厕所的工作，因为我不会说西班牙语，然后又从洗衣店中被解雇，因为我'太漂亮了。'有人当面对我说，'我们不雇用失业者'。有两次未来雇主对我很感兴趣，但这份兴趣终止于信用检查。"[19]

在大衰退最严重的时候，大约有 860 万人失去了工作。然而，实际情况更严重，因为即使丢失了 1 100 万的全职工作岗位，但在经济衰退期间兼职工作的增加使失业的情况看起来不如以前那么严重（图 7 - 4）。在大衰退正式结束四年后撰写本章的今天，与经济衰退开始前相比，就业人数减少了 200 万左右，但是全职工作岗位减少了 550 万个。与此同时，在大衰退中丧失的数百万工作岗位仍未恢复，人口也在不断增长——现在需要的工作岗位比以前多得多。2007 年至 2012 年，年龄在 25 岁到 54 岁之间的人口增加了约 600 万，其中大部分人可能需要工作。

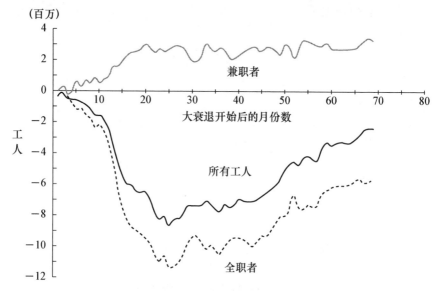

图 7 - 4　全职者、兼职者和所有工人（以百万计）
相对于 2007 年 11 月（大衰退之前）的数字

资料来源：圣路易斯联邦储备局 FRED 数据库，系列号为 LNS12500000 和 LNS12600000。

如果我们看一看美国劳工统计局所称的"其他失业衡量标准"的数据，就会发现美国不稳定的就业条件对工人的影响变得更明显了。"包括渴望全职工作的兼职工人和那些放弃找工作，以及不愿找工作的工人，还有那些在其他方面处于'边缘'的人。"这样的数据更接近于马克思所写的"劳动后备军"。

虽然劳动力市场非常疲软，但处于工作年龄的人仍然在不断增加，但许多人已经停止寻找工作，而另一些人则从事兼职工作，尽管他们希望找到一份全职工作。因此，那些被划分为失业者的人数（你必须积极寻找工作，才能被统计为正式失业者）是对失业状况的严重低估。2013 年 9 月，官方公布的失业率从 7.2% 上升到 13.6%，增长的部分是"准待业劳动力"，以及想要全职工作的兼职人员。（应该指出的是，即使按照官方统计的狭义标准，2011 年处于失业状态的劳动力仍上升到 15%。）[20]

灰心丧气的工人人数在大衰退开始之前就开始增加，甚至可以追溯到 2001 年互联网泡沫崩溃后的经济衰退。实际就业或寻求工作的人口比例（劳动参与率）从 2000 年的 67.3% 下降到 2013 年 9 月的 63.2%。虽然伴随着人口老龄化，越来越多的人退休（达到退休年龄的婴儿潮一代），但是，即使只考虑那些 25 岁至 54 岁被认为是最佳工作年龄段的人，劳动参与率仍从 1999 年的 84.6% 下降到 2013 年 9 月的 80.4%。尽管这些百分比变化看上去是微不足道的，但这意味着如果劳动参与率没有下降的话，1 000 万新增人口中的 150 万适龄劳动人群将会成为劳动力。

据美国劳工统计局估计，那些"待业"劳动力加上做兼职工作但想要全职工作的人大约还有 900 万人。因此，有超过 2 000 万人"正式"失业，或"准待业"，或虽从事兼职工作但想要一份全职工作（表 7 - 1）。但美国劳工统计局在其替代失业测量中只计算了 120 万非劳动力的待业人口，包括那些在过去的一年（但不是在过去四周）找工作的准待业人口。但是，那些一年多前就放弃找工作的人呢？如果年轻人觉得找不到工作就从来没有找过工作呢？

表 7 - 1　完全就业所需的工作岗位（2013 年 9 月）　　单位：万人

失业人数	1 130
在一年前确实找过工作，但在最近四周没有，因为：	
a）认为没有可供选择的工作	40
b）因为生病、缺乏交通工具、缺少日托等等	80
c）因为经济原因而从事兼职工作	790
美国劳工统计局估计失业和准待业人数	2 040
当劳动参与率仍为 67.3% 时（减去那些虽然没有劳动力，但在上面被算为准待业人员的 120 万人），劳动力的人数	880
充分就业所需的工作岗位	2 920

注：如果被监禁的人口——至 2012 年年底约 200 万人，其中大部分构成隐性失业（其中一半以上是种族/少数民族）——也并入这一总数，它将超过 3 100 万[21]。

解决问题的方法之一是，如果劳动力参与率保持在 2000 年的水平，就要使用劳动力中"失踪工人"（missing workers）的数量[22]。如果将其计算在内（减去美国劳工统计局估计的非就业和就业不足人数），达到充分就业所需的就业岗位总数将接近 3 000 万（如表 7 - 1 所示）。从这个角度来看，私营部门的总就业率（2013 年 9 月）为 1 亿 1 300 万。因此，按这一数字计算，达到充分就业所需的就业岗位，要比目前私营部门提供的就业岗位多出四分之一以上。

必须认识到，在失业和就业不足的总数字背后隐藏着巨大的种族／民族不平等。大约有五分之一的西班牙裔（18.9％）和黑人（22.4％）的工人是正式失业、想要全职工作的兼职或"待业"[23]。

兼职工人的雇用人数通常会在经济衰退期间增加，并随着经济复苏而减少。然而，自 1960 年代以来，兼职工人的雇用普遍呈上升趋势：从 1970 年的约 14％上升到 2013 年的近 20％。在大衰退期间和之后，大约 36％的新工作都是兼职。虽然有些人喜欢做兼职工作，但许多兼职人员（实际上是一个快速增长的比例）渴望得到一份全职工作——考虑到全职工作岗位的短缺，有相当比例的兼职人员试图保住多个兼职工作。（有人担心，实施新的《平价医疗法案》后，将使雇用兼职工人更为普遍。该法案规定，员工人数超过 50 人的企业，有义务参与为全职员工提供医疗保健服务。）然而，目前没有证据支持这种说法。大衰退初期，从事兼职工作的工人比例大幅上升。

另一个日益常见的现象是，越来越多地雇用非永久性工人（non-permanent workers）在特定的时间段内完成特定的任务。计划外雇员（contingent employees）指的是临时雇员（通常来自临时机构）、合同工、自由职业者和顾问，他们的人数急剧上升，现在估计已超过所有雇员的三分之一；一些人认为，到 2020 年这一比例将上升到所有雇员人数的一半[24]。《时代》杂志的一篇文章《凌晨 4 点的军队》（"The 4 A. M. Army"）中详细描述了这种现象意味着什么：

> 在全国各地的城市里，工人们站在街角、在小巷里排队，或者在灯火通明的美容院里等着摇摇晃晃的面包车把他们送到几英里外的仓库。工作人员说，15 人的面包车通常能载 22 人。他们坐在轮舱、后备厢里，或者坐在牛奶箱、油漆桶上。女工人抱怨她们被迫坐在陌生人的大腿上。一些工人则必须躺在地板上。

这不是墨西哥，也不是危地马拉或洪都拉斯。这是芝加哥，新泽西，波士顿。

这里的人不是想从过路的承包商那里找一份临时的零工。他们装载卡车，并为美国的一些公司——沃尔玛（Walmart）、耐克（Nike）、百事可乐（Pepsi Co.）旗下的菲多利（Frito-Lay）这几家最大的公司进货，但这些大公司并没有为他们支付薪酬；相反，他们为临时代理商工作。2013 年 6 月 7 日，美国劳工部报告说，当时美国全国临时工人数比以往任何时候都多，已达 270 万人。自经济衰退以来，几乎五分之一的就业增长来自临时工。在美国最大的雇主名单中，凯利服务公司（Kelly Services）的排名仅次于沃尔玛。

外包给临时代理商这一行为已经深入到美国的就业市场：搬运和包装商品的体力劳动者中有 1/5 的人是临时工，在汽车厂工作的团队装配工中有 1/6 的人是临时工。这种外包体系使公司不接受工人索赔、失业税、工会活动和确保工人是合法移民等责任的影响。与此同时，临时工的受伤率很高，而且还要承担无偿等待及装扮自己的费用，这使他们的实际工资低于最低工资。许多人在破旧的楼房里租房子住，吃用豆子和土豆做成的晚餐，靠食品银行和纳税人资助的医疗保险过活。他们几乎从未得到过福利，也几乎没有晋升的机会[25]。

四、失业对健康的影响

每年有 1 600 万～1 800 万的工人失业是"正常的"（在大衰退最严重的时期，这一数字上升到 2 500 万）——尽管大多数人很快就找到了工作。这一数字不包括因其他原因（如退休）而辞职或离开的人。如前所述，私营部门总共只有 1.13 亿工人。因此，尽管那些不稳定地依附于经济的人（本质上是劳动力后备军）比其他人更频繁地失去工作，但在几年的时间里，所有工人中有很高比例的人要么经历过失业，要么认识曾经失业过的人。

美国和欧洲的研究都记录了失业对健康的严重影响。即使失业者很快找到了另一份工作，也会对健康有所影响。由美国国立卫生研究院资助的一项研究得出的结论是："失业与广泛人群的死亡风险显著增加有关。"[26] "与没有失业的人相比，失业人群更容易患心脏病、高血压和糖尿病（即使只是短暂的失业）。"[27] 研究人员在瑞典的统计数据中发现，尽管瑞典拥有强大的社会保障网络，"（在经历 90 天或更长时间的）失业……与自然原因（包括心血管疾病）以及外部原因（包括自杀和自杀以外的原因）引起的全因死亡率风险的增加显著相关"[28]。欧洲的另一项研究发现：

希腊和西班牙的精神障碍发病率有所增加。在希腊，自我报告的总体健康状况和获得医疗服务的机会着实堪忧。自 2007 年以来，欧盟 65 岁以下的自杀人数不断增加，扭转了许多国家自杀率持续下降的趋势。在 2004 年或之后加入欧盟的成员国的自杀率在 2009 年达到峰值，2010 年保持在高位，而在 2004 年之前加入欧盟的 15 个国家中，自杀率在 2010 年进一步上升。在英国，2008—2010 年自杀人数的增加与失业率的上升有着显著的联系，并导致超过 1 000 人死亡[29]。

五、工资停滞

失业增加和就业不足影响的不仅仅是那些失业者和全职工作者，而是整个工人群体——拉低工资，导致劳动力份额下降，进而增加对工作的剥削。从最低工资工人开始，大约 7 500 万工人（在大约 1.28 亿工薪阶层中）按小时计酬。其中约 350 万工人的收入低于每小时 7.25 美元的联邦最低工资。据估计，另有 500 万人拿不到最低工资。在这样的工资水平下，如果一个人每周工作 40 个小时，连续工作满 52 周的收入只有 15 080 美元，比 2013 年的两口之家的贫困线标准还低。联邦最低工资不计算通货膨胀指数，而国会只是偶尔提高最低工资[30]。今天的实际最低工资（经通货膨胀调整后）比 1956 年艾森豪威尔第一届政府时要低。

扣除通货膨胀因素后，所有工人的实际工资实际上自 1970 年代以来一直在下降，比 40 多年前的水平低了 10％以上。即使是包括许多双收入家庭在内的实际家庭收入中位数，从 1999 年到 2012 年，家庭收入也减少了约 9％[31]。

即使有了工作，许多工人仍在艰难度日。低收入劳动者有时必须依靠社会（政府）计划过活，如医疗补助计划，儿童健康保险计划，劳动所得税抵免，补充营养援助计划（取代了食品券），以及私人慈善机构，尤其是食品援助。据估计，约 50％的快餐从业人员参与了政府的项目——相当于每年向快餐业提供 70 亿美元的补贴[32]。但是，不只是快餐业工人需要参加社会项目才能过活，其他部门的工人参与政府社会项目的比例也很高，包括餐馆和食品服务（44％的有家庭的工人登记注册），农业、林业和渔业（35％），建筑业（30％），零售业（30％），以及其他休闲和招待业（30％）。总的来说，家庭福利计划基金总额的 63％（约 2 400 亿美元）用于工人家庭[33]。

佛蒙特州的独立参议员伯尼·桑德斯（Bernie Sanders）对沃尔玛员工的处境解释如下：

> 这个国家最富有的家庭是沃尔顿家族。市值约为 1 000 亿美元。这比美国最底层的 40％ 的人更富有。沃尔玛的所有者——沃尔顿家族如此富有的原因之一是他们从这个国家的纳税人那里得到了巨额补贴。当你在沃尔玛消费付款时，你不提供福利给工人，那谁来弥补差额呢？答案是，沃尔玛的许多工人最终得到了医疗补助、食品券，以及由纳税人支付的经济适用房。而沃尔顿家族仍然是美国最富有的家庭[34]。

因此，虽然快餐行业和那些使用低成本劳动力的大型企业（如沃尔玛）的利润是绝对私有的，但它们劳动成本的一部分——支付工人的工资和工人生存所需的差别——已经被社会化了。用马克思的话说，私人企业并没有支付全部的劳动力价值（工人再生产的成本），而是要求社会通过一种道德败坏的并有惩罚性质的福利制度来为劳动力成本买单。

六、"穷忙族"

上层发动的单边阶级斗争对工人所造成的长期压力的结果是许多美国人——无论是工作家庭还是非工作家庭——根本无法维持生计。如前所述，社会福利项目需要大量的资金成本，以援助那些收入难以支撑其家庭的工人。但是，就人的生活质量、健康和预期寿命而言，贫困造成了不可估量的巨大代价。

美国贫困人口的绝对数量，以及接近贫困的人口数量——可能只要有一份工资，就能免于流离失所和饥饿的人——这确实令人震惊。大约有 15％ 的人口（4 600 万人）生活在贫困线以下，两口之家的贫困线是 14 000 美元，四口之家的贫困线是 23 492 美元[35]。2 000 万生活在贫困中的人（接近一半）可依靠的收入不到贫困线的 50％——两口之家只有 7 000 美元，四口之家只有 12 000 美元。超过 1 亿人（占美国人口的三分之一）的生活收入在两倍贫困线以下，一个四口之家的收入接近 4.7 万美元。

穷人由于工资低和/或缺少全职工作，他们的收入不足以摆脱贫困。据美国劳工统计局估计，2011 年有 1 000 万人属于"穷忙族"。"穷忙族"被定义为一个人花了至少 27 周的劳动力（即工作或找工作），但其收入仍然低于官方贫困水平。2011 年，工作贫困率——至少在 27 周内，"穷忙族"占劳动人口的比例为 7%[36]。

少数族裔是工作贫困率最高的群体。美国劳工统计局的一份报告称，"黑人和西班牙裔比白人和亚裔更容易成为'穷忙族'"。在 2011 年，13.3% 的黑人和 12.9% 的西班牙裔是"穷忙族"，而白人和亚裔的比例分别为 6.1% 和 5.4%[37]。

七、增加对在职工人的剥削

大衰退导致美国工业总产值在 2007—2009 年下降了大约 7%。但与此同时，总工时下降了 10%。这意味着劳动生产率（或每小时劳动产出）的飙升。根据美国国家经济研究局（National Bureau of Economic Research，NBER）2013 年的一项研究，这是因害怕失业的工人被迫更加努力地工作，而为雇主带来更多的经济盈余和利润。看到劳动力总体需求下降的工人——他们意识到工作岗位减少了，但寻找工作岗位的失业工人增加了——对此的应对方案是增加工作上的"努力供给"。根据美国国家经济研究局的研究，"当替代方案较差时，比如求职成功的可能性较小时，对员工而言，加倍地努力工作是最理想的应对方案"[38]。报告指出，在经济困难时期，管理层没有必要用更高的工资来激励工人提高生产力，因为缺乏替代工作也会起到同样的效果——更快地提高利润率。正如《华盛顿邮报》（Washington Post）在 2010 年所说的："2009 年，工人们自己也陷入了恐慌。由于害怕失去工作，人们似乎更愿意竭尽全力地在单位工作时间完成更多的任务。并且，他们对休假和在工作时间内削减开支持宽容态度，而在经济形势较好的时候，这将驱使他们去寻找新的雇主。"面对持续的经济停滞（包括长期失业型复苏）、失业和待业的劳动力大军、工资停滞、家庭债务，以及失业造成的医疗保险损失——就业工人的替代选择持续减少，因此他们别无选择，只能在当前的工作中忍受更高程度的剥削[39]。

八、工人份额下降

在《阶级战争和工人份额下降》（"Class War and Labor's Declining Share"）中，我们讨论了工人在 GDP "饼"中所占份额的下降[40]。正如我们所指出的，有许多方法可以实现这一概念，并且可以使用不同的数据源。尽管如此，然而，从许多政府消息来源——克利夫兰和旧金山联邦储备银行的出版物、国会预算办公室的出版物，以及总统经济顾问委员会撰写的《总统 2013 年经济报告》（*Economic Report of the President*，2013）——可以清楚地看到，不仅劳动力比例在下降，而且还有资产阶级及其代表对此感到担忧，也许是因为他们担心随着经济衰退带来的财富和收入的不平等可能会引发今后的政治动荡[41]。就连华尔街也对此感到担忧："一些大股东们担心，收入和财富的差距不断拉大会威胁到经济增长的能力。民众的愤懑酝酿了紧张的政治氛围，而民主党人比尔·德·布拉西奥（Bill de Blasio）就是利用这一点成功竞选为纽约市市长的。"[42]

在之前关于这一主题的文章中，我们展示了工资和工资占美国 GDP 的百分比的下降，对于数量上约占私营部门工人的 80% 并被归类为"生产和非监管"的雇员而言，情况尤其严重。但旧金山联邦储备银行最近发表的一项研究表明，仅仅开除收入最高的人就足以彻底改变现状："如果不考虑 1% 的最高收入人群和自营职业收入的增长，工人份额（包括所有形式的工薪阶层薪酬）的实际降幅会大得多。"[43] 2010 年，99% 最底层纳税人的份额已经从 20 世纪 80 年代之前的 60% 下降到大约 50%。换言之，对最高收入人群的补偿——确切地说，对 1% 的富人增加足够的国家劳动补偿，就足以扭转整个劳动力的数据，使经济中工人份额的下降看着不那么显眼。在 2012 年"几乎每 4 美元收入中就有 1 美元来自美国经济"，而 1% 的富人将带走其中的 80 美分，我们对此的思考很有意义[44]。

因此，在经济停滞的情况下，虽然大多数工人的收入份额在下降，但最富有的人却分得了更多份额的收入。对于《每月评论》的读者来说这不足为奇，企业利润在总收入中所占的比例越来越大（当然，这些收入主要流向了富人的口袋）。从 1986 年到 2012 年，企业税后利润相对于 GDP 增长了超过 7 个百分点。2012 年，企业利润在过去半个世纪中达到了创纪录的 10.8％（仅国内企业利润就创造了 GDP 的 8.2％）[45]。

在经济从大衰退中复苏的过程中，美国 1％的最高收入者获得了经济总收入增长的 95％。2002 年至 2012 年，90％底层民众的平均家庭收入（不包括资本利得）下降了 11％，顶层的 0.1％至 0.01％的人的平均家庭收入上升了 30％，而最顶层的 0.01％的人（即每万人中就有一人）的平均家庭收入（不包括资本利得）增长了 76％[46]。

九、阶级战争：必然是单方面的吗？

在当前的金融垄断资本的时代，美国经济越来越容易陷入停滞。这反映在增长缓慢、失业率上升、就业不足和产能浪费上。美国/加拿大、欧洲和日本这个三元组合都存在类似的情况。

随着经济的金融化，富人和穷人的命运越来越分化。对于大部分工人阶级来说，现在是最坏的时代。然而，对于 1％的人来说，对于 0.1％的人来说，特别是对于社会顶层的 0.01％的人来说，这是最好的时代。对于那些接近上层的人来说，情况还不算太糟，甚至略好于 1％的上层。虽然无法阻止垄断资本主义经济停滞的深化，但富人仍能够通过把制度和自身财富金融化，以及将越来越多的经济货币流动（包括国有部门的资金）转移进自己的口袋中，从而实现转型，以满足自己的"需求"。

在过去的 30 年里，劳动力后备军的大规模扩张削弱了工人阶级，破坏了工会等传统组织，再加上一场有组织的、单方面的阶级战争，使收入和财富持续大规模地重新分配到金字塔顶端。2001—2006 年，美国收入增长的一半以上流向 1％的最高收入人群，20％左右的收入流向 0.1％的最高收入人群[47]。在这种情况下，经济增长可能会放缓，但富人却迅速地变得相对（且绝对）更富——而这恰恰是因为穷人迅速地变得相对（且绝对）更穷。经济停滞、金融化和紧缩政策的结合，都在强化资本的力量和财富，并将工人置于更为弱势、依附性的境地。整体经济可能不太好，但富人却看到他们的收入和财富大幅增长。

在这种情况下，上层财富的积累不再直接依赖于资本积累／投资的增长或生产的增长（生产正逐渐取代金融投机）——这种情况必然会在整个体系中制造更大的矛盾。这与世界经济中工业生产向全球南方的相对转移有关，以跨国公司为中心的企业将生产转移到全球工资最低以及（安全和环保）成本最低的地区——全球南方被高度剥削的出口地区，以此获得全球劳动力套利所创造的盈余中的最大份额。

在这种情况下，美国工人阶级和其他发达资本主义世界的工人阶级——更不用说那些从世界边缘迅速崛起的工人阶级——应该做出何种回应？这几乎不需要说。工人面对资本长达数十年的无限制攻击，唯一可能的回应就是从下层发动一场阶级斗争。但只有经济上的抵抗是远远不够的；尤其在当前工人经济受限制的状况下更是如此。马克思在《价值、价格和利润》（*Value，Price and Profit*）一书中写道：**"普遍政治行动**的必要性本身就证明，资本在其纯粹经济的行动上是比较强有力的一方。"[48] 因此，底层民众必须采取普遍政治攻势的形式来反抗这种不平等和不合理的制度。如果说人类的未来和资本主义的未来可以同时出现的话，那么肯定不再是今天这样的情况。所有现实和所有希望都期盼一种新的超越资本，超越纯粹工资劳动的生产和消费制度。

注释

［1］Max Weber. The Protestant Ethic and the Spirit of Capital-ism. New York: Charles Scribners, 1958:21；Economy and Society. Berkeley：University of California Press，1978：85－86，138，1156.

［2］Karl Marx. Capital，vol. 1. London：Penguin，1976：781－802.

［3］Karl Marx. Capital，vol. 1. London：Penguin，1976：796.

［4］从广义上讲，劳动力后备军应该还包括大多数被监禁者和正在服刑的人，因为这两个渠道也吸纳了大量社会剩余劳动力。

［5］Karl Marx. Capital，vol. 1. London：Penguin，1976：798；Harry Braverman. Labor and Monopoly Capital. New York：Monthly Review Press，1998：264－277. 关于过剩人口的细节描述与经验性论述，参见 Fred Magdoff and Harry Magdoff. Disposable Workers：

Today's Reserve Army of Labor. Monthly Review 55（11）。全球性视角研究，参见 John Bellamy Foster and Robert W. McChesney. The Endless Crisis. New York：Monthly Review Press，2012：125－154。关于过剩人口对失业率的社会学影响，参见 R. Jamil Jonna. Toward a Political-Economic Sociology of Unemployment：Renewing the Classical Reserve Army Perspective. PhD dissertation，University of Oregon，June 2013。

［6］通过对圣路易斯联邦储备局 FRED 数据库 PAYEMS 系列中选取所有非农业雇员进行统计得出的结论。

［7］参见 David Milton. The Politics of U. S. Labor. New York：Monthly Review Press，1982：154－167。

［8］Lewis Powell. Memo to U. S. Chamber of Commerce. August 23, 1971, http://reclaimdemocracy. org；Bill Moyers. How Wall Street Occupied America. Nation, November 21, 2011, http://thenation. com；Jacob S. Hacker and Paul Pierson. Winner-Take-All Politics. New York：Simon and Schuster, 2010：117－120.

［9］William E. Simon. A Time for Truth. New York：McGraw Hill, 1978：195－201, 219－221, 230－238；Bill Moyers. How Wall Street Occupied America. Nation, November 21, 2011, http://thenation. com；Hacker and Pierson. Winner-Take-All Politics. New York：Simon and Schuster, 2010：123－124；W. Carl Biven. Jimmy Carter's Economic Policy. Chapel Hill：University of North Carolina Press, 2002：237－252.

［10］Kris Maher. House Bill Would Boost Federal Authority Over Workplace Safety. Wall Street Journal, April 18, 2013, http://online. wsj. com.

［11］Gordon Lafer. The Legislative Attack on American Wages and Labor Standards, 2011—2012. Economic Policy Institute Briefing Paper ♯364, October 31, 2013, http://epi. org.

［12］Ben Stein. "In Class Warfare, Guess Which Class Is Winning." New York Times, November 26, 2006. http://nytimes. com.

［13］参见 Doug Henwood and Liza Featherstone. Marketizing Schools. Monthly Review 65, no. 2 (June 2013)：58－70。

［14］Paul Krugman. A War on the Poor. New York Times, October 31,2013.

[15] On the global labor arbitrage see Foster and McChesney. The Endless Crisis:137-143.

[16] Harry Magdoff. A Letter to a Contributor: The Same Old State. Monthly Review 49,no. 8 (January 1998): 1-10.

[17] 参见 Floyd Norris. Many More Are Jobless Than Are Unemployed. New York Times, April 12,2008. http://nytimes. com。与实际失业率或非就业率相关的是就业人口比率。参见 Paul Krugman. The Employment Situation. New York Times Opinion Pages, September 7,2012. http://krugman. blogs. nytimes. com。

[18] Philip Elliott. Study:15 percent of US Youth Out of School, Work. Associated Press, October 21,2013. http://bigstory. ap. org.

[19] Annie Lowrey. Caught in a Revolving Door of Unemployment. New York Times, November 16,2013.http://nytimes. com.

[20] Heidi Shierholz. A Projected 13. 1 Percent of Workers Will Be Unemployed at Some Point in 2013. Economic Policy Institute, December 19,2012. http://epi. org.

[21] Bruce Western, Jeffrey Kling, and David F. Weiman. The Labor Market Consequences of Incarceration. Crime & Delinquency 47,no. 3 (2001):410-427;Bureau of Justice Statistics. Prisoners in 2012. http://bjs.gov;Hannah Holleman,Robert W. McChesney,John Bellamy Foster, and R. Jamil Jonna. The Penal State in an Age of Crisis. Monthly Review 61,no. 2 (June 2009):1-17.

[22] 关于这一主题,请参见 Heidi Shierholz. The Missing Workers:How Many Are There and Who Are They?. Economic Policy Institute, April 30,2013. http://epi. org。

[23] Heidi Shierholz. Roughly One in Five Hispanic and Black Workers are "Underemployed". Economic Policy Institute, August 22, 2013. http://epi. org.

[24] Carol Hazard. Hiring Explodes in Part-time and Contract Work. Richmond Times-Dispatch, September 2, 2013. http://times-dispatch.com.

[25] Michael Grabell. The 4 A. M. Army. Time,June 27,2013.

http://nation. time. com.

[26] David J. Roelfs, Eran Shor, Karina W. Davidson, and Joseph E. Schwartz. Losing Life and Livelihood: A Systematic Review and Meta-Analysis of Unemployment and All-Cause Mortality. Social Science and Medicine 72, no. 6 (March 2011): 840 – 854. http://ncbi. nlm. nih. gov.

[27] Kate W. Strully. Job Loss and Health in the U. S. Labor Market. Demography 46, no. 2 (May 2009): 221−246.

[28] A. Lundin, I. Lundberg, L. Hallsten, J. Ottosson, and T. Hemmingsson. Unemployment and Mortality—a longitudinal prospective study on selection and causation in 49321 Swedish middle-aged men. Journal of Epidemiology and Community Health 64 (2010): 22− 28.

[29] Marina Karanikolos, Philipa Mladovsky, Jonathan Cylus, Sarah Thomson, Sanjay Basu, David Stuckler, Johan P. Mackenbach, and Martin McKee. Financial Crisis, Austerity, and Health in Europe. Lancet 381 (2013): 1323−1331.

[30] Federal Minimum Wage Rates, 1955—2013. http://infoplease. com.

[31] 从圣路易斯联邦储备局 FRED 数据库提取的数据。

[32] Sylvia Allegretto, Marc Doussard, Dave Graham-Squire, Ken Jacobs, Dan Thompson, and Jeremy Thompson. Fast Food, Poverty Wages: The Public Cost of Low-wage Jobs in the Fast-food Industry. University of California, Berkeley, Center for Labor Research and Education and the University of Illinois at Urbana-Champaign Department of Urban & Regional Planning, October 15, 2013. http://laborcenter. berkeley. edu.

[33] Carl Bialik. Public Cost of Fast-Food Industry's Low Pay Remains Unclear. Wall Street Journal, November 1, 2013. http://online. wsj. com.

[34] David Ferguson. Bernie Sanders: Walmart Family's "Obscene" Wealth Subsidized by Taxpayers. Raw Story, August 3, 2013. http://rawstory. com.

[35] Poverty. U. S. Census. http://census. gov.

[36] A Profile of the Working Poor, 2011. U. S. Bureau of Labor Statistics Report 1041, April 2013. http://bls. gov.

[37] A Profile of the Working Poor, 2011. U. S. Bureau of Labor Statistics Report 1041, April 2013. http://bls. gov.

[38] Edward P. Lazear, Kathryn L. Shaw, and Christopher Stanton. Making Do With Less: Working Harder During Recession. NBER Working Paper No. 19328, National Bureau of Economic Research, August 2013, http://nber. org; Why Productivity Increased During the Downturn. CNN Money, October 3, 2013. http://management. fortune. cnn. com/.

[39] Workers' Awesome Output. Washington Post, March 31, 2010. http://washingtonpost. com.

[40] Fred Magdoff and John Bellamy Foster. Class War and Labor's Declining Share. Monthly Review 64 no. 10 (March 2013): 1-11. 应该指出，我们的这篇文章中有一个小错误：在图 1 和图 2 私营部门雇员和所有雇员的比较中，两者之间的差异并非"政府雇员"，而是"政府和非营利雇员"。无论如何，这个错误并没有对这一论点产生重大影响，即 20 世纪 70 年代工资份额的小幅下降并非仅影响了私营/营利部门，其还促使非私营/非营利部门就业的增长。

[41] Margaret Jacobson and Filippo Occhino. "Labor's Declining Share of Income and Rising Inequality." Commentary, Federal Reserve Bank of Cleveland, 2012. http://clevelandfed. org; Michael W. L. Elsby, Bart Hobijn, and Aysegul Sahin. The Decline of the U. S. Labor Share. Federal Reserve Bank of San Francisco Working Paper 2013—2027, 2013. http://frbsf. org; Congressional Budget Office. What Accounts for the Slow Growth of the Economy After the Recession?, 2012. http://cbo. gov, 14; Economic Report of the President, 2013. http://gpo. gov, 60-61.

[42] Justin Lahart. Worry Over Inequality Occupies Wall Street. Wall Street Journal, November 10, 2013. http://online. wsj. com.

[43] Michael W. L. Elsby, Bart Hobijn, and Aysegul Sahin. The Decline of the U. S. Labor Share. Federal Reserve Bank of San Francis-

co Working Paper 2013—2027,2013. http://frbsf.org.

[44] Eduardo Porter. Rethinking the Rise of Inequality. New York Times, November 12, 2013. http://nytimes. com; How the 1 Percent Won the Recovery, in One Table. Washington Post, September 11, 2013. http://washingtonpost. com/; Justin Lahart. Worry Over Inequality Occupies Wall Street. Wall Street Journal, November 10, 2013. http://online. wsj. com.

[45] Calculated from NIPA Tables 1. 1. 5. Gross Domestic Product and 6.19D. Corporate Profits After Tax by Industry, U. S. Department of Commerce, Bureau Economic Analysis, http://bea. gov.

[46] Justin Lahart. Worry Over Inequality Occupies Wall Street. Wall Street Journal, November 10, 2013. http://online. wsj. com.

[47] Jacob S. Hacker and Paul Pierson. Winner-Take-All Politics. New York: Simon and Schuster, 2010:3.

[48] Karl Marx. Value, Price and Profit. New York: International Publishers, 1935:59.

第8章 欧共体/欧盟的阶级特征：通过马克思主义视角进行阐释 *

[希腊] 斯皮洛斯·萨凯拉罗普洛斯 著

栾哲 牛舒宇 译

一、关于欧洲共同体的建立

1951 年欧洲煤钢共同体（European Coal and Steel Community，ECSC）的成立是冷战历史上的一项重大发展。这不是欧洲国家内部自发的合作倾向的产物，而是美国的一项政治倡议，旨在遏制苏联在西欧的影响力。具体而言，欧洲经济从第二次世界大战的废墟中诞生。同时，一些欧洲国家或地区（匈牙利、保加利亚、南斯拉夫、罗马尼亚、阿尔巴尼亚、波兰、捷克斯洛伐克、民主德国）也处于苏联的影响之下。所有这一切都迫使作为资本主义世界霸权国家的美国，采取建立资本主义生产关系的政策。这一方针以马歇尔计划（1947 年）为中心，该方案为每个欧洲国家提供了一揽子经济援助，以抵消第二次世界大战造成的损失。

对于最终被列入马歇尔计划（欧洲复兴方案）的国家[1]来说，最基本的前提是同意参加一个负责经济援助的集体管理和制定欧洲重建计划的组织。这导致欧洲经济合作组织（Organization for European E-conomic Cooperation，OEEC）的建立，以及其他欧洲合作机构的建

---

* Spyros Sakellaropoulos. On the Class Character of the European Communities/European Union: A Marxist Approach. Science & Society, 2017, 81 (2).

立，如西欧联盟（Western European Union，WEU，1948 年）和欧洲委员会（Council of Europe，CoE，1949 年）几乎同时成立。通过这种方式，欧洲国家之间的联合行动的趋势就应运而生了。这与德国（联邦德国）未来的问题相混淆，问题在于它是否会继续处于盟国占领之下，或者是否会找到另一种解决方案。最后出现的是接受联邦德国（更准确地说是德意志联邦共和国）参加 1951 年法国、德国、意大利、荷兰、比利时和卢森堡（"六国"）建立的欧洲煤钢共同体。

欧洲煤钢共同体的设立有助于解决已出现的若干问题：欧洲资本主义国家之间经济合作的趋势、德国问题的管理，以及煤和钢铁在自由市场的初期运作。美国在这一发展中的作用是积极的，一方面是因为它开创了欧洲的共同道路，另一方面是因为欧洲资本主义经济现在开始运行的基础更加稳定。结合其他具有里程碑意义的事件（建立北约作为保障西方军事联盟的机构，德意志联邦共和国于 1954 年加入北约，1956 年苏伊士战争的后果），我们被引向 1957 年的《罗马条约》，即建立欧洲经济共同体（European Economic Community，EEC）和欧洲原子能共同体（European Atomic Energy Community，EAEC）。整个任务的基本目标是建立一个共同的共同体法律、行政和税收框架，并且通过共同指示和约定专业化来调整生产的内容，通过共同政策解决部门问题。最后，应该注意的是，这两个新举措的参与者是已经启动了欧洲煤钢共同体（计划）的六个国家。正如 1951 年的情况一样，有趣的是要研究为什么英国不是参与者之一，答案将在战后出现的殖民危机中找到，这一答案随着在苏伊士上演的戏剧达到顶点。特别是，第二次世界大战的结束标志着英国当时的绝大部分的殖民领地迅速实现了独立。面对这一现实，英国选择了加强与前殖民地关系的战略，淡化了欧洲煤钢共同体及其创建的重要性。随后，法国和英国在苏伊士问题上的失败，加上美国放弃积极参与，导致这两个国家得出不同的结论。两国都意识到，在殖民时期与欠发达的殖民地建立起来的联系现在已经破裂，这个国家是世界上最强大的国家——美国，法国人选择一心一意地致力于欧洲合作机构，反之，英国则寻求加强与前英国殖民地的贸易联系，推行更加明确的大西洋主义政策，并于 1960 年建立欧洲自由贸易联盟（European Free Trade Association，EFTA），这是一个由奥地利、丹麦、瑞士、挪威、葡萄牙和瑞典等国组成的自由贸易区，当然还有英国，主要涉及工业产品贸易。它以放宽的政府间机构的运作为前提，并且排除了共同的对外关税的存在（以免影响英国与英联邦国家的交易）。相比之下，欧洲共同体包括具有实际权力的政府间机构、农产品的自由流通和实行共同的对外关税。

一个相关的问题是，欧洲煤钢共同体最初是一个什么样的实体，欧洲煤钢共同体、欧洲经济共同体、欧洲原子能共同体随后又成了什么样的实体，即它们是不是欧洲联邦的前身。我的立场是，它们起源于资产阶级政府间机构的协同作用，协同作用的目的是在美国的指导下开放市场，加强资本主义的发展。用略有不同的方式来表述：一方面，虽然德国和意大利是这场战争的两大输家，但是（两个）具有强烈共产主义传统的国家（法国、意大利）被纳入并整合到整体框架中；另一方面，消除共同体内部障碍，鼓励并实现了更高的资本生产率。

但是，20 世纪 60 年代真正的问题是，欧洲共同体内部正在产生的经济热潮，是否有可能被提升为美国的经济制衡力量。大家对此有不同的看法。

根据这一思路，美国资本利用欧洲共同体来促进自己的投资。这种观点的典型代表是尼科斯·波兰特扎斯（Nikos Poulantzas），他认为美国在欧洲 70% 的投资采取的是直接投资的形式，而欧洲在美国投资的这一比例为 1/3。1950 年，在加工部门，欧洲只吸收了美国资本的 24.3%，到 1966 年，这一数字上升到了 40.3%，虽然到目前为止，美国在欧洲的直接投资中的最大一部分用于加工，但欧洲在美国的投资类似方向的只有 1/3，其余的投资则被引导进入服务业、保险等领域（Poulantzas，1979：52）。

相比之下，根据另一种观点，欧洲共同体已经开始与美国经济展开有力的竞争，从一个适度的水平开始，并在经济国际化的框架内迅速扩大其活力。它可能导致欧洲经济共同体作为一个新的帝国主义极出现，挑战美国的霸权（Mandel，1968）。

实际上，我相信，至少直到 20 世纪 90 年代初，美国与欧洲的关系都从未以任何直接的方式对抗。作为世界上最强大的帝国主义和资本主义强国，美国奉行的霸权主义政策的内容远远超过了经济因素。美国最感兴趣的是对西欧资本主义生产关系的维护，这一点在战后东欧的发展中是无法保证的，更不用说共产主义思想在国际上的更普遍发展了。美国和欧洲共同体/欧盟之间的关系恐怕在短时间内不会发生变化。

无论如何，20 世纪 60 年代的特点是欧洲共同体各国的经济发展未曾间断，德国得到加强，但欧洲自由贸易联盟也出现了多方面的僵局。这方面的根本因素是伦敦认识到，与最初的判断相比，参与欧洲共同体将获得更多的好处。用某种不同的说法，显而易见的是，1957 年至 1961 年是六国发展的一个重要阶段，与其他欧洲国家建立更密切的经济联系显然比与英联邦国家建立更密切的经济联系更符合英国的利益。因此，英国政府着眼于进入欧洲共同体，但因法国的否决而两次（1961 年和 1967 年）遭到拒绝。这种拒绝背后的原因是英美关系密切，当时法国霸权下的六国正在努力打造一个更加独立的形象；英镑在国际货币体系中处于弱势地位；并且（英国与法国）在共同的农业政策和资本流动问题上也存在分歧。

事实上，除了经济问题外，20 世纪 60 年代的发展是在全面加强六国在国际舞台上地位的大背景下展开的（不管上述原因是否给美国带来了问题）。需要解决的关键问题是六个国家的内部问题：尽管德意志联邦共和国的经济不断增长，但法国仍力求以各种方式确认其主导地位：无论是在英国加入时保留否决权，还是通过"法德条约"（1963 年）与德意志联邦共和国一起建立一个非正式的"理事会"问题。

二、第一次扩大与新自由主义转向

即使是在 20 世纪 60 年代，六国的成功模式也被视为相对于这些国家重大经济表现的决定性因素。因此，六国决定根据符合"一体化、扩大化、深入化"三重准则（的方式），采取新的体制改革：实施旨在（实现）资本自由流动和个人住所自由的改革，同时建立经济和财政统一制度[2]，以及扩大拟纳入共同体体制框架的问题范围。人们认为，这种方向将有助于通过英国、爱尔兰、丹麦和挪威的加入扩大共同体[3]。九国（六国加英国、爱尔兰和丹麦）的欧洲已经克服了英法之间的旧冲突，准备在国际上发挥核心作用，以实现共同货币政策为中心目标。

不过，应当指出，实施共同货币政策的努力与美元的价格挂钩，结果是，当美元在 1972 年至 1973 年经济危机期间开始贬值时，由于一些国家（英国、丹麦、爱尔兰、意大利）退出联合试验，这一承诺的重要性被下调。

但全球危机使其他问题浮出水面，从而抑制了最初的乐观情绪。很快，人们就清楚了，资本主义持续增长的那辉煌的 25 年已经走到尽头，如果九国共同体要克服危机，就必须采取新的政策。这些政策不能仅限于进一步扩张，尽管这种方向确实意味着更大的共同市场。我们需要的是全面而彻底的、广泛而深入的突破，足以应对伴随着日本崛起和东南亚国家迅速进入国际舞台的激烈竞争、两次石油危机（1973 年和 1979 年）的后果、三个地中海新成员国（希腊、西班牙、葡萄牙）加入后出现的问题。在这种背景下，应选择单一内部市场作为提高欧洲资本主义经济体竞争力的手段。但是，要使这一战略有效，就必须对现有的体制框架进行全面改组，鉴于共同体成员的数目从 6 个增加到 12 个（1986 年），（情况）就更是如此。所有相关的体制改革都集中在 1986 年通过的《单一欧洲法令》（*Single European Act*，*SEA*）中。《单一欧洲法令》明确规定，主要目标应是完成共同体内内部市场的建设。废除国内关税和关税壁垒，并采用技术规格作为禁止进口货物的限制因素，结束在给予国家补贴和免税方面的歧视，促进资本和劳动力的自由流动（虽然《罗马条约》一般也做出了这些规定，但并没有得到充分执行）。

应该指出的是，所有这一切发生的总体背景是政治版图向更保守的假设转变。这一趋势可以解释为苏联模式的危机、1968 年全球动荡所带来的活力的枯竭、中国和第三世界国家无法提出全面的替代建议，以及缺乏抵制新自由主义霸权的社会民主取向。因此，随着最初的美国里根和英国撒切尔以及其后德国科尔的当选，共同体政策的内容发生了渐进式的转变。

三、从《单一欧洲法令》到建立经济和货币联盟（1986—2001 年）

从《单一欧洲法令》得到批准到 2002 年欧元成为 12 国（德国、法国、意大利、荷兰、比利时、葡萄牙、西班牙、希腊、卢森堡、奥地利、爱尔兰、芬兰）共同货币之间的这段时间内，又有一系列进一步的重要条约得以签订（Maastricht，1992；Amsterdam，1997；Nice，2001）。《马斯特里赫特条约》（《欧洲联盟条约》）是在东欧集团解体后不久签署的，大约在苏联解体的同时，它终止了欧洲共同体并建立了欧洲联盟（欧盟），其主要任务是实现欧洲货币联盟。欧盟的优先事项基本上有三方面：成员国的经济趋同，通过采用单一货币——欧元——制定统一的经济和货币政策，最近成立的欧洲中央银行负责其流通。

1997年，《马斯特里赫特条约》经《阿姆斯特丹条约》得到修正。这一修正是有必要的，因为要对诸如采用共同货币程序等前所未有的问题进行监管，根据前社会主义国家未来加入欧盟（的情况）做出决定，并通过所有有关决定的合法化机制。应该明确的是欧洲联盟完全以经济为中心的性质（Kotzias，1995a：114）。在一个利润率收缩的时期内，欧盟会尽最大可能提高私人资本的流动性，寻求最有利可图的投资领域，同时加强集中度和集中化生产。这一现象与单一市场的建立成倍增加了收购和合并的机会[4]，促进了规模经济的实施和追求更大规模的投资。

从本质上讲，《单一欧洲法令》、《马斯特里赫特条约》和《阿姆斯特丹条约》只是对福利国家（无论在每个国家形态内部有什么特点）（逐国）转型为新自由主义治理的趋同形式的批准。这些政策的基本取向（减少赤字、降低利率、维持低通胀水平）将导致欧洲各国政府采取限制性财政政策，使工资水平相应地保持在较低水平，但公司利润和税收收入也必然会减少。紧随其后，保险行业发生了重大变化，一方面预期寿命增加，另一方面失业率螺旋上升，导致保险基金出现巨额赤字。福利国家对此的反应是提高最低退休年龄和削减社会支出（主要是通过减少医疗支出）。这只是国家社会活动全面缩减的一个方面，此外，国家还削减了公共教育、文化、卫生方面的支出，并实施了进一步私有化公共服务的措施或根据私营部门进行的标准运作（Roumeliotis，1996：303 ff.）。

加强这一切的是扩大欧盟并促使其进入以往的社会主义国家的决定。其基本因素是进入新市场和利用新的投资机会（劳动力成本低、专业化程度高、存在底层结构）的前景，但还有其他一些考虑因素，如对南斯拉夫危机蔓延到东欧其他地区的关切，这些地区存在少数群体问题，从而导致移民不受控制地增加。对于新兴的东方精英而言，他们认为进入欧盟可以保护他们的国家免受分裂，并为更具竞争力的经济部门和商业资本的新的可能性提供更多机会。

因为，显而易见的是，东方国家融入欧盟的程度越高，欧盟采用所谓的"里斯本战略"（见下文）的程度也就越高。之所以会发生这种情况，是因为早在 20 世纪 80 年代，欧洲经济竞争力问题就已开始显现。就在那时，欧盟十二国在国际制造产品市场上的工业生产份额开始下降，特别是在电器、电气设备、办公设备和信息技术等高需求领域（Tsoukalis，1997：34-35）。汽车工业和工业设备部门也遭受了重大损失。另一个后果是全球剩余价值的生产比例从 1980 年的 35.7% 下降到 1990 年的 32.4%，同时，日本从 14.2% 上升到 17.6%，北美经历了轻微的下降，从 23.9% 下降到 23.7%（United Nations，1998）。"里斯本战略"旨在使欧盟成为"世界上最具竞争力和最具活力的知识经济体，能够实现经济增长，同时获得更好的就业机会和更大的社会内聚力"（Blanke and Lopez-Glaros，2004：1）。它包括八个具体目标：（1）为所有人创建一个信息社会；（2）开发欧洲研发区域；（3）解除对市场的管制；（4）发展通信网络产业；（5）建立有效和综合的金融服务；（6）提升创业环境；（7）增加社会内聚力；（8）加强可持续发展。

在这一背景下，单一货币的必要性得到确认。其背后的理由是，单一货币将带来以下具体利益，这些利益有助于提高欧盟在国际舞台上的竞争力：（1）废除不同的货币将导致相对交易成本的降低；（2）将生成币值稳定的环境，促进物价的稳定和抑制通货膨胀（贬值总是意味着进口价格的上涨，从而给消费者带来负担）；（3）单一货币将使经济交易更加透明，从而促进价格下跌，使欧洲产品更具竞争力；（4）欧元和单一市场将有助于建立大型欧洲企业，使其能够开展规模经济的商业活动，从而能够与日本和美国相应的垄断企业成功竞争（Gilpin，2000）；（5）欧元将实现统一和扩大财政市场（资本市场、货币市场、股票市场、债券市场等）的总体规模，从而提高效率；（6）新货币将促进新金融的创造产品，为投资者提供更广泛的选择。

2001 年，欧洲领导人签署了修正《阿姆斯特丹条约》的《尼斯条约》。导致这一事件发生的因素无疑包括迫在眉睫的、作为 12 个国家的单一货币的欧元的危机，此外，2004 年有 10 个国家（波兰、捷克、斯洛伐克、斯洛文尼亚、匈牙利、爱沙尼亚、拉脱维亚、立陶宛、塞浦路斯、马耳他），2007 年另外两个国家（罗马尼亚、保加利亚）加入，因此也需要进行调整。

四、欧洲经济竞争力的问题

需要明确的是，1986 年至 2007 年谈判达成的各种条约，以及里斯本战略为何无法解决欧洲经济的基本问题：缺乏竞争力。这在经济国际化时期尤为重要，在这一过程中，欧盟渴望成为一个霸权主义的经济强者。因此，在 2007—2008 年危机之前的整个期间，欧盟的表现都显得较为迟缓。

首先，2007 年美国仍然是七国集团中生产率最高的国家：若以美国的生产率为 100％作为参考指数（每小时国内生产总值），意大利为 76％，日本为 71％，德国为 93％，法国为 99％，英国为 82％，瑞典为 89％，西班牙为 78％，加拿大为 82％（OECD，2008）。1992 年至 1996 年，美国实际国内生产总值平均年增长率为 3.3％，但经济与货币联盟（Economic and Monetary Union，EMU）国家仅为 1.4％，欧盟 27 国集团为 1.4％。1997—2001 年，美国国内生产总值平均年增长率为 3.5％，经济与货币联盟成员国为 2.8％，欧盟 27 国集团为 2.9％。2002—2006 年，美国国内生产总值平均年增长率为 2.7％，经济与货币联盟成员国为 1.6％，欧盟 27 国集团为 2.0％（欧洲经济，2008）。另一个问题涉及将欧元推向全球储备货币地位的目标。事实证明，这一目标难以实现。毫无疑问，有一个逐步提高知名度的过程：2007 年，全球市场债券总价值的 32.7％为欧元，而 1999 年时仅为 21.7％，但美元仍然位居第一，2007 年为 43.2％，而在 1999 年则为 46.8％。然而，应当铭记，不仅经济与货币联盟的竞争力，而且整个欧盟的竞争力都表现出一些衰退的迹象，但这一现象并不是一致的，显然有一个国家得到了加强——德国：进入 21 世纪后，德国的出口急剧上升（2002—2008 年增长了 60％），同时工人的工资收入实际上仅增长了 0.4％，这一数字远低于生产率的增长。因此，考虑到生产成本因素，我们发现，2009 年与世纪之交的数字相比，爱尔兰的产品价格高出 23％，希腊、西班牙、葡萄牙和意大利的产品价格高出 25％，法国的产品价格高出 13％。

欧盟的内部危机来自多个方面，并且因许多不同的因素而复杂化，如困扰欧洲经济的竞争力不足、伴随德国经济霸权而来的内部不平等现象日益加剧，以及欧洲联盟的体制特点：欧盟不是一个国家，但它拥有欧洲中央银行和大部分成员国共享的一种共同货币。

尤其是华尔街的危机，对欧洲资本主义产生了重大影响，因为这意味着失去了对其产品的一个重要需求来源，其银行也面临着美国债务抵押债券的崩溃。在欧洲银行陷入困境后，欧洲央行急忙向它们提供公共资金，就像在美国发生的情况一样，欧洲案例的区别在于：(1) 正如我们所看到的那样，欧元作为国际储备货币的信誉低于美元。(2) 美国是一个联邦国家，因此能够将盈余从一个州转移到另一个州，而欧盟则没有这种能力。(3) 美国创造了一种货币和金融工具，使美国银行能够以纳税人的利益为代价，从其账簿中抹去"有毒的"债务抵押债券；这在欧盟并不容易做到，因为在2008—2009年，欧洲国家的国内生产总值大幅下降（德国−5%，法国−2.6%，西班牙−3.5%，瑞典−5.2%，荷兰−4%），导致税收收入减少。就在那时，欧洲银行决定使用其为投资而获得的部分公共资金来破坏一个国家——希腊（Varoufakis Patokos, Tserkezis and Koutsopetros, 2011：32−33）。然后立即开始对最弱势经济体进行一系列投机性攻击，这些经济体负债水平较高，因此更有可能宣布停止支付。

正是在这一点上，最具决定性的"内部"因素进入了方程式。欧盟的竞争力不足和经济与货币联盟内经济发展的不平衡（采用共同货币加剧了这种不平衡，从而废弃了货币贬值这件武器）导致爱尔兰、希腊、西班牙和葡萄牙的现金账户赤字迅速增加。在开始的一段时期，这些国家能够很容易地为其赤字融资，因为欧洲央行在欧元区保持了非常低的利率（Lapavitsas, 2013：294）。之所以出现这种情况，是因为德国占据了主导地位，正如我们所看到的那样，德国保持了巨额贸易顺差。除了实体经济的衰退，危机的到来给经济与货币联盟和欧盟带来了更普遍的风险，这是因为它要受到破坏银行运作的威胁，这既源于"有毒的"债务抵押债券，也源于它持有来自濒临破产国家的债券。

最终采用的解决方案是建立欧洲金融稳定基金（European Financial Stability Facility，EFSF），以使"问题国家"能够从中获取贷款来偿还债务，同时签署长期备忘录，接受严格的紧缩政策。这有助于降低将严重的危机转移到经济与货币联盟和欧盟内部的风险，而将"有问题国家"欠私人银行的债务转移到更强大的欧洲央行。

五、现状

除了政策备忘录的采用，对欧洲经济进一步恶化的普遍担忧，以及社会力量的有利平衡，导致欧盟内部一系列新的制度变革："欧元附加条约""稳定和增长公约""六部立法""两部立法"。根据这些条约，每个国家都必须提出一个能够赢得金融市场信心的长期计划。在国家层面，将制定一项年度"稳定和融合方案"，其中将确定与赤字、收入和支出有关的目标、实现这些目标的战略以及实施这些目标的时间表。为了实现这一点，每一个成员国都需要进行一系列的结构调整。欧盟官僚机构将受到严格监管：每个国家预算的计划草案必须在国民议会审议之前提交给欧洲理事会，欧洲联盟委员会的建议必须纳入其中。

在劳动力成本方面，将对劳动力成本进行密切监测，并将其与欧元区其他国家和欧盟主要贸易伙伴的相应数字进行比较。如果判断一个地区的工资水平与其竞争力不相称，就会提交复审。相应地，通过制定与债务水平相关的特殊指数，养老金制度的可行性将受到密切而持续的审查。一个更进一步的目标是将退休年龄与预期寿命相结合，减少提前退休安排。此外，进一步减少雇主对保险责任范围的缴款，以及发展共同的应税基数也被提上议程。

同时，欧盟规定建立一种制止债务增加的机制。鉴于大多数欧盟成员国的债务达到其国内生产总值的 60% 以上，债务总额超过国内生产总值 60% 的国家每年需要将债务水平降低 1/20，这需要预算盈余。这一方针必须通过永久性和具有约束力的条款纳入成员国的国家法律，并且最好写入宪法，或者通过国家预算程序予以遵守的条款。处罚由欧洲法院根据欧盟委员会的相关意见确定。除罚款外，还存在终止支付内聚力基金（Cohesion Fund）的可能性。尽管如此，为了尽量减少令人不快的意外风险，欧盟已引入"早期预警系统"并将其纳入第 1176/2001 号条例。其中包括所谓的"欧洲学期"（European Semester），在此过程中，委员会将从投票前的几个月开始监督每项预算中的所有资金。还有一个中期财政战略框架，为期四年并且不断更新，而且会提供有关赤字和盈余的具有约束力的目标以及对部门支出的约束性上限。

最后，欧盟还规定了一个"加强监测"制度，涵盖了从欧洲支持机制申请资金的国家。这意味着，如果尚未偿还 75% 的资金，那么通过该机制获得援助的国家在完成该计划后将仍然处于监督制度之下。

六、是否有向联合欧洲联邦政府运动的趋势？

资产阶级一致认为，关于欧洲统一计划的内容和演变的理论的出发点是试图适应战后西欧受到的双重压力：来自东欧集团的压力以及美国遏制苏联影响力的决心（Rosamond，2000）。除此之外，还有许多研究认为，从 20 世纪 80 年代中期开始的体制改革，更可以从消除双重压力中得到解释。当然，欧洲迄今已经经历过的这些改革到目前为止仍被认为是有助于为建立一个超国家的欧洲实体创造条件的，或者至少正在朝着这样一个目标迈进。这些理论尽管在细节上不同，但一致认为正在逐步削弱国家权力，并相应地加强欧洲联盟机构的权力。与此相反的理论认为，国家继续在欧洲项目的演变中发挥决定性作用。让我们试着全面了解这些立场。

根据联邦制理论，所有已经进行的变革尽管速度缓慢，都促成了欧盟的建立。每个民族国家都在为一个新生的欧洲联邦经济体的利益而丧失国家主权要素。功能主义理论可以在某种程度上起到补充联邦制的作用，其认为，通过欧洲合作中一个领域接着一个领域的成功经验，确实正在建设成一个政治联盟，并强调经济体制和经济机构的适当运作也将为成功建立共同的欧洲政治机构创造先决条件。

制度主义采取了一种不同的方法，其主要认为欧盟的超国有化进程确实正在进行，但其中应注意到欧盟的核心机构仍是相对自由的，而且欧洲与各国机构之间也在不断地相互渗透（Peters，1994；Wessels，1997）。多层次治理理论认为，欧盟是一个具有多层次治理特征的系统，其职能和权力相互重叠，超国家机构对整个治理过程具有自主的影响。发挥重要作用的是建立能够调解国内（国家以下）机构与欧洲机构之间关系的网络。

与此相反的是以国家为中心的观点，首先是政府间关系理论，根据这一理论，欧洲项目的演变是成员国做出相关决定的结果，这些成员国有能力规范欧洲机构内部的进程。民族国家的行为取决于它们为自己特定的国家利益服务的要求（Milward，1994；Hoffmann，1995）。目前这种趋势的一种变体，即政府间关系的多元理论认为，欧盟发生的事情是由较强的国家之间的谈判决定的，而弱国的支持是通过它们从社区基金获得的赠款来保证的。从参与谈判的那一刻起，每个国家都有自己的具体目标，而没有最低的共同标准，在此基础上却可以做出最重要的决定（Moravcsik，1991）。

尽管在我看来，不管它们之间存在着什么样的重要差异，以国家为中心的理论都提出了更有说服力的论点，但上述所有理论都存在着源于国际关系理论本身的普遍弱点，它们代表了这些理论的子范畴。除此之外，还有一些问题与欧盟的特殊性质有关。

传统的国际关系理论关注的是基于狭隘的国家利益定义的国家战术战略的简化概念，或同样狭隘的力量机制。一方面，我们有现实主义学派狭隘的经验主义和方法论个人主义，认为国家及其力量平衡关系是塑造国际体系的主要力量，忽视了非国家关系的对立。现实主义的主要问题是，它倾向于把国家视为理性的、自觉的行为者，没有任何用阶级分析来解释国家行为的理论空间。另一方面，我们有各种各样的理想主义，或者更广泛地说，是国际关系的规范性概念，其认为规范可能比权力关系更强大，例如，在由全球化和全球民间社会机构结合产生的世界性民主理论中，往往会低估政治和社会冲突的力量以及资本主义国家作为政治因素的作用。

对大多数主流国际关系所使用的术语和概念的更彻底的理论定义是缺失的。正是在这个意义上，我假定马克思主义理论在分析上具有优越性。

马克思主义对权力的定义超越了传统政治学中的赘述，在传统政治学中，政治权力只是被视为给定的。而马克思主义则将权力定义为"社会阶层实现其特定客观利益的能力"（Poulantzas，1978：104）。这种剥削高于支配的优先性解释了权力作为阶级权力、社会群体控制剩余劳动力的提取和分配的能力，因为它们具有特定的客观结构阶级地位。它可以提供合理的解释权力关系和斗争的阶级特征，因此也可以解释国家机器的阶级性质。关键是要同时强调剥削的分析优先于约束和统治，强调政治实践的对象是社会形态各个阶层的所有矛盾的凝聚这一事实的重要性（Poulantzas，1978：41）。这种政治观念摆脱了主流政治学作为行政命令的政治权力观念的缺陷，坚持政治权力的阶级性。

综上所述，我们不能把国家作为塑造国际层面的主要力量，而必须着眼于不同的阶级联盟和权力集团，以及它们影响客观资产阶级利益形成的方式。正是这种阶级利益被表达为政治战略、国家政策以及由此而来的国际政策。马克思主义的重要性在于，它提出了国家在国际层面上的行为自身是如何受到阶级矛盾和政治战略的阐明以及霸权主义势力集团出现的制约的。它使将国家间关系视为基于阶级的关系、不同势力集团之间的关系（和冲突）成为可能。马克思主义强调特殊的历史生产方式对国家间关系的重要性。与传统国际关系理论的非历史立场相反，马克思主义理论提供了一个有助于理解资本主义生产方式的出现如何改变国际关系概念的理论框架。马克思主义更全面地描述了社会和政治权力以及敌对关系，超越了代表着主流国际关系理论的权力机制与规范考虑的二分法。马克思主义不仅是一种社会理论或对权力的解释，而且是关于国际关系中重要的利害关系，及社会关系变化可能导致国际关系变化的理论。此外，它也是解释政治和意识形态关系相互作用的一种方式，这种相互作用导致了规范性考虑的出现。马克思主义不仅提供了一种洲际冲突的理论，而且提供了一种洲际的等级理论（Sakellaropoulos and Sotiris，2008）。

上述立场体现了马克思主义对国际发展趋势进行更为简明的描述的能力。不削减每一种国际冲突（无论是军事冲突还是其他冲突）对自身利益的解释，有助于更全面地应对国际舞台上的变化。例如，对于第二次世界大战的理解，与其说是对地理扩张的推动，不如说是两个强大的帝国主义集团之间争夺霸权的斗争，以及将战争时期的军事冲突程度限制为战后美国对西方世界霸权的副产品——这种霸权是通过为帝国主义链条的整体提供集体战略要素（快速工业化、"福特主义"积累战略、大众消费主义和个人主义、反共主义和技术主义意识形态的混合体）来表达霸权的（Sakellaropoulos and Sotiris，2015）。与此相对应的是，战后英法两个殖民大国的相对降级与某种军事上的失败无关，而在于美国成功地提出了在国际上对资本主义再生产的更可接受的霸权要求。

在做出这种基本的方法论区分之后，我们可以回到欧盟问题，我认为它构成了社会资本和集体国家资本（国家）之间的多层次合作努力。这等于建立了许多相互渗透的社会（经济、政治、意识形态）联系网络，在每一种情况下都与不同的参与机构建立联系，这些机构可能是超国家机制、国家、区域行政当局、跨国公司集团、国际利益集团等等。但是，所有这些复杂的难题都可以通过分析其基本构成要素得到澄清，这些基本组成部分一方面是公司的私有利益，另一方面是国家为保障这些资本的复制条件而开展的业务，并结合每个国家在欧洲联盟内的特殊等级地位。正如已经指出的那样，每个国家会根据其在欧盟结构内的具体实力采取单独行动，因此这种情况也会在新的体制形式和职能中再现（Kotzias，1995a：47）。较弱的民族国家是在充分认识到结构限制的情况下参与整个进程的，其一方面希望对立的紧张局势和随之产生的调整成本转移，因为损害其主导阶层的收入有助于加强本国的国民经济；另一方面，即使没有实现上述一切，与留在欧盟之外的国家相比，该国的地位也将得到提升。

加入欧盟的 11 个前社会主义国家尤其如此，无论这些国家在与欧洲中心国家取得竞争力方面有多么困难，人们都认为进入欧盟将为这些国家的精英提供更多的优势。几年前也发生过类似的情况，当时一些经济欠发达的国家，如爱尔兰、西班牙和葡萄牙被纳入当时的欧洲共同体。其共同点是，这些国家的统治阶级认为，欧洲的统一计划将战胜一切相对落后的观念和其他可能持续存在的内在问题。

欧盟成员国从最初的 6 个增加到 28 个，必然会导致更复杂的体制程序，因此需要反复修订条约。这些措施是要进行体制上的修改，以提高某些实体（例如欧洲法院）的超国家层面，并提高干预其他实体（例如欧洲议会）的决定的可能性。

然而，这些变化绝不会使欧共体／欧盟一体化的基本内容失效，其目的是促进最强大的垄断企业的资本积累和赢利。20 世纪 60 年代和 70 年代的总体结合使积累能够以凯恩斯主义的方式实现，这种情况在 20 世纪 80 年代随着新自由主义的出现而被推翻，随着东方政权的垮台而进一步加剧，并随着最近经济危机的爆发而达到顶峰。无论在各项条约中做出了什么改变，它们都没有改变欧盟的这一基本运作原则。这是一种不受质疑的运作模式，因为它的内容和优先事项来自封闭的决策中心，这些决策中心会将所有公民的干预隔绝在外。在最后的指示做出决定之后，才会将这些指示传达给各代表机构。即使在这一点上，也不可能进行民主修正，更不用说撤回了。这一方面是因为，欧盟错综复杂的官僚结构与它们完全不相称的公共体制结构共存（有些

是跨国的，有些是超国家的，有些是选举的，有些是指定的）；在一些
国家，所有的成员国都有代表，而在另一些国家中，只有某些成员
国（例如，欧元区的成员国）有代表。这些安排具有同样的不对称特
征，具有抑制作用，可以阻止任何基层干预。另一方面，民主赤字可
以通过以下事实来解释：在（法国、丹麦和爱尔兰）全民公决拒绝拟
议条约之后，欧洲各国政府决定不诉诸这一程序。

最后需要强调的是，当前局势和过去一样包含两个基本矛盾，其
在国家政策层面和欧洲联盟机构组织层面上都有所体现：一方面，在
体制层面，一个联邦国家、一个联盟实体和一个国际组织的成员共存；
另一方面，在政治方面，欧盟内部存在着大量实力不平等的国家，有
着不同的关注点、不同的优先权和不同的生产力水平。这些矛盾非常
明显地表明了欧盟转型潜力的局限性，使人们对其演变为一个单一的
联邦实体的前景产生了相当大的怀疑。无论如何，最近的事态发展，
随着希腊、塞浦路斯、葡萄牙、爱尔兰和西班牙的降级以及德国作用
的不断加强，只能证实列宁关于国家间发展不平衡的理论在实践中的
运作方式。在现实中，涉及超越国籍的各种因素的体制变革加强了而
不是废除了德国的霸权，并加强了德国为增强欧洲垄断资本中最强大
的派别而引入的框架。

七、该说的都说了，该做的都做了，欧盟是什么？

欧洲联盟的创始目标是通过形成一个单一市场来支持最强大的资
本派别的利益，该市场的运作将以一系列超国家机构的存在和协调及
其与成员国的合作为基础。为了实现这一点，有必要通过一系列机制
来复制和扩散其结构的阶级物质性。在国家行政一级，负责处理与超
国家机构的联络和联系的国家机构部门发挥了重要作用，同时，可以
观察到，在缺乏透明度和超出公共控制范围的情况下，权力继续被转
移到封闭的外部监督机构（Nugent，1995：130-133）。谈判过程的很
大一部分是在官方机构以外以非正式、非机构的方式（聚会、晚宴、
非正式讨论等）进行的。因此，欧洲一体化进程使成员国能够免除强
迫实施一系列不受欢迎的措施的负担，这些措施涉及提高生产力（削
减社会开支、减少劳动力分配、改变劳资关系等），因为所有这些关键

决定都被认为是在与国家政府相当远的地方、在欧盟委员会及其主管部门难以进入的地区做出的。

这使我们有可能忽视这样一个现实：一方面，国家政府绝不需要同意它们认为已达成一致的设想（Moravcsik，1993：515）；另一方面，国家机构随后有权慎重处理这些政策的执行（Baun，1996：159-160；Moravcsik，1993：517）。根据这些调查结果，现实中所发生的不是将真正的权力转移到欧盟层面，而是暂时将其重新安排，然后再降回国家（州）级别，然后由国家/州负责执行已经做出的所有决定。实际上，欧盟的运作模式并没有削弱民族国家的实力，而是加强了国家上层官僚机构的权力，这些上层官僚机构与行政部门密切合作，负责为立法做准备并监督执行情况，立法改革的目的是转向生活劳动方面，提高国家级经济竞争力的成本。

最近的经济危机引发了上述所有调整的戏剧性突破，使一切朝着更加保守的方向发展，同时也大大增强了德国的影响力。从本质上讲，2011 年以来通过的所有新协议所取得的成就是资产阶级民主逐渐趋于死气沉沉，取而代之的是德国霸权下的欧洲官僚机构所要求的一系列强制性措施，并以越来越线性的方式与资本流动带来的问题相对应。

对于资本需求的调整，或者更确切地说，是其最强大的垄断派系，与欧洲权力中心的决定是一致的。到目前为止，这是以一种间接的方式发生的，然而，即使是间接的，各国政府也表达了社会力量的平衡，并记录了民众的要求，因此，政治因素拥有相对的自主权，对实现创业世界的计划施加了某些限制。但这场危机的尖锐性，加上主导阶层及其政治代表性缺乏替代计划，已经催生了一个新的框架。国家议会的作用正在不断降低：它们只是被告知将要发生什么和（或）作为事后考虑，批准已经做出的决定。

换言之，直到危机爆发之前，公共领域就民主赤字问题进行了讨论，大多数关于欧盟未来的决定都是由一个狭隘的官方圈子做出的，缺乏民众的合法性。

为了纠正这一问题，我们提到的权力是通过一系列条约授予欧洲议会的，《里斯本条约》（2007 年）也规定与各国议会进行协商。此外，一方面，欧洲议会同以往一样依然没有立法主动权；另一方面，在许多情况下，一些条款规定要么将其边缘化，要么赋予其纯粹的咨询地位。但在目前的情况下，问题的关键在于，决策是在德国的统治下做出的，在欧洲中央银行的参与下，一些来自欧洲官僚机构的高级官员以及更强大的成员国的代表在越来越不平衡的方式下只有非常有限的回旋余地。英国似乎在试图为自己制定一项自主战略，而且无论如何都不会加入欧元区。陷入自身经济问题的法国和意大利，不得不采取德国和欧洲官僚机构可能同意的政策。欧洲议会和各国议会的立场都受到这一现实的制约，议会机构无法改变这一现实。

强加给希腊、爱尔兰、塞浦路斯和葡萄牙的备忘录对这一切做出了重大贡献。当然，这些国家执行的政策包括欧盟总方向的极端变体（大幅削减薪金和养恤金、取消补助金和津贴、广泛延长灵活的工作安排、公共部门减员、广泛削减社会福利、塞浦路斯从银行存款中拨款），这些政策的实施违反了宪法原则和议会准则。然而，鉴于它们始于 2010 年春天（在希腊），人们或许最好把它们解读为一种警告，它预示着欧盟最强大的帝国主义力量——德国——将与欧洲资本最强大的垄断派系结盟，成为 21 世纪的资本主义。

尽管如此，值得强调的是，上述发展不应令人感到惊讶。走向专制资本主义的运动是阶级斗争的副产品。早在 20 世纪 30 年代末，哈耶克就提示人们注意建立一个跨国性的欧洲联盟，就是因为考虑到这种体制框架一方面会阻止国家的经济保护主义政策，另一方面面对下层阶级的活动，其有助于经济关系的非政治化（Hayek，1939：255）。正如博内费尔德所指出的那样，重要的是将大众阶层排除在决策中心之外，这样就削弱了工人阶级迫使国家政府为福利和就业提供保障的能力（Bonefeld，2002：77）。哈耶克的这一立场似乎受到了当今欧洲精英们的热烈欢迎，它非常清楚地表明，资本主义与议会民主之间没有牢不可破的联系。事实恰恰相反：大众代表制的民主制度是资本主义框架内人民斗争的结果。这是欧洲联盟各机构运作情况的最新变化。一系列修正案扩大了选举工具（国家议会和欧洲议会）的某些额外权利，一方面是欧洲精英管理以前社会不满的表达的结果，另一方面则被用作削弱对欧洲机构反民主趋势的机制，特别是在当前经济危机爆发后。这场危机为占主导地位的欧洲精英提供了机会，使其可以在没有政治代表权和社会责任的情况下引入资本主义。

结 论

我在这篇文章中试图表明的是，欧洲共同体（欧盟）从一开始就带有明显的社会和政治污名。欧盟是冷战的产物，其为实现欧洲资本开放市场的计划和国际分工升级做出了重大贡献。1951 年至 2015 年进行的多次体制改革不利于超国家政体的形成，但它们也并非纯粹是民族国家干预的结果。民族国家是各社会形态资产阶级力量联盟的政治代表，其职能之一是制定政策，提升帝国主义链条中"他们自己"资产阶级的地位。对于欧洲共同体（欧盟）而言，这种情况已经发生，而且正在发生：资产阶级政府表达了土著垄断资本最强势派别的利益，已经参与建立以自由运动为特征的体制结构，资本和货物的供应，并为欧盟以外的其他资产阶级竞争提供功能支持。新自由主义的兴起，伴随着所谓的"真正存在的社会主义"的衰落，起到了加强上述方向的作用。其目标是，在日益一体化的经济环境中以牺牲工人阶级和竞争较弱的资本派别为代价，提高最强大的垄断企业的赢利能力。不断的体制变革一方面是为了促进这一进程，另一方面是为了建立欧洲一体化的框架，以改善其在经济国际化世界中的地位。但此时出现了两个问题：20 世纪 80 年代开始出现维持欧洲经济总体竞争力的困难，以及采取多种共同的经济政策，最终导致欧元的诞生，德国在欧盟的霸权主义地位得到强化。

通过执行所谓的备忘录而选择的解决办法，一如既往地是在德国霸权下选择的，其特点是占主导地位的阶层的收入急剧减少，议会机构变成了一个空壳。所有这些不过是一种极端的倾向变体，将在2011—2013 年的保守恢复时期制度化，并延伸到所有欧盟国家。它的基本要素是永久紧缩、削减社会开支，对所有宣布赤字预算的国家实施制裁，削减养老金等。其背景是议会权力收缩以及在民众控制范围之外的权力中心的加强，而这些又都是在德国的霸权下运作的。

我的最后结论是，近年来，欧盟这一历史性突破传统道路的过程，既受到国际经济危机的影响，也受到由此引发的政治后果的影响。因此，一方面，主导机构一直在做出导致专制资本主义走向的决策；另一方面，超国家、跨国、民选和提名工具都在欧盟内部共存这一事实是阻碍民众需求的一个因素。结果是，欧盟的政策制定越来越少地受到政治因素的影响：它从公民的愿望中获得了越来越大的自主权。因此，资本积累在很大程度上摆脱了需要确保政治合法性的负担后得到了促进。一个国家力量的存在，如德国，能够通过这一过程发挥其霸权，而许多国家则要承受这些国家所主导的欧洲政策的后果，这两方面都清楚地表明，就欧盟所有的制度特性而言，资本积累与不平衡发展的关系一如既往。

注释

[1] 最终，在东欧国家拒绝与源自美国的经济合作计划有任何联系后，16 个国家加入该计划：奥地利，比利时，法国，丹麦，希腊，爱尔兰，冰岛，意大利，卢森堡，英国，挪威，荷兰，葡萄牙，瑞典，瑞士，土耳其。

[2] 20 世纪 60 年代末货币动荡引起的焦虑导致法国法郎贬值 11.2％（1969 年 8 月），德国马克升值 9.29％（1969 年 10 月）。

[3] 最后，挪威没有加入，因为在 1973 年举行的公民投票中的结果是反对其加入。

[4] 在建设单一市场的过程中，合作和合并的情况将显著增加，占 1992 年商业活动总数的 54％（Pesmazoglou，1996：352）。

参考文献

Baun, Michael J. 1996. *An Imperfect Union: The Maastricht Treaty and the New Politics of European Integration.* Boulder, Colorado: Westview Press.

Blanke, Jennifer, and Augusto Lopez-Glaros. 2004. *The Lisbon Review 2004: An Assessment of Policies and Reforms in Europe*. Geneva: World Economic Forum.

Bonefeld, Werner. 2002. "European Integration: The Market, the Political and Class." *Capital and Class*, 26: 117–142.

Gilpin, Robert. 2000. *The Challenge of Global Capitalism: The World Economy in the 21ˢᵗ Century.* Princeton, New Jersey: Princeton University Press.

Hayek, Friedrich. 1939. *Denationalization of Money: The Argu-*

ment Refined. Hobart Paper 70. London: Institute of Economic Affairs.

Hoffmann, Stanley. 1995. *The European Sisyphus: Essays on Europe, 1964—1994.* Boulder, Colorado: Westview Press.

Kotzias, Nikos. 1995a. *European Union: A System Under Construction.* Athens: Delfini (in Greek).

Kotzias, Nikos. 1995b. "Does the European Union Have a Federated Future? A Comparative Analysis." pp. 95–128 in *The Institutional Dimensions of the European Union in the Post-Maastricht Era.* Hellenic Center for European Studies. Athens: Sakkoulas (in Greek).

Lapavitsas, Costas. 2013. *Profit Without Producing: How Finance Exploits Us All.* London: Verso.

Mandel, Ernest. 1968. *Europe Versus America? Contradictions of Imperialism.* London: Merlin Press.

Marks, Gary, Liesbet Hooghe, and Kermit Blank. 1996. "European Integration from the 1980's: State-Centric v. Multilevel Governance." *Journal of Common Market Studies,* 34(3): 341–378.

Milward, Alan S. 1994. *The European Rescue of the Nation State.* London: Routledge.

Moravcsik, Andrew. 1991. "Negotiating European Act." *International Organization,* 45(1): 651–688.

Moravcsik, Andrew. 1993. "Preferences and Power in the European Community: A Liberal Intergovernmental Approach." *Journal of Common Market Studies,* 31(4): 473–524.

Nugent, Neil. 2003. *Politics and Governance in the European Union.* Athens: Savvalas (in Greek).

OCDE. 2008. *OCDE Compendium of Productivity Indicators 2008.* http://www.oecd.org/sti/ind/Productivity%20compendium%202008.pdf.

Pesmazoglou, Vassilis. 1996. "Marxist Political Economy and European Integration: An Overview." pp. 343–355 in *A Retrospective on Marx,* edited by Nikos Theotokas, Dimitris Milonakis and Giorgos Stathakis. Athens: Delfini (in Greek).

Peters, B. Guy. 1994. "Agenda-Setting in the European Communi-ty." *Journal of European Public Policy*, 1:9-26.

Poulantzas, Nicos. 1978. *Political Power and Social Classes.* Lon-don: Verso.

Poulantzas, Nicos. 1979. *Classes in Contemporary Capitalism.* London: Verso.

Rosamond Ben. 2000. *Theories of European Integration.* Basing-stoke: MacMillan.

Roumeliotis, Panagiotis. 1996. *The Course Towards Globaliza-tion: The European Strategy for the 21st Century.* Athens: Livanis (in Greek).

Sakellaropoulos, Spyros, and Panagiotis Sotiris. 2008. "American Foreign Policy as Modern Imperialism: From Armed Humanitarianism to Preventive War." *Science & Society*, 72(2):208-235.

Sakellaropoulos, Spyros, and Panagiotis Sotiris. 2015. "From Ter-ritorial to Non-Territorial Capitalist Imperialism: Lenin and the Possi-bility of a Marxist Theory of Imperialism." *Rethinking Marxism*, 27(1):85-106.

Tsoukalis, Loukas. 1997. *The New European Economy Revisited.* Oxford, England: Oxford University Press.

United Nations. 1998. *International Yearbook of Industrial Sta-tistics.* Vienna: United Nations Industrial Development Organization.

Varoufakis, Yanis, Tasos Patokos, Lefteris Tserkezis, and Christos Koutsopetros. 2011. *The Economic Crisis in Greece and in Europe in 2011.* Athens: Institute of Labor of the Greek General Confederation of Labor (in Greek).

Wessels, Wolfgang. 1997. "An Ever Closer Fusion? A Dynamic Macropolitical View of the Integration Process." *Journal of Common Market Studies*, 35(2):267-299.

第四编　阶级、种族与性别

第9章　审视白人工人阶级[＊]

[美] 迈克尔·D. 耶茨 著　宋天舍 译

　　大卫·吉尔伯特（David Gilbert）是安东尼奥·葛兰西（Antonio Gramsci）当之无愧的继承人。就像撒丁岛的激进派一样，他在监狱里随时了解世界上发生的最新事件，并以相当清晰的笔触将其记录下来。他一直是囚犯中的激进分子，并与墙外的激进分子保持频繁的通信。在他 1984 年所写的《历史地观察白人工人阶级》（*Looking at the White Working Class Historically*）一书的新版中，吉尔伯特适时地谈到了一个极为重要的话题——美国的白人工人阶级。传统观点认为，是白人工人把唐纳德·特朗普（Donald Trump）推上了总统的宝座，自由主义者甚至一些左派人士似乎认为，进步政治复兴的唯一希望就是让白人工人重新回到民主党阵营。这些叙述中所缺少的是一个从物质现实的角度看待事物的历史视角。

　　吉尔伯特在 1984 年版的导言中为他的分析奠定了基础，并在新版中进一步论述。显然，"白人工人阶级"一词表明，这些被讨论的工人属于工人阶级，严格来说属于世界范围内一个更大的阶级，是推翻压迫他们的资本主义的潜在动力。然而，他们也是"白人"，鉴于美国种族主义历史，他们是压迫者民族的一部分，数百年来，他们征服、折磨和杀害了黑人、土著和其他非白种人。吉尔伯特有力地指出，"我们必须从历史的角度看问题，首要的是必须承认其压迫者的身份"。当然

＊ Michael D. Yates. Thinking Clearly about the White Working Class. Monthly Review, 2018，69（10）：51.

也有例外，主要是为了改善工资和工作场所的条件而做出的跨种族间的努力。不幸的是，诸如小阿道夫·里德（Adolph Reed Jr.）这样的学者，有时会为了否认种族仍然是一个不能为阶级所包容的因素，而夸大了黑人和白人工人的阶级团结[1]。

我们可以追溯到 18 世纪，正如历史学家马库斯·雷迪克（Marcus Rediker）和彼得·林博（Peter Linebaugh）所言，北美、加勒比海地区和英国（尤其是伦敦）发生了多次多种族起义[2]。然而，与被解放的黑人和奴隶结盟的爱尔兰人和其他少数民族很快就变成了"白人"，因为他们被主流的白人文化同化了，并常常满足于商人和资本家给予他们的小恩小惠。

吉尔伯特接着描述了白人左派对这一现实的反应。这些人根本无法解决白人种族主义问题。"有一次，我遇到了几个大概是为了发展矿工而在宾夕法尼亚州的一处煤矿工作过的左翼政党人士。鉴于该地区公然盛行的种族主义，我问他们是否曾以友好的态度来对待其矿工同事的种族主义言论。他们说：不，我们不能那样做。当我想知道如果在工会中都没有人对此提出异议的话，又该如何去对抗种族主义时，也没有得到任何的回应"。

其他白人激进派已经认识到黑人激进派在工人和民族解放运动中所起的领导作用，并与它们站在一起，但同样地，它们经常"陷入一种精英主义或许是失败主义的观点，否定了组织大量白人，尤其是白人工人阶级的可能性"。

吉尔伯特从这些最初的评论中开始了自己对白人工人阶级的分析，并在书的导言中做了进一步阐述。他首先简要地回顾了唐纳德·特朗普当选为美国总统的非凡崛起历程。在这方面，历史也是他的关注点。除了注意到大多数年收入低于 3 万美元的选民——主要为非白人群体投票反对特朗普，而更贫穷的白人则投票支持特朗普，他还把美国的种族主义、性别歧视和帝国主义的历史视为决定特朗普崛起的根本因素。所有这些都是事实，但是他忽视了小资产阶级和富有资产阶级的选票对特朗普获胜起到的关键作用。阶级也很重要。

在全书中，吉尔伯特强调了帝国主义、种族主义和父权制在塑造历史和意识方面的力量与相互关系，并指出了制度性危机在决定历史事件上的影响："一个稳定的帝国主义倾向于通过保持人口被动而进行统治，而国内的大量阶层则被相对的繁荣安抚。但是当这种制度陷入危机时，那些操控经济的人通常会把'其他'种族当作替罪羊来转移民众的怒火。而各阶层也愿意为践踏'下等人'带来的'满足感'买账，因为这比对抗强大的统治阶级容易得多。"

在接下来的一章中，吉尔伯特的分析进一步深化，他查询了关于美国种族历史的三部重要作品：西奥多·艾伦（Theodore Allen）的《白人至上》（*White Supremacy*），W. E. B. 杜波依斯（W. E. B. Du Bois）的《黑人重建》（*Black Reconstruction*），以及 J. 酒井（J. Sakai）的《定居者：白人无产阶级的神话》（*Settlers：The Mythology of the White Proletariat*）。他对每一部作品都做了有趣的评论。上述作品的作者们都论证了，"白人工人阶级"作为一种集体身份是由统治阶层的精英们构建的，目的是分化工人，并使"白人身份"成为一个被感受的"现实"，以此塑造和限制他们的意识和行动。

吉尔伯特的结论是，白人工人在经济和社会上都从他们的白人身份中获益。我认为这是真的。艾伦和杜波依斯等人提出了一致的反对意见，试图证明黑人和白人工人的团结能够帮助所有工人。然而，就像所有反事实一样，这些都是无法证明的，而事实清楚地表明，白人工人比黑人工人享有更多的优势。参考约翰·史密斯（John Smith）在他最近的著作《21 世纪的帝国主义》（*Imperialism in the Twenty-First Century*）中所言的，这本书表明，发展中国家的工人受到了过度剥削，他们的工资低于生存所必需的水平。由此产生的超额利润部分被用于补贴发达国家的各州和工人[3]。从这一点上，可以跨越式地进行推测，在收入、财富、教育、健康等方面对黑人工人的过度剥削是否会对白人工人有利[4]？

我对吉尔伯特对这些作者的注释的两项批评是，首先，他对艾伦文章的讨论受益于对艾伦其他作品的阅读，这些作品比《白人至上》更深入、更广泛。正如吉尔伯特所断言的那样，艾伦并没有忽视对土著土地的掠夺以及对土著发动的种族灭绝战争。仔细阅读他的两卷本巨著《白色种族的发明》（*The Invention of the White Race*），就能清楚地理解这一点。

其次，他对酒井的书的看法太过乐观。酒井认为（包括《定居者》和吉尔伯特书附录中的评论），在美国从来未曾有过一个认为自己的利益与资本完全相反，并打算推翻资本的白人工人阶级。酒井声称，白人工人在历史上一直将自己定义为资本的盟友，并参与剥削有色人种。

对他来说，白人工人所取得的一切好处都是以牺牲国内外被过度剥削的下层阶级为代价的。即使是在 20 世纪 30 年代工业工人组织工会并压垮世界上最大的资本时，即使是在白人和黑人偶尔结为盟友时，白人工人都是屈从于资本的。他们仍然是美帝国主义的忠实步兵，实际上他们也是在这个过程中完全变成了"白人"。在酒井看来，工业组织代表大会（Congress of Industrial Organization，CIO）中存在的黑人工人组织纯粹是战术性的：工会需要那些对工厂运作至关重要的黑人工人。

在吉尔伯特对酒井和他自己的总体认同上，夸大了真实的情况。酒井认为，大多数白人根本不是真正的工人，而是资产阶级、中产阶级和工人贵族。他们住在郊区，有漂亮的汽车和大房子。他们没有被剥削，而是从世界各地有色人种的劳动中获得了部分剩余价值。从表面上看，这是荒谬的，因为任何对数据的清晰观察都会表明：白人工人中有很多是穷人，而且这一人数还在不断增加，所有人都面临着工资水平停滞或下降以及生活前景日益黯淡的局面。此外，如果白人工人不能从他们的劳动中获得利润，他们都将失业。这种观点是对那些遭受最严重剥削的白人的侮辱，现在也依然如此。当我祖母住在一个用柏油纸搭成的棚屋里，在矿产的煤矿前搬卸炸药来试图养活两个孩子时，毫无疑问，她被剥削了。吉尔伯特本人淡化了至少一些工业组织代表大会组织者的动机，尤其是在肉类加工业这样的行业中，激进的白人组织者和白人工人不仅帮忙建立起一个多种族的联盟，而且他们的黑人兄弟姐妹还强行将社区和企业整合到工人阶级社区中[5]。

同样值得注意的是，尽管黑人和其他非白人工人经常比白人更激进地反对资本主义，但他们还不是革命力量，至少在美国不是。少数族裔工人也无法对资本主义的力量——那种使我们习惯于资本主义并使我们成为资本主义所需要的工人的力量——免疫。在白人工人阶级内部，曾经有一些"有机的"知识分子，他们深知资本的掠夺并热衷于发起一个多种族参与的工人阶级运动。他们一致认为，有色人种和女性必须在这一斗争中发挥领导作用[6]。

先不管酒井的看法如何，并非所有的白人都与资本结盟的事实就表明，"白人"可以被解构。事实上，吉尔伯特的《历史地观察白人工人阶级》一书的其余部分都致力于这种解构。这部分由两篇文章组成：《60 年代的一些教训》（"Some Lessons from the Sixtes"）和《60 年代后：反应和重组》（"After the Sixties：Reaction and Restructaning"）。
在第一篇文章中，他回顾了自己作为 20 世纪 60 年代激进分子的经历，
以及他从那些年的经历中吸取的教训。当我读到这篇文章时，有几件
事让我印象深刻。第一，尽管这一时期的反资本主义和反帝国主义抗
争始于属于中上阶层的大学生，但其最终囊括了许多工人阶级学生和
工人，其中包括白人。新左派变得越来越激进，并制定了一些计划，
"通过退伍军人事务部在征召方面上做更多的工作，将原本主要由精英
学生构成的群众基础，扩大到社区大学和工人阶级社区的青年群体，
尤其是工人阶级青年群体"。第二，大量白人对黑人文化产生兴趣，包
括其音乐、情感力量和社区意识，这至少帮助黑人中的一些人能够对
抗白人至上主义所造成的损害。第三，越南战争和黑豹党的崛起帮助
了黑人激进分子、服兵役的黑人和白人青年，以及士兵，包括白人以
及黑人、拉美裔和美洲原住民现役军人和退伍军人之间建立联盟，所
有这些人都开始质疑这场战争，并团结起来进行抵抗。黑豹党认为，
美国黑人受到的待遇与美国军方对越南人的谋杀和折磨有很大的共同
之处。通过将这些联系在一起，他们能够在处于征兵年龄的白人和那
些对越南屠杀感到震惊的人中获得盟友。第四，战争使包括工人阶级
在内的白人同情世界各地的民族解放运动，这是发展反帝国主义意识
的第一步。第五，当意识为一系列的压迫所唤醒时，人们就会开始注
意到其他的压迫，并认识到反抗这些压迫的必要性。同样重要的是 20
世纪 60 年代和 70 年代蓬勃发展的女权运动。性解放是 60 年代大多数
激进分子的目标。但是这只有当女性在全部生活领域中得到彻底的解
放时，才算是成功。此外，60 年代的精神还在延续，这反映在对抗和
消除对艾滋病的污名化，对抗同性恋恐惧症，建立现在被称为 LG-
BTQ①运动的组织，以及防止人们的生活因多重生态灾难而面临破坏
的种种努力之中。

　　吉尔伯特认为，20 世纪 60 年代的激进运动最终失败了，因为它没
有准备好对抗国家权力的镇压，而后者则发动了一场反对黑人解放的
全面战争。新左派中的一部分人退回到白人工人阶级革命的意识形态
中，而另一些人则转入地下并试图与黑人革命团体结盟，他们认为自

---

　　①　LGBTQ 是女同性恋者（lesbians）、男同性恋者（gays）、双性恋者（bisexuals）、跨
性别者（transgender）和酷儿（queer）的英文字母缩写。

己是"特殊的白人",与其他人不同,他们是革命的。越南战争的结束给这场运动带来了沉重的打击,无论如何,最终的结果是这场运动失败了。

吉尔伯特对激进的 60 年代内爆的观点带有误导性,这同他书中的早期观点相矛盾。为什么一些工人阶级白人的日益被唤醒的意识会突然成为白人工人阶级革命意识形态的牺牲品呢?此外,新左派中的许多白人参与了民权运动和与"自由之夏"(Freedom Summer)相关的活动,并且完全未受到这种意识形态的影响。对于许多积极参与反战抗议和活动的人来说,情况也是如此。不仅如此:正如吉尔伯特在其他地方指出的那样,反战激进分子和黑豹党之间建立的联盟似乎有机会深化和扩大已经存在的多种族激进联盟。

黑豹党和早期的"自由之夏"已经开始了一项我们可能称之为集体自助措施的行动,这为贫困的有色人种社区带来了教育和医疗保健等重要服务[7]。如果这些努力被白人激进分子完全接受并在白人工人阶级中生根发芽,使他们在自己的社区内也能从中受益,那么其就能在这一方面取得根本性进展。

相反,60 年代运动的第二阶段转入地下。但这样做是否有令人信服的理由?正如认为那些理应摧毁目标建筑的秘密轰炸行动是带给美国革命的希望一样,认为地下气象组织的成员是"特殊的白人"这一说法无疑是妄想。如果第二阶段运动继续向左,并开始以黑豹党甚至伊斯兰民族动员黑人社区的方式来动员白人工人社区,会导致什么情况?考虑到国家的权力,也许一切都会分崩离析。但也许不会。

从民族解放运动的崩溃,到美国经济"黄金时代"的结束,到资本主义对工人阶级的攻击(后来被称为新自由主义),再到种族主义国家的崛起,再到对移民的不断攻击和白人至上意识形态的强化,再到无休止的反恐战争,这种演变的细节为《每月评论》的许多读者所熟知。

由于 20 世纪 60 年代的政治动荡未能合并成更持久的激进组织和结构,吉尔伯特认为,这些发展本身在很大程度上是美帝国权力削弱的结果,但事实证明,这些发展是新一轮的白人霸权的孵化器,最终在新法西斯主义者、厌女主义者和种族主义煽动者的崛起和当选总统时达到顶峰。第二次世界大战之后的二三十年里,一个更加稳定的帝国让位于一个动荡的帝国,这可能会给全人类带来灾难性后果。

尽管如此，吉尔伯特还是看到了新一轮抗争的迹象：

> 我们生活在一个非常危险的时代，但幸运的是，在过去的十年里，我们在美国掀起了一股激进主义的浪潮，从 2006 年对移民权利的大规模动员开始。"占领华尔街"运动帮助顶层 1% 的人将真正的问题定义为规则。LGBTQ 运动取得了令人瞩目的进展。"黑人的命也是命"（Black Lives Matter）以及黑人生活运动（the Movement for Black Lives）斗争的核心是不公正，越来越多的反种族主义白人加入了 SURJ（Showing Up for Racial Justice，出现种族公正）和其他团体。为了阻止一条危及水源供应的输油管道，美国原住民在立石（Standing Rock）上扎营，这是原住民主权能够领导环境保护斗争的有力例证。这些努力和其他闪闪发光的斗争溪流，都可以通过一股新的反特朗普抗议浪潮得到滋养，汇聚成一条强大的滋养生命的河流。

那么，如何深化这些努力，特别是让尽可能多的白人工人阶级参与其中呢？吉尔伯特提出了一些建议。首先，所有激进分子都必须对帝国主义、种族主义和父权制保持一种原则性的坚定抵抗。这是资本主义制度的核心和灵魂，必须同时对其加以克服。所有激进派都有责任尽其所能地对抗这种邪恶的三核政治。最重要的是要认识到，这种抗争的引领者将是且应是有色人种、妇女和移民。

其次，我们不能陷入宗派主义，认为推翻资本主义的正确方式只有一种。吉尔伯特建议，我们应该参与一切抵抗帝国主义、父权制和种族主义的努力，但不必过分担心这些努力的最初阶级构成，而是应该努力把阶级纳入该团体的讨论和行动中，并尽可能多地接触白人工人阶级。此外，我们还应寻找少数种族利益与白人工人利益的交汇点。或许反恐战争就是这样的一个交汇点，它给白人和黑人士兵及其家属带来了极大的伤害。另一个可能的交汇点是鸦片类药物的流行。其他的可能性有：警察的镇压，因为贫穷的白人工人阶级难以免于警察的暴行；现代债务危机；环境污染和自然生态的全面破坏；对政府补贴的医疗、社会保障和残疾救助的攻击；等等。我们应该鼓励工会参与跨国界的组织和团结力量，比如电力工人联合会以及其他一些类似的组织。作为教师的白人激进分子可以确保他们参与的每个组织都有教育部分。而考虑到几乎所有的美国白人工人都是移民的后代，我们或许能够更加深入地讨论移民问题。

我们绝不能放弃白人工人阶级，也不能把其视作一个无可救药的群体，做好其工作的可能性还是很大的。未来肯定会激化资本主义固有的矛盾，无论是在工作场所，还是在马克思之后南希·弗雷泽（Nancy Fraser）所称的制度"隐藏所"，即在资本主义的各个方面，用征收的手段而不是直接剥削，比如环境、女性的生殖劳动，或者继续从各地的弱势群体那里窃取土地和劳动力[8]。

虽然这本简短易读的书中包含了很多深刻的见解，但却缺少重要的元素。吉尔伯特可能花费了太多的篇幅来讨论美国的工人运动，包括新的组织形式，如工人中心，以及改革者为摆脱那些管理着大量工会的阶级勾结者和腐败官员所做出的努力。黑人工人和移民一直处于前者的最前沿，但没有理由认为白人工人无法被说服参与和支持他们。事实上，有些人早已这么做了。

他还描述了我们在梦想一个更美好的世界时所设想的社会类型。我们需要什么样的政治口号[9]？运用横向思维的决策又有多重要？选举政治值得我们花费时间吗？工人合作社会是最优解吗[10]？举个例子，在密西西比州首府杰克逊建立生态社会主义合作社会的非凡尝试中，激进组织获得了土地，并开始在土地上生产商品和服务，启动能促进自下而上民主的教育计划，把这种民主付诸实践，并计划利用先进技术支持环保、可持续的制造业和农业。该项目被称为"杰克逊崛起"，它的成就和未来的目标，战略和战术都值得我们的关注和支持[11]。

然而，对所有致力于发起一场最终能引领我们超越这种日益野蛮的制度的运动的人而言，这都是一本值得研究和讨论的书。

注释

[1] 参见里德关于拆除他家乡新奥尔良南部邦联纪念碑的讨论。在此，他声称能够承担 1892 年新奥尔良大罢工的历史调查。虽然黑人和白人工人曾表现出团结一致，但大多数白人工人仍主张白人至上。小阿道夫·里德曾说："不朽的垃圾：随着雕像被推倒，新奥尔良下一步该怎么办？"参见 http://commondreams.org。

[2] Marcus Rediker and Peter Linebaugh. The Many-Headed Hydra:Sailors, Slaves, and the Atlantic Working Class in The Eighteenth Century. Journal of Historical Sociology, 1990, 3(3):225-252.

〔3〕John Smith. Imperialism in the Twenty-First Century: Globalization, Super-Exploitation, and Capitalism's Final Crisis. New York: Monthly Review Press, 2016.

〔4〕参见 Michael D. Yates. It's Still Slavery by Another Name. in The Great Inequality. New York: Routledge, 2016: 103－118。

〔5〕参见 Roger Horowitz. Negro and White, Unite and Fight! A Social History of Industrial Unionism in Meatpacking, 1930—1990. Champaign-Urbana: University of Illinois Press, 1997。

〔6〕参见 Shotwell. Autoworkers Under the Gun: A Shop-Floor View of the End of the American Dream. Chicago: Haymarket, 2012。

〔7〕Joshua Bloom and Waldo E. Martin, Jr.. Black Against Empire: The History and Politics of the Black Panther Party. Berkeley: University of California Press, 2012.

〔8〕Nancy Fraser. Behind Marx's Hidden Abode. New Left Review, 2014, 86: 55－72.

〔9〕参见 Michael D. Yates. OWS and the Importance of Political Slogans. Cheap Motels and a Hotplate blog, February 28, 2013. http://cheapmotelsandahotplate. org。

〔10〕参见 Bernard Marszalek. Stronger Together?. Monthly Review 69, No. 5 (October 2017)。

〔11〕Kali Akuno and Ajamu Nangwaya. Jackson Rising: The Struggle for Economic Democracy and Black Self-Determination in Jackson. Mississippi. Montreal: Daraja, 2017.

第10章　一个玻璃天花板的假设：对美国、瑞典和澳大利亚的比较研究 *

［美］贾宁·巴克斯特　埃里克·奥林·赖特 著

吕梁山 孙凝 译

　　"玻璃天花板"是分析工作领域中存在的男女不平等的最引人注目的隐喻之一。这种表示方法被广泛地应用于大众传播媒介以及官方政府报告和学术出版物中（Canberra Bulletin of Public Administration，1994；Catalyst，1990；Garland，1991；Scandura，1992；State of Wisconsin Task Force on the Glass Ceiling Initiative，1993；U. S. Department of Labor，1991）。这种情形说明虽然目前女性能够进入管理层级的第一道门槛，但在某种程度上她们会碰到一个向更高层级晋升的无形的障碍。正如一位早期运用这一隐喻的研究者评论的那样：玻璃天花板就是"阻止女性在公司中向特定级别提升的一个透明的障碍……这适用于整个女性群体，她们仅仅因为是女性而被阻止了晋升"（Morrison et al.，1987：13）。

　　从字面含义来说，"玻璃天花板"的隐喻意味着存在一个阻碍女性垂直流动的无法逾越的障碍。尚未触及这个障碍时，女性能够得到晋升；触及这个障碍后，她们就不能晋升了。这种情形可以看作一个普遍现象的极限情况：相对于男性而言，女性提高其组织层级增强了其不利处境。在玻璃天花板隐喻的字面用法中，这种增强采取的是简单阶梯函数（step function）的形式；而在更普遍的情况下，这种不利处

---

　　* Janeen Baxter，Erik Olin Wright. The Glass Ceiling Hypothesis：A Comparative Study of the United States，Sweden，and Australia. Gender & Society，2000，14 (2).

境的增强会在几个阶段发生并以不同的程度展现出来[1]。通过这篇文章，我们将运用"玻璃天花板"这种表达方式来讨论这种更普遍的情况。我们的目的是要检验"玻璃天花板"这个术语在其宽泛意义上是否存在[2]。

因此，我们所要运用的玻璃天花板隐喻并不是对结果的简单描述——只有少得不成比例的女性处在各组织的高层——也不是简单地声称对女性的歧视在所有管理层级的级别当中普遍存在。它明确地说明妇女相对于男性所面临的晋升障碍随着她们向更高级别提升而系统性地增加。当然，对男性来说，他们晋升的阻碍也会因层级的提高而增加，但"玻璃天花板"的观点要说明的是女性晋升的阻碍比男性的大。雇主和高层管理者可能愿意让女性处于管理结构的低级别，但是——我们的观点是——他们阻断了女性达到"真正"有权力的位置的路径。结果，女性在更大的程度上被拒绝向更高的管理级别晋升。各种不同的具体机制可能是造成这种阻碍的原因：保守的性别偏见、女性管理者与重要的非正式网络相隔绝，或其他将女性置于不利地位的更巧妙的大男子主义的态度。但是不管是什么样的具体机制，这种玻璃天花板假设都认为女性在找工作和晋升中所面临的相对不利处境在管理层级中的高级别要比低级别更大。

这种玻璃天花板的隐喻似乎通过不经意的观察就能被证实。不用通过系的研究就会注意到在底层管理者中女性所占的比例远高于在首席执行官中女性所占的比例。来自阶级分析（Wright，1989；1997）的比较项目的数据显示，在大多数经济发达国家的管理底层，25%～30%的低级别管理者是女性。与此相对的，在大多数的大公司中，在高层管理人员和首席执行官中女性只占很小的比例。根据费尔曼（Fierman，1990）的研究，在美国顶尖公司中，4 012 个工资最高的管理者中，女性只占不到 0.5%，而在财富 500 强企业中，女性和少数族裔在高级管理层中只占不到 5%。瑞斯肯和派德威克（Reskin and Padavic，1994：84）的报告指出："尽管 1992 年女性在联邦政府工作职位中占了一半，并有 86% 的女性担任政府的文员工作，但她们只占管理者的四分之一，并且只占高层管理者的十分之一。"类似的例子也发生在其他一些国家：在丹麦，女性在所有管理者和行政人员中占 14.5%，但在高层管理者中只占 1%～5%；在日本，私有企业中的相应数字分别是 7.5% 和 0.3%。威斯康星州玻璃天花板议案工作组的报告（State of Wisconsin Task Force on the Glass Ceiling Initiative，1993：9）指出，虽然威斯康星州有47％的管理者和42％的中层管理者是女性，但只有34％的顶层管理者和18％的执行官是女性。美国劳工部1991年的一项关于玻璃天花板议案的报告做了相似的评论：在1989—1991年对财富1000强的企业总部中的94份随机抽样的核查中，妇女在这些公司的所有雇员中占到37.2％，而在所有管理级别中只占16.9％且在行政执行管理者中只占6.6％。这种分布状况不会使任何人感到惊讶，其实际上为女性在职场中确实面临着一个玻璃天花板的说法提供了佐证。

然而事情可能不像其看起来的那样。一个简单的数据统计实例将会澄清这一点。假设，如表10-1所展示的，存在一个有六个级别的管理层级。在所展示的第一个示例中，在每一个级别中都有50％的男性得到晋升，而只有25％的女性得到晋升（也就是说，在每一层级的级别中男性晋升的可能性是女性的两倍）。歧视，至少像晋升的相对可能性所测量的那样，在各个层级的级别中都是一直存在的。在这种情况下，如果生产线主管中大约有25％是女性，那么高层管理者中只有1％会是女性。在第二个示例中，随着层级的提升，男性得到提拔的可能性的比率相对于女性来说变得更加稳定：提拔到生产线主管职位的比率是2：1，但提拔到高层管理职位的比率就会降到1.16：1。但即使是在这种情况下，女性高层管理者的比例也显著地低于女性管理者的比例，大约为6％：25％[3]。

这两个示例在我们运用"玻璃天花板"这个术语来体现这种现象时都没有准确地做出描述。玻璃天花板假设提出，女性与男性相比，随着她们向高层级晋升，她们所面临的晋升阻碍的状况变得越发严峻。然而，在刚刚所探讨的两个示例中，女性所面临的不利因素相对于男性要么是随着她们向高层级晋升而保持不变（示例1），要么是实际上有所减少（示例2）。但是，在这两种示例中，几乎没有女性高层管理者。即便是在歧视不断下降的情况下所产生的累积效应，仍然能够随着层级的提高而使"权力的性别差距"不断增加。因此，玻璃天花板的存在不能简单地从处于高管理层级中女性的比例要比低层中女性的比例更小这一单纯的事实推断出来。

表 10-1　假设性的例子：列举出在没有"玻璃天花板"的
情况下会有多少女性高层管理者及性别歧视

管理级别	级别人数			晋升到上一层级级别的比率		
	男性（人）	女性（人）	女性所占百分比（%）	男性（%）	女性（%）	比率
向上层级晋升歧视的持续强度						
高层管理者	100	1	1.0			
级别 4 管理者	200	4	2.0	50	25	2：1
级别 3 管理者	400	16	4.0	50	25	2：1
级别 2 管理者	800	64	7.5	50	25	2：1
级别 1 管理者	600	256	14.0	50	25	2：1
生产线主管	3 000	1 024	24.0	50	25	2：1
非管理者	6 400	4 096	42.0	50	25	2：1
向上层级晋升歧视的下降程度						
高层管理者	100	6	6.0			
级别 4 管理者	200	14	6.5	50	43	1.16：1
级别 3 管理者	400	36	8.3	50	40	1.25：1
级别 2 管理者	800	98	11.0	50	37	1.35：1
级别 1 管理者	600	297	15.7	50	33	1.52：1
生产线主管	3 200	1 024	24.0	50	29	1.72：1
非管理者	6 400	4 096	42.0	50	25	2.00：1

要想证明玻璃天花板的存在，就有必要证明两件事情：（1）女性与男性相比，其晋升或进入某一特定管理级别的可能性比率随着其向更高管理层级晋升而降低；（2）这种关于晋升可能性的下降趋势是由于晋升存在着强烈的障碍，并与其他机制形成对照。例如，如果女性不合理地自己选择进入对每个人来说向上晋升的可能性都有限的工作岗位或组织，并且如果这种现象与各层级级别的晋升比率中的性别差异有关，那么这一过程就不应被描述为存在着玻璃天花板（阻碍的加剧）。职位的或组织的性别隔离，甚至自我隔离（self-segregation），可能在总体上反映出社会中不同形式的性别歧视，但是其中的这些机制与那些被看作玻璃天花板的机制是不同的。

这篇文章的主要目标是要对玻璃天花板假设这种颇具影响力的经

验性预测提供一个初步的探究，这种假设认为，女性相对于男性来说其被提拔到高管理层级的可能性会随层级级别的提高而降低。鉴于这个隐喻在公众对性别不平等讨论中的重要性，可以预料将会有大量系统探讨玻璃天花板的内容及其变量的定量研究。尽管有许多研究报告记录了这种权力的性别差距（Gradolph et al.，1995；Hultin，1996；Ishida，1995；Jacobs，1992；Jaffee，1989；Reskin and Roos，1992；Rosenfeld、Van Buren and Kalleberg，1998；Tomas Kovic-Devey，1993；Wright and Baxter，1995），以及许多意图研究玻璃天花板的报告和调查（Canberra Bulletin of Public Administration，1994；State of Wisconsin Task Force on the Glass Ceiling Initiative，1993），实际上这种研究都没有说明女性和男性被提拔或进入一个特定的管理级别的概率如何随着向上晋升而变化这种具体的经验性问题。这是一个关键的问题，因为它潜在地确认了关于女性在管理高层中缺少代表那些问题中的最重要的关注点。如果情况属实，例如，晋升的性别障碍确实在某个具体的层级级别异常加剧，那么这将成为政治活动的一个重要的场所。而如果女性晋升的障碍相对于男性在各个层级的级别都同样严酷，那么这就说明，政治努力或许应该更多地集中于管理层级的底层，因为这与处于更高的管理级别相比将影响更多女性的生活和机会。

这篇文章中所发布的研究探讨了三个发达资本主义国家——美国、瑞典和澳大利亚——在层级级别划分中权力的性别差异的变量。我们要问的核心问题是：女性晋升到特定权力层级级别的概率相对于男性是否会随着层级的提高而降低？这种分析的比较性设定用于两个目的：第一，这三个分析报告可以被看作在相互复制。玻璃天花板假设不是仅仅针对美国的特定假设，而是关于在组织层级中性别歧视模式的普遍的假设。如果这个假设是有力的，可以预料其在所有这三个国家中都会发生（尽管玻璃天花板影响的模式和程度会有所不同）。第二，以前的著作（Wright and Baxter，1995）已经阐明，通过大量的测量，瑞典在权力上的性别差异要比美国和澳大利亚大得多。在这篇文章中，我们要考察在瑞典是否也存在更强烈的玻璃天花板效应的迹象。这个结果将不仅证实我们先前的发现，也会对在工作场所根除性别不平等方面持有不同政治策略影响的理解有所启示。

一、数据

这篇文章的数据来自比较阶级分析项目（Comparative Class Analysis Project）（Wright，1989；1997）。两个跨区域的调查在这个项目中的最初三个国家中可以找到：美国（1980、1991），澳大利亚（1986、1993），瑞典（1980、1995）。为了这篇文章分析的客观性，抽样严格限定在雇员（因此排除了自主经营者、失业者和丧失劳动力的人）。由于全国性的调查在抽样时的年龄范围有所不同，我们把调查对象的抽样年龄限定在 19 岁—65 岁。

表 10 - 2　样本

国家	时间	访谈法	样本数量（雇员年龄限制在 19 岁—65 岁，单位：个）
美国	1980	电话	1 194
	1991	电话	1 387
澳大利亚	1986	面对面	1 013
	1993	邮件	1 308
瑞典	1980	邮件/电话	996
	1995	邮件/电话	991

为了扩大样本范围，特别是对于管理层级的最高级别，我们将把每个国家中的两组数据合在一起。然后我们再检验在性别与时间之间是否有相关性（作为一种二分法来编码以区别每个国家的第一次调查和第二次调查）[4]。在所有这三个国家中，这些性别与时间的相关性系数对于我们所进行的分析来说从统计上来讲是不重要的（其重要性程度甚至在 0.1）。因此，我们在接下来的分析中将不把性别与时间的相关性条件包括在内[5]。

二、分析的策略

我们把劳动力中的雇员分成六个层级级别：

0＝非管理人员（nonmanagement）

1＝生产线主管（supervisors）

2＝低层管理者（lower managers）

3＝中层管理者（middle managers）

4＝高层管理者（upper managers）

5＝顶层管理者（top managers）

我们把一个当前处于级别 n 的女性被提拔到 n＋1 级别的概率定为 Pr（W：n→n＋1），而把男性相同的晋升概率定为 Pr（M：n→n＋1）。玻璃天花板假设预计这两种概率的比率——Pr（W：n→n＋1）／Pr（M：n→n＋1）——会随着 n 的增加而下降。如果不存在晋升可能性中的性别差异，那么这两种概率的数值会相等，因此比率为 1。如果存在普遍的性别歧视但其强度没有随着层级级别的提高而增加，那么这个比率就不会随 n 的数值而变化。那么，其方法论的问题，就是如何对这些各级别的性别提升概率做出合理的评估。

人们被分配到权力层级的某个职位的过程具有不同的特点，这使计算这一概率变得很困难。这些特点包括遍及各组织层级的非标准化、在个人出入各组织层级、先前分配规则的历史遗留问题，以及按性别分类的劳动力参与比率的变化，此外，还有在雇员素质上无法衡量的差异等方面的变量（对这些问题的进一步的讨论参见附录）。这些复杂性问题将会对当前的任务在使用横截面数据（cross-sectional data）上造成相当大的难题。由于我们知道近些年女性劳动力参与率快速提高，而且女性在所有工作中处于管理层级的比例也在提高（Wright，1997），横截面数据将必定会产生对具体性别晋升概率的偏差估计。

尽管有这些偏差，我们仍然相信这种横截面数据能够潜在地提供有关玻璃天花板假设的提示性证据。如果实际情况是，这些估计中的可能性偏差的最大来源往往夸大了玻璃天花板的表现，以至于它不能证明玻璃天花板效应存在的话，就需要对这些数据进行分析。到目前为止，对于来自跨部门数据的、与性别有关的晋升比率的估计中的最大偏差可能产生于妇女劳动力参与比率的快速增长和过去（对妇女）的歧视的历史遗留问题。因为即使不存在玻璃天花板，要增加女性进入更高的层级的支持者也是需要时间的，劳动力参与率的快速增长将会造成较低层级级别中女性数量比例失衡并因此产生一种玻璃天花板的假象。因此，尽管有这种偏差，如果我们在横截面数据中没能看到玻璃天花板，这将构成反对玻璃天花板假设的可信的证据，那么基于这种假定，我们将利用男性和女性在权力层级的各级别分布数据来做一个玻璃天花板假设的提示性试验。

三、基本模式：相邻级别模式

我们探讨玻璃天花板假设的基本模式是基于一系列逻辑回归（logistic regressions），来估计处于权力层级中相邻级别的人（级别 n 和 n+1），通过性别独立的变量（gender-independent variable）的比值率（odds ratios），来预测一个人在两个相邻级别中是否居于较高的那一个。

$$\text{Log}[\text{Pr}(n+1)/\text{Pr}(n)] = a_n + B_n\text{Female} \tag{a}$$

式中，$\text{Pr}(n)$ 代表在级别 n 中的概率，$\text{Pr}(n+1)$ 是在级别 n+1 中的概率，下标 n 显示等式中在级别 n 与级别 n+1 之间对比的系数。（为了推测这个等式，抽样限制在两个相邻类别中的人。）那么，系数 B_n 就是对级别 n 中"权力的性别差异"的测量。如果这个系数是负数，那么女性在两个级别中居于较高级别的概率将会小于男性；如果系数为 0，就根本不存在性别差异；如果系数是正数，就存在有利于女性的性别差异。因此，例如，当 n 等于 0 时，这个性别系数表示女性与男性相比是生产线主管（supervisors）而不是非管理人员比值率的对数。这个系数的反对数（anti-log）是一个女性相比男性居于较高级别类别的比值率。

如果玻璃天花板假设是正确的，并且如果这些比值率充分地绘制出晋升概率中的性别差异，那么在某种情况下，随着 n 增加，性别变量的系数应该变得比处于 n 以下的数值在负值上更显著[6]。如果玻璃天花板假设在字面上被看作表明一种突然出现在更高层级级别的几乎无法越过的障碍，那么对于 n=0、n=1、n=2、n=3 来说，权力中性别差异的系数就会有一些是负值，而当 n=4 或 n=5 时，就会突然跳至一个更大的负系数。如果我们放宽这个假设的含义，那么它只不过表明这种系数在 n 处于较高级别时往往比 n 处于较低级别时更趋向于负值。

由于抽样范围小，尤其是对处于较高组织层级级别的人来说，除非在各级别 n 的 B_n 系数上存在巨大差异，否则将难以正式地测算这些差异的统计学意义，尤其是当回归系数之间的标准误差（the standard errors）大于初始系数（the original coefficients）的标准误差时。因此，总体上，我们将更多地依靠对系数的变化模式的观察而非对其差异的正式的统计学测算。如果它表明其中某些模式与玻璃天花板假设相符合，我们将进行正式的测算，以建立对这些结果的置信度[7]。

四、对个人和工作特性的支配权

这种情况总是有可能的，即等式（a）中所测量的部分或全部的权力中的性别差异，不是性别本身的结果，而是各种与女性相关的个人和工作特性导致的结果。这样的特性会有虚假地提升或降低性别系数的效果。例如，假设由于进入权力职位中存在性别歧视，因而在权力层级的任何级别，女性通常都比男性更胜任——如果性别歧视是真实的，那么这就是人们会期待的一件事情（也就是说，一个女性会在各方面比男性更有资格得到晋升）。如果真是这样，那么，对资格的管控就应该提高性别在权力层级中较高级别的负系数的绝对值，即当把资格包含在等式中时，权力中的性别差异要比其不在等式中时更大。这可能意味着玻璃天花板也许不会出现在当前的等式（a）中——系数 B_n 对于高级别的 n 和低级别的 n 来说可能是相同的——但是当把支配权加入等式（b）中时，系数 B_n 对于 n 的高数值来说可能呈现出更高负值。

此外，有可能存在某种可能减少权力中的性别差异的女性特质。女性比男性更有可能做兼职工作，而兼职工作者比全职工作者得到晋升的可能性要小得多，这不是因为性别的原因，而是因为提升兼职管理者的组织成本[8]。同样地，女性比男性更有可能为政府工作，而在政府组织机构中的高层管理者与私人公司相比在成比例地减少。如果将这些因素作为对照包含在等式中，那么性别差异的程度应该减小。等式（a）中所测量到的某些明显的权力性别差异将可能是女性被分配进入具有较少管理机会的工作岗位的结果，而不是因为她们在工作场所之中获得管理者职位存在某种性别障碍。因此，估算第二套逻辑回归是非常重要的，其中一系列的个人和工作特性作为对照被包括在内：

$$\text{Log}\left[\text{Pr}(n+1)/\text{Pr}(n)\right]=a_n+B_n\,\text{Female}+\sum_i B_{ni}X_{ni} \quad \text{(b)}$$

式中，X_i 是表 10-3 所列的各种成分对照[9]，这些等式中的系数 B_n 指的是作为工作场所权力的"纯粹性别差异"（即样本中男性和女性在特性分布上的纯粹性别差异）。我们对这些等式的兴趣完全是系数 B_n，而非支配权（controls）本身。同在等式（a）中一样，玻璃天花板假设意味着这些系数将随着级别 n 的增加更多地变为负值。

表 10-3　分析中使用的控制变量

变量	解释
形式	用于区分公有或私有部门的雇员的虚拟变量（1＝公有）
职位	三个虚拟变量：高级白领、低级白领、高级技工（省略低级技工范畴）
兼职	虚拟变量（1＝每周工作少于 30 小时；0＝每周工作 30 小时或超过 30 小时）
教育	在校年限
年龄	以年为单位
年龄平方	以年为单位
孩子	虚拟变量（1＝家里有孩子；0＝家里没有孩子）
婚姻状况	虚拟变量（1＝已婚；0＝未婚）
性别	虚拟变量（1＝女性；0＝男性）

五、补充模式

除了预测处于级别 n+1 与级别 n 相比的比值率的等式，我们还要估测其他两个具有细微差别的因变量（dependent variables）。这些因变量被列在表 10-4 中。在分类的级别模式（the grouped-level model）中，层级的相邻级别被归到更广泛的类别中以增加测试性别差异系数变化的样本的规模。在总体级别模式（the overall-level model）中，我们创立了五个虚拟的变量（dummy variables），每个变量把居于或低于特定层级级别的人与高于这个层级级别的人进行比较。这个模式中的性别系数表明，女性与男性相比在层级中处在高于或低于一个特定节点的概率。

表 10-4　可选择性因变量

模式 1：相邻级别模式（基本模式，这一模式将相邻级别直接形成对照）
A_0　0：1＝非管理者：生产线主管
A_1　1：2＝生产线主管：低层管理者
A_2　2：3＝低层管理者：中层管理者
A_3　3：4＝中层管理者：高层管理者
A_4　4：5＝高层管理者：顶层管理者
模式 2：分类级别模式
G_0　0：1＝非管理者：生产线主管
G_1　1：2，3＝生产线主管：低层和中层管理者
G_2　1，2：3，4＝管理者和低层管理者：中层和高层管理者
G_3　2，3：4，5＝低层和中层管理者：高层和顶层管理者
模式 3：总体级别模式（这一模式将居于或低于某一特定层级级别的人与居于这一层级级别以上的人进行对照）
L_0　0：1，2，3，4，5＝非管理者：管理层级所有职位
L_1　1：2，3，4，5＝生产线主管：低层及其以上管理者
L_2　1，2：3，4，5＝低层管理者及其以下管理者：中层及其以上管理者
L_3　1，2，3：4，5＝中层及其以下管理者：高层及其以上管理者
L_4　1，2，3，4：5＝高层及其以下管理者：顶层管理者

　　注："："两侧任何一侧范畴都被联合成一个单一的范畴进行两分对比。因此，在模式 3 中，对于变量 L_2 来说，1，2：3，4，5 表示级别 1 和 2 相结合，级别 3、4 和 5 相结合。

　　我们之所以估测这些附加的模式有如下三个原因：第一，由于样本量有限，对许多相邻类别模式中的回归而言，等式中系数值的信度较弱。通过在附加模式中把各个类别集中在一起，我们扩大了抽样量，并在此基础上估算系数。第二，附加模式在一定程度上放宽了这种假设，即我们所估测工作岗位的六个层级级别都整齐有序地排列着，并且在各个工作岗位都是可比较的。某些组织的级别 2 可能正好与其他组织中的级别 3 相等。通过用不同的方式将各个类别集中在一起，我们能够消除将这些类别运用于不同的组织类型所产生的混乱现象。第三，我们已经知道这些资料并没有严格地符合所要求的假设，这个假设需要运用基本的模式作为玻璃天花板假设的有力证明。如果结果的基本形式与独立变量可供选择的规范是一致的，那么这将给我们的解释增加一些可信度。

表 10 - 5　美国、澳大利亚和瑞典的不同权力层级在权力上的
总体性别差异（相邻类别模式）

级别对照	美国		澳大利亚		瑞典	
	B_n(SE)	n	B_n(SE)	n	B_n(SE)	n
A_0：0∶1	−0.56*** (0.11)	2 078	−0.30*** (0.11)	1 867	−0.71*** (0.13)	1 682
A_1：1∶2	0.20 (0.26)	540	0.28 (0.22)	568	0.01 (0.31)	387
A_2：2∶3	0.02 (0.29)	254	−0.76** (0.26)	258	−1.06** (0.43)	128
A_3：3∶4	−0.28 (0.29)	271	0.09 (0.28)	248	−0.20 (0.56)	111
A_4：4∶5	0.31 (0.31)	212	−0.19 (0.35)	159	0.49 (0.59)	79

注：对比级别形成显著的对照。美国：A_1∶A_2 对比显著；澳大利亚：A_1∶A_2，A_2∶A_3 对比显著；瑞典：A_0∶A_1 对比边界显著。系数 B_n 来自逻辑回归：$\text{Log}[Pr(n+1)/Pr(n)] = a_n + B_n \text{Female}$，其中，$Pr(n)$ 是在级别 n 的可能性，$Pr(n+1)$ 是在级别 n+1 的可能性，下标 n 表示等式中的系数是为了将级别 n 与级别 n+1 进行对照。

** P<0.01，单尾检验。 *** P<0.005，单尾检验。

六、结果

表 10 - 5 显示的是基本模式（相邻级别模式）的调查结果，即在权力的不同层级级别上的权力的总体性别差异（如性别差异不受访者属性控制）。在这三个国家中，级别 0 和级别 1 之间存在着在统计学上权力性别的显著差异，也就是说在每个国家，一个作为非管理者的女性（即级别 0）成为一个生产线主管（即级别 1）的可能性要显著低于男性。

虽然表 10 - 5 的结果证实了显著的权力性别差异的存在，但是它们并没有提供证据证明在美国存在玻璃天花板假设这个具体的预言。玻璃天花板假设指的是等式（a）中的性别系数在更高层级级别中应该是一个负数，并且远远地小于在低层级级别时的数值。在美国，就权力的总体性别差异来说，没有任何一个高于低层级的对照系数达到统计学上的显著程度，甚至也没有一个比低层级对照系数更小的负数。这些系数与这样一种视点相一致，即认为一旦女性克服障碍进入权力

结构中，她们晋升的可能性并未显著区别于男性，并不存在向上晋升的天花板。

在瑞典和澳大利亚，结论并不如此清晰，在这两个国家中，估量权力的性别差异的系数在对管理层级的级别 2 和级别 3（表 10-5 中的 A_2 行）——低层管理者和中层管理者——进行比较时，该系数呈现负数并差异显著；澳大利亚是 -0.76，在瑞典是 -1.06。这表明在澳大利亚的级别 2 或级别 3 的管理者中，女性处于级别 3 的可能性为男性的 46％，而在瑞典为 34％。这个系数同时也表明这种权力表面上的差异在中层要高于其他级别。

A_2 的对照系数与 A_1（生产线主管和低层管理者之间的性别差异）、A_3（中层和高层管理者之间的性别差异）和 A_4（高层管理者和顶层管理者之间的性别差异）三者的对照系数相比是一个显著的更小的负数，而与 A_0 的对照系数相比，是一个略微较小的负数——尽管在统计上并不显著[10]。这种现象与认为在这两个国家中，中等管理层级级别存在玻璃天花板的看法一致。

表 10-6 美国、澳大利亚和瑞典的不同权力层级的级别中实际权力性别差异（相邻范畴模式，受个体属性影响）

级别对照	美国		澳大利亚		瑞典	
	B_n（SE）	n	B_n（SE）	n	B_n（SE）	n
A_0：0：1	-0.35** (0.14)	1 867	-0.25* (0.13)	1 809	-0.81*** (0.16)	1 510
A_1：1：2	0.30 (0.31)	482	0.06 (0.25)	558	0.33 (0.31)	349
A_2：2：3	-0.35 (0.34)	234	-0.57* (0.31)	254	-0.95* (0.53)	113
A_3：3：4	-0.47 (0.36)	248	0.14 (0.33)	243	-0.27 (0.72)	99
A_4：4：5	0.37 (0.44)	187	-0.18 (0.41)	154	0.59 (0.74)	75

注：围绕不同级别形成显著的对照：瑞典的 A_0：A_1 对比显著。系数 B_n 来自逻辑回归：$Log[Pr(n+1)/Pr(n)] = a_n + B_n Female + \sum_i B_{ni} X_{ni}$，$Pr(n)$ 是在层级中级别 n 的可能性，$Pr(n+1)$ 是在级别 n+1 的可能性，X_{ni} 是在表 10-3 中所列的各种综合性影响因素，下标 n 表示等式中的这个系数是为了将级别 n 与级别 n+1 进行对照。

* P<0.05，单尾检验。 ** P<0.01，单尾检验。 *** P<0.005，单尾检验。

表 10-6 呈现了控制表 10-3 属性范围的相邻类别模式的结果。这

些结果使我们能够看到表 10-5 中的任何一个性别差异都要归因于这些属性在男性和女性之间的分布。尽管这些系数有一些变化，但是基本模式与表 10-5 相类似。对美国来说，唯一的区别在于从表面上来说 A_3 性别差异的对照系数（中层和高层管理者）与 A_0 相比是一个更小的负数，尽管 A_3 的系数在统计上仍不显著。而在瑞典和澳大利亚，A_2 权力的性别差异对照系数有略微减小（也就是说，这个系数的绝对值在一定程度上变小了），但它们在统计上仍是显著的，并且在这两个国家中仍是最小的系数[11]。

表 10-7 提供了两个附加模式的结果。需要重申的是，该结果与表 10-5 和表 10-6 中的讨论相一致。所有这些回归都没有迹象表明美国存在玻璃天花板，而在瑞典和澳大利亚，在权力结构的中等级别的女性面临着比底层女性更大的障碍。

结　论

这个项目中的资料不能作为最终检验玻璃天花板假设的参考的原因有三。

第一，从横截面分布来评估相对有效可能性是有问题的，除非存在不切实际的人口统计学假设。我们认为，运用这种方法的偏差可能会夸大玻璃天花板效应的存在，那么，如果证明横截面分析资料中不存在玻璃天花板效应，则这种方法对于评估玻璃天花板假设来说仍是可信的。然而，既然运用横截面分析资料带来了许多可能的失真情况，并且这些失真都朝着一个方向，那么，对玻璃天花板假设的深入检测就应基于直接估测男性和女性的晋升轨迹的资料。我们所需要的是反映职业经历的综合集合，其涵盖了大量男性与女性的样本，包括他们曾经工作过的组织和在这些组织中他们所处的层级的具体描述。第二，如果玻璃天花板高度集中于组织机构中的最高层，那么依靠本文所用的分类的样本调查资料就容易造成对这种现象的忽略。第三，考虑到本文中资料的局限性，相对较小的抽样范围也使我们很难对层级中不同级别可能性比值率进行有力的统计学测试，因而我们只能主要依赖于对系数的不同模式的描述。综上所述，本文中的分析结果最多只是建议性的。

表10-7　美国、澳大利亚和瑞典权力层级不同级别的权力性别差异（补充模式）

对照级别	美国				澳大利亚				瑞典			
	无对照		有对照		无对照		有对照		无对照		有对照	
	B_n (SE)	n	B_n (SE)	n	B_n (SE)	n	B_n (SE)	n	B_n (SE)	n	B_n (SE)	n
分类模式												
G_0: 0：1	−0.56*** (0.11)	2 078	−0.35** (0.14)	1 867	−0.30*** (0.11)	1 867	−0.25* (0.13)	1 809	−0.71*** (0.31)	1 682	−0.81*** (0.16)	1 510
G_1: 1：2，3	0.23 (0.17)	711	0.09 (0.21)	639	−0.20 (0.16)	717	−0.31 (0.19)	704	−0.55** (0.24)	459	−0.21 (0.29)	411
G_2: 1，2：3，4	0.11 (0.16)	811	−0.24 (0.20)	730	−0.56*** (0.16)	816	−0.49** (0.19)	801	−1.17*** (0.28)	498	−0.95** (0.33)	448
G_3: 2，3：4，5	−0.11 (0.20)	466	−0.29 (0.25)	421	−0.30 (0.21)	417	−0.11 (0.25)	408	−0.42 (0.37)	207	−0.44 (0.47)	188
全部级别模式												
L_0: 0：1—5	−0.47*** (0.09)	2 544	−0.39*** (0.11)	2 288	−0.45*** (0.09)	2 284	−0.38*** (0.11)	2 217	−0.97*** (0.11)	1 889	−0.93*** (0.14)	1 698
L_1: 1：2—5	0.18 (0.14)	923	−0.00 (0.18)	826	−0.34** (0.14)	876	−0.35* (0.17)	858	−0.73** (0.20)	538	−0.41* (0.25)	486
L_2: 1—2：3—5	0.15 (0.14)	923	−0.15 (0.18)	826	−0.59*** (0.15)	876	−0.50*** (0.18)	858	−1.06*** (0.24)	538	−0.85*** (0.29)	486
L_3: 1—3：4，5	0.04 (0.17)	923	−0.26 (0.21)	826	−0.45** (0.19)	876	−0.30 (0.22)	858	−0.90*** (0.31)	538	−0.82* (0.38)	486

续表

对照级别	美国				澳大利亚				瑞典			
	无对照		有对照		无对照		有对照		无对照		有对照	
	B_n (SE)	n	B_n (SE)	n	B_n (SE)	n	B_n (SE)	n	B_n (SE)	n	B_n (SE)	n
L_4：1～4：5	0.21 (0.21)	923	0.07 (0.26)	826	−0.53 (0.34)	876	−0.35 (0.34)	858	−0.59 (0.39)	538	−0.43 (0.49)	486

注：系数 B_n 来自逻辑回归：$\mathrm{Log}[\mathrm{Pr}(n+1)/\mathrm{Pr}(n)] = a_n + B_n\,\mathrm{Female} + \sum_i B_{ni} X_{ni}$。其中，$\mathrm{Pr}(n)$ 是在层级中级别 n 的可能性，$\mathrm{Pr}(n+1)$ 是在级别 n+1 的可能性，X_{ni} 是表 10−3 中列出的各种组合对照，下标 n 表示等式中的这个系数是为了将级别 n 与级别 n+1 进行对照。

* P＜0.05，单尾检验。 ** P＜0.01，单尾检验。 *** P＜0.005，单尾检验。

这些分析结果说明了三个基本结论。第一，与前面进行的关于性别和权力的研究相一致，在这三个国家中，权力的性别差异仍然存在，尽管等式中包含一系列个体属性。这种关于强烈玻璃天花板效应的存在或缺失的结果都没有因此表明权力结构中性别歧视的缺失。

第二，至少在美国，没有证据表明存在着大量的和系统性的玻璃天花板效应。这个结论与亚马盖特等人（Yamagata et al.，1997）的发现相一致[12]。基于这里所分析的资料，女性获得权力所面临的不利条件如果存在，那么在管理层级的低级别是较多的，而不是在高层。如果这个结论能够在运用其他方法研究中得到证实，这将对于在工作场所中与性别歧视做斗争具有重要意义。至少在美国，消除进入权力层级与性别有关的障碍将会成为比移除晋升到权力机构的高层的障碍更为紧迫的一项工作。

第三，在瑞典和澳大利亚，确实存在着可能的玻璃天花板效应，但主要集中于管理层级的中部，而不是高层：在这两个国家，从低级别晋升到中级别管理者时，女性与男性相比更为不利。这些增强了的障碍似乎在瑞典尤为明显。当然，我们分析方式的偏差可能会夸大玻璃天花板效应，瑞典和澳大利亚所存在的增强性障碍可能仅仅是我们测量技术人为所致。尽管如此，考虑到其与美国的结果的对照，它们确实表明这些障碍在这两个国家可能更为明显。

本文的分析资料没有给这几个国家之间的区别做出解释，在以前的研究中，赖特和巴克斯特（Wright and Baxter，1995）曾假设，瑞典的权力性别差异总体上大于美国，至少部分地反映了两个国家的女性在与自由民主和社会民主政治传统中的性别不平等进行斗争方面存在着临界差（critical difference）。在自由民主政治中，斗争的关键性焦点是权力平等，这使政府制定政策以消除市场中影响个体机会的各种形式的歧视。在社会民主政治中，中心问题是需要的满足，这使在资本主义市场经济中制定的政策致力于商品化的服务供给（如子女托管、老年人托管、公共卫生等），以及对劳动力市场交易的政治性规范（如法律授权、合理的父母离异政策、活跃的劳动力市场政策）。结果在瑞典，致力于结束雇佣劳动中性别歧视的政治活动更少了，这将有助于解释大范围的权力性别差异和存在于层级体系中的玻璃天花板效应。在这个问题上，澳大利亚在某种程度上情况更为复杂。由于一场比美国更强烈的工人运动以及一个更具有社会民主特征的工党的存在，妇女运动较少地集中于权利平等，但是其总体政治文化仍更多地在于自由民主而不是社会民主传统。

尽管本文的结论肯定是一种假设，但基本信息还是清晰的：关于玻璃天花板存在的观点极易受观察性错觉的影响。妇女处于高层权力层级中的比例极低，这可能会产生一种玻璃天花板的表象——处于组织更高级别晋升的集中的结构性阻碍——而事实上歧视或多或少地始终存在于整个组织，或者说更多地集中于底层。由于"玻璃天花板"这个说法可能会使政府忽略为社会底层人士争取机会（而这则可能会影响更多人的生活），所以应谨慎使用这种隐喻。

附　录

玻璃天花板假设研究中的方法论问题

文章中，我们依据过往经验利用横截面调查资料的方法来研究玻璃天花板假设，然而，一系列的问题使这种方法值得怀疑。

（1）层级的非标准性。很少有组织具有像军队一样（明确的级别划分，清晰而连续的晋升渠道）简单明了的内部层级结构。另外，级别的数量也随着工作组织的变化而不断地变化，这不仅因为组织的规模各不相同，也因为组织内部结构设计各不相同。我们可以认为组织的最高层和生产线管理者在各种组织之间都能相互粗略地进行比较，但这两个极端的级别的不同分类在不同规模的组织间是否具有相似的层级意义，这一点尚不清楚。一个小商店里的"中层管理者"和一个跨国公司里的"中层管理者"并不具有相似的层级地位。

（2）进入或离开级别。层级中人员流动的复杂性使对不同性别的晋升可能性的研究变得困难。首先，进入某一级别并不是简单地从组织内部的较低级别直接晋升而来，也不是吸收来自组织外部相同级别的人员。有组织内部与组织之间横向移动的情况，也有吸收一些人员进入中级或最高级别管理者位置，而这些人之前从没从事过管理层级职位的情况。因此，管理等级中的晋升过程并不像在教育系统里各级别那样秩序分明：教育系统里的过渡的程序很少有例外，每个进入高中的学生都完成了基础教育，每个进入大学的学生都毕业于高中，而每个大学毕业生在进入大学之前都上过"某种大学"（也就是说，他们在高中毕业以后都要进行过渡性的学习才能获得大学学位），每个研究生都毕业于大学，很少有人在拿到哲学博士学位以后，回过头来攻读第二学士学位，等等。其次，人员流动可以是由下至上，也可以是由上而下。尤其在组织之间流动的情况下更是如此——例如，从一个小公司中的顶层级别进入一个大公司的中层级别——也许这并不罕见。最后，有些人可能自愿地离开了组织也离开了管理层级，而如果他们仍然在原岗位上继续工作的话，他们将可能进入最高管理级别。如果妇女以这种方式自愿离开的比率高于男性，那么男性和女性在各级别中的分布将会在没有玻璃天花板的情况下造成玻璃天花板的假象。

（3）历史传统。无论何时，男性和女性在层级级别（或者在具体的组织内部或者在整个社会）的实际分布不仅取决于目前存在的分配规则（不管这种规则是什么），也取决于过去遗留下来的分配规则以及过去的不同性别的劳动力参与率。有理由相信，与性别相关的晋升实践至少经历了近些年来的历史性变化，当然，女性劳动力参与率也有了大幅度提高，那些看似玻璃天花板的分配形式因此仅仅只是过去歧视现象和过去女性劳动力参与处于较低级别的"副产品"，而不是目前的实际情况。在组织里歧视已大体上被完全消除，或者至少各级别的歧视已被消除。即便如此，仍会有更多的注意力集中于低层的女性身上。直到目前还没有足够的历史性时间使这些新一代女性能够晋升到她们终将达到的最高级别。

（4）无法测量的雇员素质的差异。情况是这样的，我们能够解决所有晋升的结构复杂性问题，但事实是在给定权力层级级别的男性和女性会有无法测量的素质差异，这使由不同晋升率直接得来的推论变得混乱。这些素质差异可能导致似乎出现了玻璃天花板效应，或者导致对实际上存在的玻璃天花板的掩盖。例如，如果男性通常在管理方面具有非常重要的特定素质，但这种个体特性通过观察性测量很难捕捉到（如愿意为事业牺牲个人的亲密关系），并且，如果这些特性随着其在层级中向高处晋升而越来越重要，那么男性与女性相比这些越来越有利的晋升优势可能只反映出这种个体特性的突显性，而不是性别歧视本身的加剧。具有这样特性的女性将与男性拥有同样的晋升机会；可事实上，妇女可能很少具有这些特性，然而，在无法测量的个体特性方面的性别差异，同样也会掩盖玻璃天花板的存在。假定男性与女性相比所具有的晋升率优势在各层级的级别保持不变，在这种情况下女性被挑选出来得到晋升的标准将比男性面临的标准更为苛刻。事实上，相对于男性而言，女性面临着一个更为强烈的竞争性选择过程，这是因为对她们来说得到晋升更为困难。在这种情况下，人们可能预期的是相对于男性，女性管理者的平均素质应随着其向更高层级晋升而提高得更快。如果男性的相关晋升可能性在这时候固定不变，这种情况将与稳步晋升的女性面临相对障碍相一致。这样一个具有特定个体素质的女性要得到晋升就会比具有相同素质的男性面临更大的困难。

考虑到以上这些复杂问题，估测各层级级别具体性别晋升的可能性的理想资料应该能够完整反映工作的经历（包括所有工作和工作组织层级结构层级定位的详细说明）——运用为足够广泛的抽样群体而做的与工作相关的个人特性的详细清单目录，包括那些从工作岗位离开的人——才能使对过去特定人群在每一层级各个级别流动的可能性的研究成为可能。有了这样的资料，特定群体的女性在她们以前的职业生涯的不同阶段，由权力结构的一个既定级别进入更高级别的可能性，才能与具有相同特性的男性群体的这一可能性相比，并对一定范围的个体特性和组织特点产生影响。只有为所有群体和所有层级的级别做这些研究才能使对玻璃天花板假设的合理的验证成为可能。

然而，就我们所知，这类资料并不存在。那么另一种选择就是去研究基于某一单个组织所有员工的雇佣记录的以时间为顺序的资料（如 Yamagata et al.，1997）。这样的资料使我们能够研究不同时期的组织内各级别具体性别的晋升可能性。然而，使用这样的资料来验证玻璃天花板假设时也会面临一些问题。首先，在多数情况下，这种分析会使对具体组织内部玻璃天花板假设的估测只是在理论的指导下进行，而不是将其置于整个社会之中。其次，如果从组织外部大量雇用人员进入最低级别以上的职位，那将不可能推算出女性相对于男性被雇用的机会，因为没有办法估算出这种可能的平均标准（即很难确定选拔人才的范围）。最后，除非有人能够跟踪每一个人离开组织之后的工作，否则没有办法知道一个人在离开既定的级别后是否在另一组织里进入了一个更高的管理级别。

注释

[1] 亚马盖特等人（Yamagata et al.，1997：571）所运用的"玻璃天花板"这个术语，与以下提出的用法相一致："作为一种隐喻，玻璃天花板传达了一个强烈的含义，当玻璃天花板实际上是通过不同层级级别中个体的流动来测量时，人们发现其强度和局限性完全不同，因此，分析家用一种轻重程度而不是二分法的方式来调查研究这种现象。"虽然他们没有明确地把玻璃天花板定义为妇女晋升的相对不利条件，但他们认识到玻璃天花板具有不同的强度，这与我们的构想相一致。

[2] 一些读者可能反对"玻璃天花板"这种略显宽泛的表达方式，认为这种说法应仅指一种绝对的、被封锁的流动性，对于妇女来讲应是一种无法穿越的障碍。如果赞同这种用法，那么一旦一个公司越过了所谓的"天花板"提拔某个妇女，有人可能就会说这种天花板不见了，因为它不再能够表明妇女"不能晋升到更高的管理级别"。然而，少数使用"玻璃天花板"这种表达方式的人，在面对这类极少数晋升的例子时抛弃了这种用法。由于这一原因，玻璃天花板隐喻的社会性含义应被理解为歧视的垂直性加强。然而，如果就"完全封闭的流动性"这一字面意义上来说存在着玻璃天花板，那么宽泛定义下的"玻璃天花板"就必然存在。因此，如果能证明这种宽泛定义的玻璃天花板不存在，那么这也将意味着这种严格定义的玻璃天花板的缺失。

[3] 这一假设的例子与一些组织中的资料大致相符。在由法院案件得到的资料中，有一份资料是关于一个日用品连锁店中不同的管理层级级别的性别分布。女性在食品店部门职员中占 49.9％，在部门经理助理中占 16.8％，在部门经理中占 7.6％，在店铺经理中占 3.1％，而男性由职员升为经理助理的相对可能性与女性相比约为 5∶1，由经理升为店铺经理的相对可能性与女性相比约为 2.4∶1，由部门经理升为店铺经理的相对可能性与女性相比约为 2.5∶1，如果说女性在组织的各个级别都面临强烈的晋升障碍的话，这些障碍似乎在低层比高层更强烈。

[4] 除了在这篇文章中所运用的模式，我们还使用了一系列其他模式来验证时间与性别的相关性，以便验证当我们将权力的各种不同

的度量标准聚合为一个更为一般性的权力变量时，这样的相关性是否存在。在所有这些模式中，时间与性别的相关性在这三个国家从统计上来讲是不重要的。

[5] 由于权力职位的抽样比例在每个国家中的两个样本中是变化的，所以我们把时间作为等式中的附加项。

[6] 如果四个非真实性假设是可行的，那么这些可能性比值率会直接反映出女性和男性在各个层级级别的晋升机会比值率——这是直接验证玻璃天花板假设的关键性问题：（1）职位结构严格有序——每一个级别 n+1 的人都是从级别 n 中吸收进来的（在同一个组织或者是来自其他组织），没有降级的现象也没有越级的现象。（2）男性和女性的相对晋升机会不随时间而改变。（3）职位分布不随时间而改变。（4）男性和女性从每一个管理层级级别离开（或退休）的比值率不随时间而显著地改变并且也没有因层级级别的不同而变化。如果这些条件可行，那么系统将会达到人口统计学上的平衡，并且各级别男性和女性的静态分布将会如实地反映特定性别晋升的可能性。而等式（a）中不同层级级别的可能性比值率的对照将是对玻璃天花板的假设的一个直接的验证。正如我们在附录中解释的那样，这些假设是不现实的，但是常见的偏差会夸大玻璃天花板的存在，这种消极的发现仍然具有分析的可信度。

[7] 在无重叠的两对范畴中，系数 B_n 的差异性具有统计学上的显著性，这是很明显的（如：级别 0 和 1 的系数 B_0 与级别 2 和 3 的系数 B_2 相比）。可以把四个级别的所有抽样对象在一个等式中通过对照来验证性别相关的显著性。为验证有重叠部分的两对范畴中系数差异的显著性（如：级别 0 和 1 的系数 B_0 与级别 1 和 2 的系数 B_1 相比），我们运用了大量的逻辑回归以使我们能够验证模式中各个系数之间的等式约束。

[8] 尽管妇女专注于从事兼职工作这一事实本身可能就是各种形式的性别歧视造成的结果，但这仍将产生一种与玻璃天花板极为不同的现象。

[9] 表 10 - 3 所列的控制变量相当有限，因为其只包括那些在这三个国家中适用于两种调查研究的变量。一些相关的控制变量——如此前的工作经验、在这家公司的工龄以及公司的规模——在一个或多个调查研究中被忽略不计了。当我们把这些额外的控制变量加入它们

所适用的那些调查分析中时，它们没有给系数基本模式带来实质性差异。

［10］通过运用大量的逻辑回归来验证这些系数的显著差异，我们发现在澳大利亚，系数 A_2 是一个比 A_1 和 A_3 更小的负数，但不比 A_0 更小。在瑞典，系数 A_2 与其他系数没有显著的差异，所以对性别差异系数的显著性差异进行的正规的统计性验证并没有表明存在着一个明显的玻璃天花板效应。

［11］尽管表 10－6 中运用了大量的逻辑回归验证，但所有系数之间的相关性对照都没有达到统计上的显著程度。

［12］亚马盖特等人自 1977 年至 1989 年发现，对于处于专业性、技术性、管理性的职位的选定集合中的联邦雇员来说，如果把跨职业边界的职业生涯轨道以及那些职业边界范围内的职业生涯轨道都考虑在内，女性联邦雇员进入最高级别的可能性大致与男性相同。

参考文献

Canberra Bulletin of Public Administration. 1994. *The Glass Ceiling: Illusory or Real ?* Canberra, Australia: Canberra Bulletin of Public Administration.

Catalyst. 1990. *Women in Corporate Management: Results of a Catalyst Survey*. New York: Catalyst.

Fierman, Jaclyn. 1990. "Why Women Still Don't Hit the Top." *Fortune* 122 (3): 40.

Garland, Susan. 1991. "Throwing Stones at the Glass Ceiling." *Business Week*, 19 August, 29.

Gradolph, Rebecca, Michael Hout, Janeen Baxter, and Erik Olin Wright. 1994. The Gender Gap in Workplace Authority: USA and Soviet Russia Compared. Bielefeld, Germany.

Hultin, Mia. 1996. "Gender Differences in Authority Attainment: The Swedish Case." Stockholm, Sweden.

Ishida, Hiroshi. 1995. "Gender Inequality in Authority and Autonomy in the Workplace in Japan, Britain and the United States." *International Journal of Japanese Sociology* 4: 75-98.

Jacobs, ♯FIRST NAME? ♯. 1992. "Women's Entry into Management: Trends in Earnings, Authority and Values Among Salaried Managers." *Administrative Science Quarterly* 37:282-301.

Jaffee, David. 1989. Gender Inequality in Workplace Autonomy and Authority. *Social Science Quarterly* 70 (2):375-390.

Morrison, Ann M., R. P. White, E. Van Velsor, and the Center for Creative Leadership. 1987. *Breaking the Glass Ceiling*. New York: Addison-Wesley.

Reskin, Barbara, and Irene Padavic. 1994. *Women and Men at Work*. Thousand Oaks, CA: Pine Forge.

Reskin, Barbara, and ♯ FIRST NAME? ♯ Roos. 1992. "Jobs, Authority and Earnings Among Managers: The Continuing Significance of Sex." *Work and Occupations* 19 (4):342-365.

Rosenfeld, Rachel A., Mark E. Van Buren, and Arne L. Kalleberg. 1998. "Gender Differences in Authority: Variation Among Advanced Industrialized Democracies." *Social Science Research* 27:23-49.

Scandura, Terri. 1992. *Breaking the Glass Ceiling in the 1990s*. Washington, DC: U. S. Department of Labor Women's Bureau.

State of Wisconsin Task Force on the Glass Ceiling Initiative. 1993. *Report of the Governor's Task Force on the Glass Ceiling Initiative*. Madison: State of Wisconsin, Wisconsin Women's Council.

Tomas kovic-Devey, Donald. 1993. *Gender and Race in Equality at Work: The Sources and Consequences of Job Segregation*. Ithaca NY: ILR Press.

U. S. Department of Labor. 1991. *A Report on the Glass Ceiling Initiative*. Washington, DC: Government Printing Office.

Wright, Erik Olin. 1989. "The Comparative Project on Class Structure and Class Consciousness: An Overview." *Acta Sociologica Spring* 32 (1):3-22.

Wright, Erik Olin. 1997. *Class Counts*. Cambridge, UK: Cambridge University Press.

Wright, Erik Olin, and Janeen Baxter with Gunn Bikelund. 1995.

"The Gender Gap in Workplace Authority: A Cross-national Study."
American Sociological Review 60 (3):407-435.

　　Yamagata, Hisashi, Kuang S. Yeh, Shelby Stewman, and Hiroko
Dodge. 1997. "Sex Segregation and Glass Ceilings: A Comparative
Static Model of Women's Career Opportunities in the Federal Govern-
ment over a Quarter Century." *American Journal of Sociology*
103 (3):566-632.

第 11 章 德班罢工 30 年后：黑人工人阶级领导权与南非转型[*]

[南非] 阿里·希塔斯 著 李晰 译

这篇论文探索了产生于一项持续性的民族志研究的核心主题，这项民族志研究跨越了南非向民主制转型的动荡年代[1]。自 1980 年代以来，在曾经强大而平等的"同志情谊"式的团结之中产生了一些张力，通过关注这些张力，本文所探讨的内容是，无论经过了怎样的拉伸，尽管其成员之间的社会经济需要发生了分化，团体中的大量成员经历了阶级流动，并产生了一些对这种"弹性"的挑战，但曾经把这项运动维持在一起的"松紧带"依旧在产生作用[2]。

这篇论文表明，这一"转型"是如何被证明对这一人群（这一民族志研究所覆盖的 400 人）中 51％的成员是特别有利的；25％的成员是如何在 20 世纪八九十年代前期的就业环境中"停滞不前"的；以及 22％的成员何以经历了生存机会的迅速恶化。在这项纵向研究中，我还跟踪了团结在意识和概念中的转变，此外，还跟踪了生存策略、种族和族群概念，而最重要的是，阶级概念于 2000 年得到了重新定义。这只是一项很小的贡献，也许还是一代黑人工人领袖的最终谢幕——他们自 1973 年德班罢工（这场罢工在历史舞台上引导了新工会的建立）以来都是这个国家里针对种族支配和经济不平等的抵抗力量之中的一个核心组成部分[3]。

---

* Ari Sitas. Thirty Years Since the Durban Strikes: Black Working-Class Leadership and the South African Transition. Current Sociology, 2004, 52 (5).

一、路线图

1988 年，我负责协调一项暴力监测项目，这个项目追踪的是夸祖鲁-纳塔尔省（Kwazulu Natal）内战的各种后果，这场战争通过周边小镇的移民工人扩散到豪登省[4]。在这一阶段，我们试图评估对黑人工人领袖所施加暴力的程度，并提供不同的信息来源，试图纠正在全国范围内的新闻禁令[5]。那个令人遗憾时期的部分经历要么是匿名写成的，要么是用假名写成的。我同时非常有幸得以参与工会运动中文化积极分子所建立的一个网络，他们促成了一项关于口述历史的实质性项目[6]。在夸祖鲁-纳塔尔省，与南非工会会议的讨论让我坚信，我主要应当集中注意力于提供尽可能"最客观的"图景[7]。

我最初的想法是建立一个监测项目[8]，这个项目的广度与这个国家中有组织工人的存在范围相当。这样一个宏大的想法被证明为不可行（无论是人力和物力都十分缺乏），我所能做的最好的方案就是建立一个包括 400 名领袖的"可靠"名单——在工人运动中为工会成员、女性、青年领袖和文化积极分子安排了相等的份额，为每个"类别"选择 100 人，这是为了在报告过程中提供一种可度量的一致性[9]。截至 1990 年，这个名单包括一群从夸祖鲁-纳塔尔省跨越到东兰德的人[10]。尽管这份"名单"允许一些细微差别，但与每个人保持系统性的接触仍是十分困难的[11]。众所周知，这样的暴力一直持续到 1990 年代早期，一直到 1994 年选举结束后的几个月。

只是到了 1995 年，当人们在暴力平息下来后重建他们生活的时候，一种更为融贯的图景才能够产生，而且通过深度的采访，关于所发生事情的真实经验才开始得到重新考察。截至当时，"名单"上的人数缩水到了 361 人，因为有 39 人失去了生命，而其中大部分（29 人）是在暴力中丧生的[12]。其与工会和当时群众民主运动（Mass Democratic Movement，MDM）的分支机构所达成的协议是，所有在这一不成功尝试中的信息都要提交给真相与和解委员会（Truth and Reconciliation Commission）。就监测项目而言，其最大的成果就是与尽可能多的人取得联系，并把他们的案例提交给委员会。即便这种努力对这场暴力所尚未知晓的内容帮助甚少，对南非转型之中的社会动乱却所获甚多。在曼德拉就任终身总统的那个夜晚，我想到的是回访这些在名单之中的人，而现在我只是作为一个社会学家，来确证这一转型及其能量并不是像大部分人所认为的那么干净。接下来的内容是对这一研究主要走向的总结，而把更高质量的叙述留待日后用更多的篇幅详述。

二、过去的当下

要想深入地理解转型年代工人领袖群体的经验，就必须关注在此之前的巨大危机。

夸祖鲁-纳塔尔省的内战和暴力根源已经得到了充分而系统的研究（Kentridge，1990；Bonnin et al.，1996）。大量学者所提出的及真相与和解委员会所确定的事实是，为了确定该省内另一场运动的兴起，因卡塔（Inkatha）的"反动员"（Counter-mobilization）于 1985 年开启，而其武装力量在短短几个月的时间内就与政权的反革命打得难解难分[13]。这主要是由于黑人工人地区变为一场为地区所控制的绝望斗争的中心，暴力在这个省份不断升级。这场灾难的范围和悲剧属于其他地区，但是，从两个方面来讲，其后果对这一叙事至关重要。

第一，暴力让"每件事物"都变得动荡。无论如何，这都是一个完全"不安"的时期，其中人们被捕捉到一个失控的过程中。之后发生的极端状况一度造成了严重的个人和社会危机，而最重要的是造成了领导能力方面的危机。正当其所滋养的反抗与动员的兴起让人们感到"有能力"去斗争和领导时，他们的世界被"颠倒"了。第二，在冲突发生之前，他们之中只有 52% 的人被鉴别为强烈支持所有议会传统（Sitas，1986；Seekings，2000；Sitas，1989a），在仅仅四年后，他们就接受了这样的身份，或者因缺乏能力，他们把希望寄托在"英雄"或者整个解放运动上。

然而，当"动荡"与失控同时发生时，这种对希望的"寄托"也到达了"形而上学"的竞技场：由于"战争"和"保护"而对灵药（muti）使用的上升也在别处有所记录[14]。我自己所搜集的事实是，在暴力发生前，仅有 31% 的人使用灵药，在暴力过程中达到了68%，直到 2000 年下降到 47%。伴随着寻找民间医药的过程，"宗教虔诚"也在增长。

　　那是一个极端的年代，那个年代是如此的极端，以至于80％的人背井离乡，以避免遭打击或杀害。长期以来，他们丧失了与团结网络的直接接触。65％的人拥有/持有枪械，59％的人直接参与过暴力或战斗，45％的人遭受过直接攻击。夸祖鲁-纳塔尔和东兰德人群的差异在于，前者中的所有人"认识"他们的"敌人"和攻击者——这些人是他们自己社区的成员。而在东兰德，他们是一支来自外部的力量，是所谓的"那些来自客栈的祖鲁人"。

　　那个"动荡"年代的单纯而强大的特征就是，"同志情谊"——对"阿玛恰宾"（amaqabane，祖鲁语——译者）社区的归属感与相应的对等义务得到了巩固。它表明了一种从"实践"、"修辞"与"英雄"向"实质"的转换：一种有关对等性、归属感和实践关怀的至深感受。

　　他们的生活轨道在向后种族隔离政策的转型中发生了改变。1990年代，即"曼德拉的十年"中的"故事"在下述简单的统计数据里得到揭示，这些数据在导言中已经提到过：51％的人情况向好；25％在相同就业环境中"停滞不前"；22％的生存机会"恶化了"。

　　对大多数人而言，曼德拉被释放后的十年在物质上是有一定回报的。然而，有大量人群仍然在他们的营生中"停滞不前"，在他们的生存机会方面只经历到了小步改善。22％的人失业并丧失了对既往社会资源的获取渠道，并且构成了"生存者/非正式"部门中那些活动的骨干力量。因为决意参与暴力犯罪或贩毒，剩下的2％的人陷入了严重的"犯罪麻烦"。

　　"流动"、"停滞"与"恶化"三大群体并不能代表南非社会的大趋势。事实上，这三大群体构成了转型过程中的一个"优势"阶层。毕竟他们是一场深刻运动中重要的领袖人物，这场运动对种族隔离和现状造成了巨大的挑战。如果企业管理层和国家寻找（他们明显也是这么做的）潜在地参与转型过程的领袖，那么这些活跃分子就构成了一群预先选定和久经考验的富有才干的候选群体。然而，在社会学意义上，他们确实反映了南非黑人工人阶级的特点：53％的人是与家乡有着紧密联系的第一代城市工人，27％的人是第二代城市居民，15％的人是第三代城市居民。在那些与家乡和郊区有着紧密联系的第一代"市民"中，大约有一半的人在内战中丧失了所有这样的"联系"。对他们而言，"因卡塔（控制）地区就是另一个国家"。

　　第二，他们都是"战斗的民主派"——义务、命令和草根意见就是他们日常存在的组成部分（Ginsburg et al.，1995）。他们明确把自己和"其他人"区分开来，那些信奉父权和被威权式的民粹主义者统治的"西勒文尼"（theleweni，祖鲁语。——译者注），"我这么说，事情就得是这样"。他们在某种意义上属于"最优秀的"民主团体和抵抗组织，在我们这里涉及的地理区域内，这些团体成长于1970年代和1980年代之间。他们中的大部分是1979年之后的"产物"，当时工会主义及其社会运动的特征开始得到显现。然而，他们中的18%也是1973年德班罢工中积极且年轻的参与者。

三、流动者

对那些转型后变为"流动者"的人（51%）而言，他们的富足超越了他们"最为狂野的期待"。工薪阶层在不到四年的时间里薪水比之前增长了7～15倍，开上了私家车，并且其中的55%更换了住房，移居到了"更好的地段"。

在我试图对流动性事实建立关联的所有变量中，只有先前的教育这一变量表现出了显著性。教育水平越高，就会有越多的人成为流动者。这也以"另一种"方式展现出相关性：一个人接受的正规教育水平越低，这个人就越会有大概率被划入"失败者"的范畴。对转型的体制性牵引似乎并不偏好接受"口头教育"的人，而是更为偏好具备一定正规教育的资历。

这一趋势的唯一例外是妇女：她们的流动性与其受教育程度无关。进一步说，只有女性成功地触及中层管理者以上的职位，并最终晋升至最高管理职位。但是，这个群体中只有8位妇女成功地完成了这样的流动。此外，她们中的40%继续作为一家之主独立生活，她们与她们的孩子以及数量不断增长的亲戚、家属一起生活，这些亲戚无力承担教育费用或照看其家属，她们还会与来自"同志性网络"的孩子们一起生活。特别是在"流动性"群体中，妇女平均要"照看"的人数在8～10人。这种情况令人吃惊的一面是，只有那些"停滞不前者"才能意识到"教育"是"一些人移居而另一些人没有移居"的原因。

这些"流动者"带着一种使命进入国家机关、管理层或大规模非营利组织：成为"转型的承担者"或"转型的行动者"，"国家的建设者"或"关心社区的杰出人物"——他们把自己视作新的民主统治的仆人。

四、中等阶层中的挑战

一旦占据了新的官方职位，"中层同志"就会经历未曾言说的挑战。建立在他们叙事基础上的遭遇可以被分成三个阶段。第一个阶段就是一段时期的"善意"——他们在"那里"是为了"成就一些不同"，为了"把他们的组织再次与新南非的方向统一起来"。他们是"人民的人民"，"与草根同呼吸"，他们应该去"处理人民与人民之间的关系"，并且他们还将"让事情得以实现"。他们是要"证明（他们的）价值"。这一最初的"善意"很快就得到了"检验"（第二个阶段）。对这一"善意"的检验导向了失落并进一步导向了"不协调状态"的阶段，在这一阶段，他们的合法性遭到了严重的挑战。这就导向了第三个阶段，在这一阶段，他们开始转移他们的能量，把掌握权力和非洲化作为他们的首要目标。

第一个让他们开始"失落"的问题就是，一个特定的玻璃天花板阻断了他们的流动。无论他们的经验和之前的教育水平让他们"向上"流动到何种程度，但资质的缺乏却让他们依旧停留在中层或低层的管理岗位上。他们缺乏现代官僚制中的资历，这种官僚制在其为发展所制定的规则中是透明化的。他们不仅在中层向顶端的流动中"停滞不前"，而且同样主要被集中在与人际关系相关的领域，在这些领域中，他们被视作顶层管理者和车间之间的新中等阶层。

此外，他们还在与白人和印度裔的中层经理人的互动中遭受歧视和羞辱，这些人把他们视作"政治式的"任命，还把他们视作"无能的"和"无技术的"。在他们的观感中，提高工作绩效中的"标准"问题，要求"不间断地评估"等是背叛他们的"顽固的"种族主义的。他们单纯地对新的职责"感受到威胁"，并且不能摆脱种族隔离制度造成的思维方式。"不是对我们的善意感到感激，他们反而打出了种族牌……我们不得不容忍他们……我们被当作猴子一样……"

作为结果，他们在工作和生活中对种族张力的经验不断增加，这让他们意识到，他们在"这场权力博弈中的"唯一的盟友和地位只能在车间里找到，只能在等级体系的下层寻求更广泛的蓝领与非洲选民的支持以参与他们新的斗争。他们共同的理由是而且持续会是关于技能、工作表现的标准和车间的流动性。

与此同时，他们对新一代黑人，即"大学生"向官僚体系和管理层的涌入也感到失落，这些新一代黑人具有必要的资质，并且暗地里有一条不同的流动轨道。新一代黑人被视作"不忠诚"且"偷奸耍滑"的，而且在做决策和执行决策的过程中缺乏对权威的认同。"这些新生代人"没有"参与过斗争"，他们不仅是"个人主义者"，还是"机会主义者"。

通过这种新形式的张力与较量，他们努力寻找教育机会以便巩固地位及进一步晋升。这显得十分困难：他们处在这样一种年龄群体中，即进一步的教育会对他们的家庭生活造成负担。他们的在职学习和培训也阻碍他们将更多高质量的时间投入到他们新的社会经验中去。此外，管理层更愿意为他们之中更年轻且更有资质的人提供教育和培训。大约有一半的"流动者"（那些"停滞不前者"会使用这个术语）已经在更有资质的"非洲年轻人"手底下工作，而这些"流动者"对这些年轻人的能力有着高度疑虑。

在集体层面，一种早就存在的种族民粹主义在"流动者"中间开始抬头——"印度裔"和"白人"在一个零和博弈中是"问题"和"敌人"，要么是"我们"，要么就是"他们"。"他们"要求取消"欧洲中心主义""种族隔离""种族主义"的封锁、工作标准和其他的"无稽之谈"。

扩散到他们生活中的最为显著的种族主义化的思想是，他们不仅仅制造"这些陈词滥调"，他们之中有 9％的人对种族主义转换到了一些超过情感界限的观感。白人和印度裔"如何如何"（通常接着就是贬低式的言论）是本质上的、自然的和永不悔改的。"他们这么做"是固有的，在南非的各类组织机构中，构成了一种障碍和一种可被消耗掉的剩余。尽管这种观感的起源是在一种致命的"反种族主义的种族主义"的辩证法中得以发现的（在经典的萨特主义和法农主义的意义上），其开始成长为一种关于"存在"的实证主义和实践的哲学。尽管这种观点只在流动者群体中占据很小的一部分，但其势必会产生一种重大的影响力。我们因此可以谈论，无论我想象这样一种结论是多么不可能，但在社会中层里，一种处于萌芽状态的黑人种族主义已经产生。

对大多数人而言，种族化思想的主要表达与一种非洲民族主义是接近的，这种民族主义已经丧失了民族解放运动中的那种开放性[15]。属于他们的自然是在以往种族分布中的"土著"、"班图人"或"多数人"。"剩下的人"和"其他的人"只能通过许可才有归属，这种许可是由他们自己随意的区分方式来决定的。只有他们才能决定谁属于他们和谁不属于他们。这一框架"排除了"印度裔、有色人种和白人。

对另外一部分少数人（8%）而言，民族民主革命的本质仍然是非种族的，但他们的看法是，这依然需要很长的时间才能实现。他们告诉我，只有对具体问题的具体斗争才会改变"虚假意识""优越感"和对其他群体的种族主义。至关重要的区别在于：非种族主义的思想是，黑人可以证明，他们在教育、能力和技能培训方面是能够做到平等的（通过向他人证明，他们有资格获得平等）。这一想法遭到了蔑视性的拒斥。反之，其他人必须通过"具体的斗争"和团结来证明他们的非种族主义。其他人则必须证明自己是"兄弟姐妹"。

如果这一群体有朝向进一步流动的"向上"眼光，那么他们还具有一种朝向他们过去同志的"向下"眼光。这是由于他们仍然把自己当作"生产阶级"的一部分，而不是生产方式的所有者。他们中的三分之一仍然是组织白领工人的工会成员，他们中的大部分仍然是南非贸易联合会（Congress of South African Trade Union，COSATU）的成员——这一组织是工会的附属机构。即便是那些不是工会成员的人，作为资本主义运行的结果，他们的生存机会和工资收入微不足道，他们从老城的"火柴盒"移居到更为中产阶级的郊区的机会十分渺茫，但他们仍然把他们的信念理性化为更为广义的工人运动的一部分。

在他们答案中给出的主要理由既不是政治性的，亦非理论性的：这与社会和文化成见以及"体面"有关。62%的人强调，他们试图在婚礼和葬礼上和老同志们相遇，尽可能多地拜访他们，陷入麻烦时去找他们解决，帮助他们应付当下的问题，让他们参与各类委员会，并为他们老社区的社会、娱乐和文化活动提供支持。然而，65%的人都同意的是他们的新地位为他们及他们的家庭所开启的许多活动的新领域，替代了他们过去的邻里和社区。

五、"停滞不前者"

那些在自己口中依然"停滞不前"的人，也描画出了一个分三步走的过程：类似于"流动者"群体，他们经历了最初时的"善意"（第一步）。之后，这种情形被一场深度的危机取代，因为他们的就业安全遭到了"侵犯"、"消灭"和"结构变化"，他们的工作场所也经历了戏剧性的"规模缩小"，与此同时，经济也感受到了全球经济的竞争旋律（第二步）。而第三步就是一个"从废墟中"进行重建的时期。

他们最初的"善意"是通过他们为了"让事情运转"的努力而得到定义的："为了新民主贡献他们的微薄之力"，参与到决策中来（这是通过新的《劳动关系法案》而成为可能的），把劳动阶级带入新的讨论和伙伴关系中。这无论如何都不是一件容易的事情。他们发现自己无法信任管理层。专家和顾问的引入是为了改变工作的性质而不是咨询与参与，这有利于给失业合法化、加重工作负担和低水平的加薪幅度（低于通胀水平）帮忙。

与"流动者"人群不同，种族问题在他们的考量中并不是广泛存在的。据我所知，种族事件的发生在增加，但他们总是将其解释为"黑人工人为了他们的权利而奋起，并把他们过去所想和缄默不言的东西说出来"的结果。这就"导致"白人种族主义在工作车间中被有效地和决定性地挑战。在他们的叙述中，种族主义存在于跨越过去与现在的连续性中，并且只会随着"新生代"才逐渐消亡。

他们最为压倒性的经验（这一群体中 90% 的人）是与保卫工作有关的。由于弱势企业和成功企业都在缩减规模和重组（前者是因为业务减少，而后者是因为在全球竞争影响下的业务增长），他们的时间主要就花在为保护他们的工友而设计的防卫性策略上了。他们感到，这一努力并非没有效果，而且每个人都有无数例子和细节来表明他们为了保住就业所做出的贡献。至于这种感觉的来源是否可靠无关紧要，事实是，在南非经济中，有 20% 的正式岗位正在流失（Sitas, 1998），他们认为，如果他们没有在那里，重组造成的后果会是更加毁灭性的。

同时，大约有三分之一的人意识到了他们的停滞不前，这些人参加了许多课程和培训项目以改善他们的个人处境。这并不容易，因为来自家庭和社交圈的压力会加重他们的"负担",作为在失业海洋中唯一挣钱的人群,这些压力以多种方式发生作用。就流动性而言,他们理解他们的"缺点"是什么,但由于感到受"压力"的过多限制以至于无法对此进行补救。

对大部分人(72%的"停滞不前者")而言,工会力量在面对管理层权力时在衰落,同时在非国大、共产党和工会之间的"同盟"之间也在衰落(尽管他们已经尽他们所能对"局势"进行挑战)。一些人提到,在非国大本地和分支机构层面,影响决策更为容易,而无须试图通过工会来浪费他们的时间。

进一步讲,当管理层向他们表现出"善意"时,大部分的参与想法也都失败了。理由依然是,外来的顾问主导了大部分重组,向车间带来了新规则、工作的新方式和新设计。这种做法是,在"全球竞争力精神"的指导下使用最少的人工(唯一的参与是在之后"如何让顾问们的烂摊子起效")。

他们还发现,他们作为工薪族的这一社会角色让他们在更广泛的家庭活动和生计策略中担负起更多的责任,尽管他们的工资在逐渐增加,但现实的压力让他们的购买力十分有限。他们确实对基本服务的花销成本多有抱怨,另外他们收入和借贷的大部分还得用来弥补在内战中所损失掉的东西。这种损失的范围是很广的:从废弃和受损的房屋,到被抢劫的住所,再到这一期间的借贷负担。

在他们的考虑中,存在着一种持续而反复出现的主题,就是过去时代中的"志愿主义"正在消亡。他们很难再次找到这种志愿主义,而且在他们的工友中更难找到愿意把时间奉献给"美好事业"的人。运动带来的新自由、他们孩子生活的正常化、更多需要参加的葬礼、他们在社交关系中的长辈角色,都让其剩下的时间变得很少。作为"更有经验的人群",他们还把他们的许多精力投入到帮助他人建立小生意和生存活动中去。许多人"正在做一些事情",而这些事情是他们之前没有时间从事的——从舞池跳舞到教年轻人足球,从成为学校委员会成员到成为教会长老。他们还对一种正在兴起的新的实用主义亚文化做出评论:"你不愿意做任何免费的事情",因为"在新南非没有人再做免费的事情了"。

在更为深刻的意识形态层面,他们把自己视作"工人阶级"或者是其核心生产性的组成部分。他们的劳动被视作国家财富的源泉及国民收入的来源。他们的确把自己及他们的社区视作再分配的"正当接受者"。从住房到养老金，从就业重组到国家服务，他们在每个议题上"结成的队列"是一种与"阶级"有关的队列，这一阶级从与国家政策的对抗转向了新分配体制中的协作。在他们的声明中，提示出一种正在增长中的"合作式他者性"的亚文化。

在他们自己个人生存机会的层面，其反馈倾向于宿命论式的。他们似乎已经认命，对他们自己和他们的家庭而言，他们只能看到边际性的增长。尽管他们是乐观的，即认为对这个国家里大多数黑人而言，"事情"会变好，但他们又总是说，如果没有"斗争、斗争和斗争"，事情是没办法变好的。对这种"斗争、斗争和斗争"来说，存在着"两个前线"——消灭"真正的反革命者"——那些社区内的帮派分子和流氓，以及让"领导层负起责任"。然而，"不负责任"的领导人的例子在工会、地方政府机构、发展组织、城市顾问和传统权威中都存在。

他们与"流动者"和"恶化者"中的同志都在"保持联系"——大部分是通过社会活动和相互拜访。在这样一些遭遇中，他们就各自的问题进行自由交流，相互交换信息并探讨解决方法。用他们其中一个人的话说，"没有门已经被关上"。他们共同的过去依然是促进他们对话的主要动力。

六、恶化者

那些由于失去工作而生存机会恶化的人也在过渡时期经历了独特的情感阶段：第一个阶段被描述为一个"百万承诺与千次握手"时期——这涉及与权力经纪人关于新机会的许多讨论；也涉及对替代选项的规划："等待，协议，再等待"。第二个阶段促使他们开始行动——他们试图把他们所做出的协议确定下来，试图激活他们的网络，由此创造某种生计。第三个阶段紧跟着他们所有"努力"的失败，由此带来了一个重要的幻灭层面。

主流的解释是"这仍然是可能的"：如果没有腐败的中介以及个体，那么这场"运动"本来是可以照顾他们的。由于"无原则性"以及"窃贼"对这场运动的干扰，他们损失了自身的利益。另一个推论是，"如果没有非法移民"、街道上"无原则的经营者"以及非正式部门的一般性"无政府状态"，那么他们本来是能够为他们自身建立某种更安全的状态的。

我的大多数理论与实践工作都是"在增强对工人阶级脆弱部分的政治观的影响，这样才可以在别处对这群人的动态做出更详细说明"（Sitas，1998）。包括其领导者在内，这群人的脆弱的经济活动遍及城乡，既包括地方政府，也包括乡俗权威，这是一个不断讨价还价、丧失、重组，以及再侵占的无休止过程。这里，他们同志般的网络关系是非常重要的。在涉及许多贫困人口的经济活动领域，每个人都有他们自己的网络，"流动的"以及"停滞不前的"人仍然是有价值的资源。

有些人通过酒精和各种疾病来感受这种恶化，他们的人生在字面上被描述为"悲惨的"。即使更有本事的人出面干预，他们也被看作"无可救药"的，成为他们家庭的"负担"。

其中有些人（约三分之一）对开启南非过渡的"妥协"给予恶毒的批判：他们批评与"南非白人和雇佣者"的和解，"看他们暗地中伤，我们却说谢谢"。而大多数人则指责他们先前的劣势——"没有技能，没有受过教育，一无是处，现在我们正在遭受苦难"。

与"流动性"群体一样，这个群体也正在经历一种与其"地位不相称"的情感经历。他们过去的领导权赋予了他们的地位，现在他们被"他们的孩子严厉批评"。"你摧毁了我们的生活"——这是孩子们的共同心声，或者说，"你给予了一切但你现在什么都不是"。

七、信任与互惠

除非反革命的困难时期得到理解，否则，"同志关系"的概念仍然是高深莫测的。"斗争"（umzabalazo）的本性以及它所带来的各种互惠互助是建立信任体系的一个重要背景。根据他们的道德准则，同志是"可信赖的"、"自我牺牲的"以及"照顾我们的"；他们是"真实的"，所有这些"真实"的人也都说，他们是"真实的"。这种信任体系包括"向上的"和"向下的"，当然，所有那些群体都是"中间的"。

然而，"常识"是，他们不满于"这种情况"以及现状，来自"这种情况"的委屈与问题定义了他们之间的日常交流活动以及整个社会。如果允许我区分我在其他地方所使用的三种倾向性范畴，即"不和谐"、"他者"和"抗拒"（分别对应于对一种情况的不安、对"我们"和"他们"的定义以及对现状的反抗和挑战），那么他们的回应可以分类为：

表 11-1　对回应的分类

不和谐	他者	抗拒
40%	20%	4%

对于其余 36% 的回应，我很难把它们分类到确定的倾向中。

在这个群体中，只有 16 个人跨越了实际抗拒的倾向性边界。他们不仅不满，而且在各种社会运动中实际有组织地表达了不满。有趣的是，他们中只有一半使他们的"同志"意识到他们的活动。当被问及为什么如此时，他们表达出对于摆脱归属感的尴尬和不适。4% 的人跨越了这样的情感边界，而 36% 的人却对政治不感兴趣，他们对于进一步的参与漠不关心。他们尊重那些不喜欢他们的人，他们"既抗议示威又抱有希望"。

如果做而非"说"、行动而非"语词"、实践而非"论证"定义了这个群体的"局内人"与"局外人"之间的区分特征——换言之，信任是基于承诺的——那么改变只能按照两种方式发生：首先是通过这一代人的逐渐老去以及带有新要求和新方向的新一代的出现来进行。新的管理公共事务的官僚将会招募新的大学毕业生，工厂也将会选择和招募新工人。这种改变的发生或许是困难的，因为这预设了工厂的老一代不会把新一代"社会化"为保持原有行为准则的文化模式。其次是从内部瓦解，一个有机的领导权定义了一种新的语言，开始打断原有的"松紧带"，领导核心不会聆听来自被新观念和新方向武装的"局外人"的声音。

八、更好或更坏

记者所拥有的材料越来越少，他们问，种族隔离结束后的生活情况是否可与种族隔离之前比较？这个问题会遭到来自叙事中所有参与者的反对——即使对于那些生活在贫困边缘的人来说也是如此。经过种族隔离时期的未被告知的艰难情况，又经过内战的暴乱，和平本身已经成为一个重要的事实。所有人都以和平为目的去争取权利、更好的工人待遇、更多的话语权以及更公平和更透明的规则。

对于政府内部的狭隘，他们指出，像 Yizo Yizo（一部令人恐慌并引发争议的纪录片，涉及黑帮、校园暴力、性别歧视、虐待和强奸）这样的电影是应该在电视上播放的。他们曾经组织过许多大型项目，这些项目在新的制度下终止了（例如文化与工人生活项目、贸易联盟研究项目以及劳动服务组织所开启的其他项目），对此，他们指出，这些项目由于捐款而得以存续，它们应该找到本土化的机制。唯一接近于浪漫主义的遗憾是他们所赞赏的但正在逐渐消失的旧式领导权。他们把领导位置上的其他人看作与他们自己类似的普通人，只不过在做着"额外"的工作。

在我于 2000 年进行采访期间，为了进一步理解新制度的"意义"，我决定关注那些重大"集会"。起初，我被"集会"的政治层面概念引导，但其实"朝圣"观念在他们的生活中才是特别"有意义"的。其重要性频率排序如下所示：

（1）德班的曼德拉释放游行（67％）；

（2）访问罗本岛（48％）；

（3）参见莫里亚教堂复活节庆典（38％）；

（4）太阳城或失落城假日（35％）；

（5）德班海滩节庆（31％）；

（6）国家队足球赛（28％）；

（7）"传统的"通过仪式（traditional rites of passage，27％）；

（8）克里斯·哈尼①的葬礼（25％）；

（9）谢姆贝教派节庆（22％）。

这一列表反映的所有社会学线索是没有意义的，除非能够按照时间分期进行整理，以更有力地说明问题：这开始于曼德拉的释放和德班游行。这是令人瞩目的，因为在夸祖鲁-纳塔尔的领袖们中，只有 2％没有参与这些活动。在内战和曼德拉释放后的一周里，这掀起了第一个高潮。

---

① 前南非共产党领导人，1993 年遭刺杀身亡。

到了 1993 年，他们之中的 25％（10％来自夸祖鲁-纳塔尔）十分重视哈尼的葬礼——同时似乎存在着一种向谢姆贝教派（Shemba）的转向。在参加哈尼葬礼的夸祖鲁-纳塔尔人当中，有一半也受到谢姆贝教派仪式的吸引。这与下述情况有关，一是战争中的颠沛流离，二是宗教情结的增长，三是为缓解病痛向传统巫医求助。

到了 1995 年，对传统通过仪式有意义的参与显著增加，因为人们开始重建他们的生活：1996 年，复活节向北部莫里亚山的朝圣频率也在增长；此外，整个 1996 年人们都在为国家足球队高超的战术水平摇旗呐喊。

到了 1997 年，随着"正常化状态"的推进，德班海滩在节庆期间游人如织，包括大量来自东兰德的人也选择到那里旅行。1998 年，去罗本岛游玩在较高收入的人群中也取得了一种"朝圣"地位，而同时发生的还有向太阳城/失落城的有组织探险。从那时之后，有意义的活动就碎片化为缺乏显著共性的低频活动了。

"解放政治"的重要性在下降，其通过对罗本岛的观光再现为一种私人符号性和记忆性的行为。只有不到 10％的核心成员还继续参加与非国大相关的游行。然而，宗教和习俗仍然具有影响力，对闲暇活动的享受也是这样（对那些承担得起的人而言）。不过，他们也关注到了正在恶化的社会经济形式，每个人都注意到了草根阶层中犯罪情况的增加，"的确，他们买的很多东西据说都是偷来的，但大部分人仍把犯罪视作一种道德冒犯"。他们支持打击罪犯的直接行动。他们还参加工会和社区会议。

他们还深深地担忧对疾病的蓄意传播和社区中葬礼的频次。尽管他们关于艾滋病病毒/艾滋病的看法存在着分歧，并时常为组织内部和媒体中的辩论所困扰，但他们仍意识到存在着"一种正威胁着我们生命的东西"。那些南非共产党当中的活跃成员几乎毫无异议地认为，艾滋病病毒导致了艾滋病，他们还认为，"姆贝基（Mbeki）和曼托（Manto）是错误的"。这反映出机构讨论和教育中的严重问题。那些相信艾滋病病毒会导致艾滋病的人，对政府反对实行反逆转录病毒运动进行理性化的说明："他们必然知道一些我们不知道的事情，却因为顾忌后果而不愿将之和盘托出。"

他们大部分人也关注到（且厌恶）腐败——他们指出，腐败是种族隔离时代国土管理和地方议会的一大特征。但他们还指出，"现在这正在变成每一个地方的特征"。这里包含着一个严厉的评价："同志们是有责任的，那些没有责任的，就不是同志。完蛋了。不要给我们黑人这个或那个，或者白人的心理学，事实就是事实。"他们用与疾病相关的比喻来解释容易腐败的倾向，包括"病毒"、"细菌"和"感染"这样的语词。

后种族隔离政府启动的多层次私有化进程，明确被他们之中的62%视作负面的。他们的逻辑是简单的：这意味着进一步的失业，并且这对穷人来说意味着更多的花销。唯一被他们视作支持性的私有化是把类似于"21区"（Section 21）这样的公司和信托转让给非营利组织。他们也对与工会有关联的公司表现出一种模棱两可的态度：尽管钱财会流向工人利益，但这些公司是市场体系的一部分，他们也不得不增加开销，而这些开销会加重较穷社区的负担。

但最大的"苦难"还是不断增长的失业。对大部分被采访的领袖而言，这是所有其他问题的根源。他们指出，你"不能指望资本家去解决这个问题，这与他们存在的理由是相悖的"。他们坚持，"政府必须解决这个问题"。有些人还补充道，"我们必须帮助政府解决这一问题"。然而，另一些人补充道，"如果失败了，我们就必须强迫政府来解决这个问题"。不断增长的创造就业和政府干预的压力势必会在社会的不同层面产生反弹。

结　论

过去把工人运动中横向的同志情谊联结在一起的松紧带并没有断开。对对等的记忆及对它持续的回顾和再造还在继续。在转型过程中产生出来的需要和直接利益使这条松紧带的弹性产生了巨大张力。如果真是这样，那么，从手头的证据来看，它就会通过合法的领导人从"内部"被弄断，而这些领导人从长期看是能够表现出一致性的。同时，快速阶层分化的压力和在部分议题上的对立主张看起来都不足以产生这样的结果。

在同志情谊的自我定义中，对民族、种族和阶级的澄清是处在中心地位的，但这种澄清正在遭到日常分化了的需要的挑战，然而它却依然是有韧性的。所有上述内容表明，作为一种决定性的意识形态，民族主义是持久且具有韧性的。这种韧性也是由于一个更为物质的核心：建立于具体利益之上的相互依存的群体——如果没有这些作为工薪族的"停滞不前者"，那么对新的穷苦人的掠夺性策略也是不可想象的；在没有其他人的条件下，流动阶层谈论对那些"停滞不前的"工薪族的掠夺也是不可想象的。每个群体都可以视作为其他群体提供了必要的"社会资本"[16]。尽管其意义上的"转变"已经被重新设定，但对种族、民族和阶级的澄清仍然在继续。我们通过社会历史和社会学去认识的这些人并不是间歇性地对经济力量或经济"基础"的冲动做出反馈。他们也并不是"虚假意识的受害者"或者对他们"真实"利益的永久"误认者"。

这一叙述所涉及的一代人，其平均年龄为 50.01 岁。他们在车间中的存在正在"被削弱"。工会中车间的新领导权已经落到了"30 岁的人"的手里。这些"年轻人"出生于 1973 年，当联合民主阵线成立时，他们才只有 10 岁。对经历 1988—1994 年的大屠杀而言，他们年纪也足够大，并且鉴于"战争"的年轻本性，对参与其中而言，他们年纪也足够大，但还没大到足以领导战争。

在他们自己的世代中，在多数年轻人失业的情况下，他们是作为成功的少数派进入工作生活的。他们还不用为了任何改革或民主整体进行"战斗"，这是上一代人所成功建立的。他们名义上是艾滋病病毒／艾滋病的一代（Campbell，2003）。他们比起"同志运动"的那一代人，要多读一年半的书。失业潮期间，鉴于"先进后出"的原则，他们在车间的生存让他们变成了最终的达尔文主义者。老一辈对他们的文化品位多有抱怨——老一辈偏爱"马斯坎达音乐"①，他们用饶舌音乐来回应。他们认为自己"更像美国人而不是南非人"，他们也认为自己深陷债务负担和商品文化的诱惑中。他们还把自己视作不知疲倦的。不和谐、异质性的未来将会是两代人之间的争执。

注释

[1] 这篇文章是对这一主题的主流声音的一个简短的概括，并没有太多个性化的东西。要将现有的关于这一主题的所有观点和声音进行一个公正的评价则需要更长的篇幅。

---

① 一种祖鲁传统音乐。

［2］在我 2002 年发表的文章《工会运动传记》（"Autobiography of a Trade Union Movement"）中，"横向同志情谊"与其文化形成的"弹性"等主题都得到了探讨。另外参见 Sitas，1997。

［3］类似的担忧及其对有组织的工会运动的影响启发了萨科拉·布伦古（Sakhela Buhlungu）的研究。参见 Buhlungu，2000；2002。

［4］对暴力及其对工人运动与黑人工人阶级组织的影响的相关论述，参见 Bonnin et al.，1996，关于收容所暴力的内容，参见 Sitas，1994。

［5］我当时正在协调夸祖鲁-纳塔尔省的工人监察组织，该组织对愈演愈烈的抵制和抗议活动进行研究并发表成果，这提供了一种与众不同的信息渠道。随着暴力事件的增加，对该地区民主工会领导层的情况进行监测变得十分必要。由于这些监察都是秘密进行的，所以这些研究及相关信息都是以匿名的方式呈现的。请参见 Labour Monitoring Group，1985。

［6］这项工作的一个成果见于 Sitas，2002。

［7］这种"客观性"在 1992 年至 1993 年是一种必要的生存策略，当时我正担任和平调解本地争议委员会中的媒体与文化委员会（Media and Culture Committee of the Peace Accord's Local Dispute Resolution Committee）主席，这个委员会让我有机会接触极端冲突领域，却又让公开发表关于这些问题的文章变得十分困难。

［8］监测项目被视作黑带组织对暴力活动报道的补充，有许多女性投身于这一项目中，她们不懈地工作，为暴力活动提供了见证并为黑人社区中的死伤情况提供了详细信息。

［9］领导人是通过选举得以确定的。这包括了工会运动和妇女运动（纳塔尔妇女组织）中的工人阶级领袖（商店店员和失业人员）、从商店店员中被选举出来的青年领袖和南非工会大会里本地工人中的文化积极分子/领袖。最终的名单里，有 52％的男性和 48％的女性。75％的成员年龄超过 30 岁，剩下 25％为青年。关于工会结构的问题，请参见 Pityana and Orkin，1992；Sitas，1992a；Adler and Webster，1999。关于妇女参与，参见 Bonnin，2000；2001。关于青年，参见 Sitas，1992b 和 Marks，2001。关于文化、文化结构和文化激进主义，请参见 von Kotze，1987；Sitas，1989b，1992c；Bonnin，1999。

［10］继关于"收容所暴力"的文章之后，我再度对东兰德地区产生兴趣，1980 年代早期，我曾在这里做博士研究，对新部族主义进行

论述（Sitas，1994）。所以，东兰德地区的领袖也被归于这一群体中。

　　[11] 每个月的最后一周，要么是我要么是"列表"中的领袖们去与名单上的人保持联系。如果失败了，还会有另外 9 个当地人接力。在夸祖鲁-纳塔尔，这件事在过去是由已故的艾尔森·葛瓦巴扎（Elson Gcwabaza）来协调的，他在暴力事件中存活了下来，却死于 2003 年的谋杀，凶手至今未能抓获。

　　[12] 其他人死于意外和（或）"疾病"。

　　[13] 参见 Sitas，1986。关于民主联合阵线与因卡塔党间冲突的广泛趋势，请参见 Seekings，2000。

　　[14] 这些持续因素及其后果在索阔扎尼·夏巴（Thokozani Xaba）的文章中得到了探讨（1998）。

　　[15] 关于开放民族主义与封闭民族主义之间的区分，参见 Leo Kuper's，1972。

　　[16] 参见凯瑟琳·坎贝尔（Catherine Campbell）对社会资本的讨论（Campbell，2003）。

参考文献

Adler, G. and Webster, E. eds. 1999. *Consolidating Democracy in a Liberalising.*

World: Labour and Transition in South Africa. London: Macmillan.

Bonnin, D. 1999. "'We Went to Arm Ourselves at the Field of Suffering': Traditions, Experiences and Grassroots Intellectuals." *Labour, Capital and Society* 32(1).

Bonnin, D. 2000. "Claiming Spaces, Changing Places: Political Violence and Women's Protests in KwaZulu-Natal." *Journal of Southern Africa Studies* 20(2).

Bonnin, D. 2001. "'I Am Poor, I Must Start All Over Again': The Impact of Political Violence on Household Economies: A Case-Study from KwaZulu-Natal." *Society in Transition* 32(2).

Bonnin, D., Hamilton, G., Morell, R. and Sitas, A. 1996. "The Struggle for Natal-Kwazulu: Workers, Township Dwellers and Inkatha, 1973—1985." in R. Morrell (ed.) *Political Economy and*

Identities in Kwazulu-Natal. Durban: Indicator and Natal University Press.

Buhlungu, S. 2000. "Generational Change in Union Employment: The Organizational Implications of Staff Turnover in COSATU Unions," *Transformation* No. 38.

Buhlungu, S. 2002. "Full-Time Officials and the Dilemma of Leadership: A Study of the Dynamics of Democracy and Power in the Post-1973 Trade Unions." PhD thesis, University of the Witwatersrand.

Campbell, C. 2003. " *'Letting Them Die': Why HIV/Aids Prevention Programmes Fail.*"London: James Currey.

Ginsburg, D. et al. 1995. *Taking Democracy Seriously.* Durban: The Indicator Press.

Kentridge, M. 1990. *An Unofficial War.* Capetown: David Phillip.

Kuper, L. 1972. "History of African Nationalism." in M. Wilson and L. Thompson(eds) *The Oxford History of South Africa,Vol. II: South Africa 1870—1966.* Oxford: Oxford University Press.

Labour Monitoring Group. 1985. "Monitoring the Sarmcol Stay-Away." *South African Labour Bulletin* 11(2):89-112.

Marks, M. 2001. *Young Warriors: Youth Politics, Identity and Violence in South Africa.* Johannesburg: University of Witwatersrand Press.

Pityana, S. and Orkin, M. eds. 1992. *Beyond the Factory Floor.* Johannesburg: Ravan Press.

Seekings, J. 2000. *The UDF: A History of the United Democratic Front in South Africa 1983—1991.* Capetown: David Phillip.

Sitas, A. 1986. "Where Wealth and Power and Blood Reign Worshipped Gods: A Sociological Analysis of the Durban Troubles, August 1985." *South African Labour Bulletin* 11(4):85-121.

Sitas, A. 1989a. "Ethnicity, Nationalism and Culture in Natal's Labour Movement." *Institute of Commonwealth Studies: The Societies of Southern Africa* 15(38):267-278.

Sitas, A. 1989b. "Le Vol du Gwala-Gwala, le culture dans le mouvement ouvrier au Natal." *Nouvelles du Sud: Arts, Littératures, Sociétés* 12:191−215.

Sitas, A. 1992a. "Democracy and the Trade Unions of the 1990s." in K. Nurnberger(ed.) *A Democratic Vision for South Africa*. Pieter-maritzburg:University of Natal.

Sitas, A. 1992b. "The Making of the 'Comrades' Movement in Natal." *Journal of Southern African Studies*, September.

Sitas, A. 1992c. "The Voice and Gesture in South Africa's Revolu-tion." in R. Grele (ed.) *International Annual of Oral History*. New York:Greenwood.

Sitas, A. 1994. "The New Tribalism − Hostels and Violence." *Journal of Southern African Studies*, 22(2).

Sitas, A. 1997. "Neither Gold nor Bile:Industrial and Labour Stud-ies and Socio-Economic Transformation." *African Sociological Review* 1(1).

Sitas, A. 1998. *"'From People's Skills to People's Jobs':Report to the Economic Development Department*." Durban:Durban Metropoli-tan Council.

Sitas, A. 2002. "Autobiography of a Trade Union Movement." in R. Kriger and A. Zegeye (eds) *Culture in a New South Africa*. Cape-town:Kwela Books.

von Kotze, A. 1987. *Organise and Act:The Making of a Worker Theatre Movement*. Durban:Culture and Working Life Project.

Xaba, Thokozani. 1998. "A Disenchanted Modernity: The Accom-modation of African Medicine in Contemporary South Africa." in T. Silva Cruz and A. Sitas (eds) *Gathering Voices*. Montreal:Internation-al Sociological Association.

Youth Entrepreneurship Programme. 2002. *Youth Unemployment Report*. KwaZulu-Natal:Department of Economic Affairs and Tourism.

第12章 复仇主义美国的阶级、种族和超级监狱[*]

[美] 洛伊克·华康德 著 栾哲 译

美国后民权时代最大的政治变革，是吝啬的社会国家的联合倒退，是从改造了这个国家的阶层、城市和公民文化的庞大的刑罚国家中走出来的，并且它正在重新塑造"黑人民族性"的特征。在管理处于阶级、种族和城市等级底层的贫困和被污名化的人口时，其有效地重新绘制了公共权力的边界，规定了使命和行动方式。随之而来的福利部门的缩小和美国国家刑事司法部门的扩大并没有受到贫困和犯罪的原始趋势的驱动，而是为一种对不值得和不受约束的不满政治所推动的。这些被污名化的人口的最主要的组成部分是公共援助的接受者和街头犯罪分子，他们被诬陷为"黑人下层阶级"的两个恶魔，在复仇主义的几十年里，"黑人下层阶级"在新闻、学术和政策辩论中主导了对美国城市困境的讨论[1]。复仇主义的几十年消化了 20 世纪 60 年代的国内混乱和 20 世纪 70 年代的滞胀，然后见证了世界历史上最大的狂欢热潮[2]。

在这篇文章中，我展示了过去 30 年来美国警察、刑事法院和监狱活动的巨大扩张和强化，这种扩张的目标十分明确，第一是阶级，第二是种族，第三是地点，其结果不是大规模监禁（mass incarceration），而是导致贫民区中的（亚）无产黑人的超员监禁（hyper-incarceration）。这种三重选择性表明，建立一个过度活跃和过度膨胀的刑

* Loïc Wacquant. Class，Race & Hyperincarceration in Revanchist America. Daedalus，2010，139 (3)：74-90.

罚国家，使美国在监禁方面成为世界冠军，这是对民权运动和 1960 年代中期贫民区骚乱的延迟反应[3]，通过帮助将无安全保障的工人作为后工业劳动阶层中不熟练阶层的正常工作领域来促进新自由主义革命[4]。一边是贫民窟中的监狱，另一边是受到监督的福利制度，这不是一个道德困境，而是一个政治难题，要求对社会不安全时代的阶级不平等、种族污名和国家之间的关系进行更广泛的分析——最近格伦·卢里（Glenn Loury）在他的坦纳演讲中提出了这一观点[5]。在摇摇欲坠的内城中反对贫困的种族化惩罚，需要一种不同于大规模监禁的政治对策，并要求对这种反应的政治障碍进行分析，这必须超越"涓滴式"（trickle-down）的刑罚改革，以防止国家进一步促进和巩固边缘化。

人们常将这半个世纪的稳定归功于美国的拘留所和监狱在过去 30 年里出乎意料地呈指数增长。但是，在狱服刑人员的急剧增加——从 1975 年的 38 万人增加到 2000 年的 200 万人和今天的大约 240 万人（包括未成年人和被关在警察局的人，这些人没有经过官方的修正统计数字登记）——只是刑罚国家全面扩大的一部分[6]。福特主义时代结束后，美国惩罚性转向的四个独特但未被足够重视的维度构成了我分析国家纪律触角向穷人部署的背景。

第一，这种惊人的增长是值得注意的，因为这种增长不是因为平均刑期的延长，就像以前的监狱式的膨胀时期一样，主要原因是拘留所和监狱收容人数激增。在州和联邦监狱服刑的人数从 1980 年的 159 000 人增加到 1997 年的 665 000 人（占同期囚犯增长的 80％ 以上），然后在 2002 年后稳定在每年约 50 万人的水平上。这一激增使美国与西欧国家大为不同，西欧的大多数国家虽然在过去的 20 年中也经历了一个监禁量稳定增长的过程，但这种增长不是由于流量的增加[7]。造成美国监禁体系的这种"纵向"增长的主要因素是警察逮捕的人数急剧上升，以及监狱作为城市社会紊乱的"前线水坝"所发挥的巨大作用。这种警察的极度活跃与犯罪趋势不相称，与犯罪趋势脱节。举一个例子：在纽约市，在当时的市长鲁道夫·朱利亚尼（Rudolph Giuliani）倡导的"零容忍"运动下，1993 年至 1998 年，逮捕人数增加了 40％，增至 376 000 人，而犯罪率下降了 54％，达到 323 000 件，这意味着，在这段时期结束时，警方逮捕的人数超过犯罪记录，相比之下，最初时这一数字仅为记录的一半。尽管在这些逮捕行动中，很大一部分人没有被起诉，但入狱人数增加了四分之一，导致城市拘留设施的紧张和混乱[8]。

由于加强治安，加上限制罪犯的倾向上升，美国监狱已变成要承担每年在全国范围内处理一千万具尸体的庞大行动的场所，除此之外，还要承担大城市无产阶级生活中各县和关键机构预算的大量消耗[9]。事实上，由于拘留所"接待"的人比监狱多得多，导致拘留所人员更替率高、地方性人满为患、人口异质性以及行政管理向基本管理的转变（监狱长的两个首要任务是尽量减少暴力事件和抑制工作人员加班），与监狱（内部）相比，拘留所在城市秩序的底层会造成更多的社会混乱和家庭混乱。然而，他们在很大程度上仍然处于研究人员和政策分析人员的监视之下[10]。

第二，刑罚制度的纵向上升已为"横向"蔓延所超越：那些因缓刑和假释而长期处于监狱阴影中的人的数量甚至比被关在监狱里的人还多，分别达到 400 万人和 100 万人。在刑事司法监督下的总人口从 1980 年的 180 万人增加到 2000 年的 640 万人和 2007 年的 740 万人。对缓刑和假释人员的处罚值得刑罚国家进一步讨论，这不仅是因为它们涉及的人数比罪犯多得多（1998 年，11 个州的在押人数超过 10 万人，比法国多出 87 000 人），而且因为两者都更有可能导致（重返）监禁：在 1997 年，脱离这一身份的五分之二的缓刑人员和五分之三的假释者在三年内被送回监狱，原因是他们要么犯了新的罪行，要么违反了释放的某一项行政条件（例如，他们没有进行酒精测试或失去了工作，或与假释官失约，或未经许可就离开了派任国）。在过去的 30 年里，从回归社会的恢复期到刑事陷阱，假释的目的和功能发生了巨大的变化，因此假释现在被正确地解释为延伸监管制度，而不是其替代方案[11]。

随着刑事司法数据库的规模、范围和使用的指数增长，刑事当局的范围也大大扩大，超出了缓刑和假释的范围，截至 2000 年，该数据库包含约 6 000 万份关于大约 3 500 万人的档案。新的监督措施包括：通过互联网传播官方的"犯罪记录"（rap sheet），雇主和房地产经纪人程序化的"背景调查"，公告制的普及（以及相关法律试图将特定类别的罪犯，如性犯罪者，从社会团体中清除出来），以及由联邦调查局协调的从旧式指纹和面部照片到 DNA 指纹的转变[12]。这些制度的触角，以及在其允许的范围内进行剖析、监视和封闭的常规做法，通过扩大司法污名对工人、住房和婚姻市场的影响，严重限制了前囚犯及其家庭进入日常生活的机会[13]。立法者进一步扩大了这些制裁措施，增加了一系列关于重罪犯获得公共服务、特权和福利的限制，涉及从公共住房和公共就业到大学奖学金、养育子女以及投票权的相关事宜[14]。

第三，刑事"大政府"的出现可能是由于资金和人员的惊人增加。美国的拘留所和监狱支出从 1980 年的 70 亿美元跃升至 2000 年的 570 亿美元，并在 2007 年超过 700 亿美元，而这一时期的犯罪率并未增长，并在 1993 年后稳步下降（与此同时，刑事司法支出增长了 7 倍，从 330 亿美元增至 2 160 亿美元）。这一 660% 的预算增长相当于历届政府宣布控制公共开支期间的真正的监狱"马歇尔计划"，为再注入 100 万名刑事司法工作人员提供了资金，这使司法系统成为全美国的第三大雇主，仅次于人力公司和沃尔玛，月工资支出为 24 亿美元。

政府的公共职能的扩大与其福利作用的缩小是相辅相成的。1980 年，该国在两项主要援助计划（向抚养未成年儿童家庭提供 110 亿美元的援助和 100 亿美元的食品券）上的支出是惩教系统（70 亿美元）的三倍。到了 1996 年，当"福利改革"以接受无保障就业作为扶助条件的义务取代了获得公共援助的权利时，医疗预算增加了一倍，比抚养未成年儿童家庭的援助和食品券的金额加起来还多（540 亿美元，而后两者分别为 200 亿美元和 270 亿美元）。同样，仅在 20 世纪 90 年代，华盛顿就削减了 170 亿美元公共住房资金（减少了 61%），并增加了 190 亿美元用于修建监狱（增长了 171%），从而使监狱成为全国穷人的主要住房。

第四，建设美国庞大的刑罚州（penal state）是一项全国性的努力，是两党的一项成就。许多学者强调，美国没有太多的刑事司法制度，是一个松散的、拼凑的、独立的司法体系，而且还受到行政不成体系和政策分散的困扰[15]。鉴于广泛的地区和国家的差异，其他国家强调了"地方政治文化"和"公民参与"模式在确定刑事制裁的组合和强度方面的作用[16]。还有一些报道称，共和党州长、大量的非洲裔美国城市人口以及"一个州的宗教和政治文化"对监禁率产生了重大影响[17]。然而，尽管存在着所有这些特殊性，但在过去的 30 多年里，刑罚的升级使美国的所有角落都受到影响，并在积极的惩罚部署上实现了事实上的统一。除了缅因州和堪萨斯州外，所有州的监狱数量在 1985 年至 1995 年都增长了 50％以上，这是在监狱最繁荣的时期。重返社会洗心革面在美国所有州都变得极为困难，这使惩罚成为监禁的主要的实践理论基础。

对政府不信任的增加，推动了所有司法管辖区趋于增加惩罚的力度[18]。此外，对刑事司法的政策控制已经转移到了联邦一级，自 20 世纪 70 年代以来这一趋势不断加剧，变得更具象征意义[19]。事实上，这种民族倾向是惩罚性力度增加的原因之一，因为它打击了该市贫困的少数民族地区[20]。由于两党都本能地支持刑事活动并扩大监禁，这一国家轨迹并未因州议会、国会和白宫政治多数席位的变化而中断[21]。共和党人声称他们将"对犯罪行为更加强硬"，但民主党多数人已经在加利福尼亚州、伊利诺伊州、密歇根州和纽约推动了这一监禁局面。民主党总统吉米·卡特（乔治亚州前州长，也是美国最具压力的州之一），发起了美国伟大的"监禁飞跃"。另一位民主党总统（也是另一个超级惩罚性州——阿肯色州的前州长）比尔·克林顿推动了世界历史上代价最高的打击犯罪法案（1994 年颁布的《暴力犯罪控制和执法》），成为民主社会历史上最大规模的监禁扩张：克林顿增加了465 000 名囚犯，增加了 15 亿美元的开支，相比之下，罗纳德·里根增加了 28.8 万名囚犯，增加了 80 亿美元的开支。

上述情况表明，刑罚国家在国家机构上的足迹比通常所描述的要广得多，也要重得多。将 20 世纪末美国惩教系统前所未有的空前扩张称为"大规模监禁"已成为美国司法活动家、记者和监禁场景分析人士的常规动作[22]。这个词是在 1990 年代末的全国监狱辩论中提出的（在那之前，它被用来指二战期间关押在集中营中的日裔美国人），不久戴维·加兰德（David Garland）在关于"大规模监禁"的跨学科会议上编纂了这个词："社会原因和后果"（"Mass Incarceration：Social Causes and Consequences"），该会议于 2000 年在纽约大学举行，促进了对这一主题的研究[23]。"大规模监禁"这一概念的提出是很有吸引力的，因为它有助于在世界舞台上突出美国的特殊地位，将目前的状况戏剧化，从而引起学术界和公众的注意。就调动智力和公民资源而言，这一概念也很有用，它模糊了这一现象的信号特征。

"大规模监禁"是对所谓的"过度监禁"（hyperincarceration）的错误描述。这不仅是一种术语上的嘲弄——因为措辞的改变指向了对惩罚性转向的不同描述，这还导致了不同的因果模式，从而产生了不同的政策对策。大规模监禁表明，监禁涉及大量公民（如大众媒体、大众文化和大规模失业），这意味着刑事网络已被广泛地抛向整个社会。这是不准确的。首先，刑事犯罪在美国的盛行，虽然以国际标准来看是极端的，但很难说这与民众有关。事实上，与潜伏性肺结核感染（估计为 4.2%）和严重依赖酒精（3.81%）等发病情况相比，0.75% 的犯罪率并不算高，而对于这些确实已经达到了大规模比例的疾病却很少有人认真去探讨[24]。其次，在过去的 25 年里，警察、法院和监狱活动的扩大和加强绝不是广泛的和任意的[25]。他们的目标非常明确，第一是阶级，第二是人种（掩盖污名的种族），第三是地方。这种矛头指向导致了对某一特定类别人员的超期监禁，他们被困在摇摇欲坠的贫民区，而社会其他部分——包括最引人注目的中产阶级和上层非洲裔美国人——几乎毫发无损。最后，也更为重要的是，这种三重选择性是这种现象的本质属性：如果这个刑罚国家任意地推行政策，导致大量白人和富裕公民被捕，倾覆了他们的家庭，并像对市中心的非洲裔美国人那样摧毁他们的社区，那么它的增长就会迅速脱轨，并最终被政治对抗终止。因此，作为公共政策，"大规模监禁"只要在没有影响大众范围的情况下就是可行的：它隐藏了刑罚匕首的多重过滤器[26]。

　　阶级，而不是种族，是选择监禁的第一个过滤器。监狱迅速发展并占据主导地位，把种族、犯罪和惩罚作为兴趣中心（的理论）受到欢迎，抹杀了囚犯是最穷的人这一事实。事实上，自从 16 世纪末发明了"改造房屋"以来[27]，这种不变的阶级性是刑罚史上的一个永恒的主题，并且是为美国监禁史所证实的事实[28]。"光顾"国家监狱者绝大多数来自城市工人阶级中最不稳定的部分[29]：在被传讯时，只有不到一半的罪犯拥有全职工作，三分之二的罪犯年收入不到贫困线的一半；只有 13% 的人受过一些中学以上的教育（而全国有一半以上）；60% 的人不是和父母一起长大的，其中 14% 是在寄养家庭或孤儿院长大的，所有其他被拘留者都有家人被关进监狱。美国监狱的常客忍受着严重的物质不安全、文化匮乏和社会剥夺的折磨——只有 16% 的人结婚，而在全国范围内，这一比例为 58%。这些问题还包括无家可归者、精神病患者、酗酒和吸毒成瘾者以及严重残疾人等不成比例的人数：近四分之一的人患有身体、精神或情感疾病，且已严重到足以妨碍其工作能力。并且他们大多来自贫困和污名化的社区，这些社区因正规劳动力市场和城市核心福利国家的双重紧缩而遭受重创[30]。相反，很少有中产阶级和上层阶级的成员曾在"灰色栏杆酒店"（Graybar hotel，即监狱）逗留，尤其是犯下轻罪到中等罪的，而这些罪行占了监狱定罪的很大一部分（1997 年，法院对国家监狱的新委托中，11％是公共秩序犯罪，30％是毒品定罪，28％是财产犯罪）。玛莎·斯图尔特（Martha Stewart）和伯尼·马多夫（Bernie Madoff）只不过是引人注目的例外，他们突出了这个严格的阶级规则。

种族排在第二位。但是，美国监狱的种族转变却比人们普遍认为的更加戏剧化，也更加令人费解。首先，在过去的 40 年里，罪犯的种族结构已经完全颠覆，从第二次世界大战结束时的 70％的白人和 30％的"其他人"转变为 70％的非洲裔美国人和拉美裔人，而只有 30％的人是白人（20 世纪末）。20 世纪 70 年代中期后加速的这一倒置，却又发生了惊人的变化：既收缩又"变白"了。在因四项最严重的暴力罪行（谋杀、强奸、抢劫和严重殴打）而被警方逮捕的人中，非洲裔美国人的比例从 1973 年的 51％下降到 1996 年的 43％[31]，至少直到 2006 年，其在这四种罪行中每一种犯罪的比例都在稳步下降[32]。

其次，即使严重犯罪"白化"，监狱人口也仍在迅速"变黑"，这完全是由于下层阶级非洲裔美国人的监禁率天文数字般地增长。社会学家布鲁斯·韦斯滕（Bruce Western）在他的《美国的惩罚和不平等》（*Punishment and Inequality in America*）一书中，发表了一个惊人的统计数据：1979 年至 1999 年，没有高中文凭的非洲裔美国人男性的累积监禁风险增加了两倍，达到了令人吃惊的 59％，而对受过一些大学教育的非洲裔美国人而言，终身服刑的机会从 6％降至 5％[33]。

再次，在 2009 年夏天，围绕着哈佛大学明星教授亨利·路易斯·盖茨（Henry Louis Gates）被捕的媒体闹剧掩盖了这样一个事实，即在现在的刑罚制度下中产阶级和上流社会的美国人的经济境况能够比 30 年前更好。这与全国对黑人和白人二元性的痴迷有关，这种二元性混淆了这样一个事实，即每个种族类别内的阶级不相称性大于它们之间的种族不相称性：非洲裔美国人入狱的可能性是欧洲裔美国人的 8 倍（2000 年分别为 7.9％和 1.0％），但未完成中等教育的非洲裔美国男性终身监禁的概率是上大学的非洲裔美国男性的 12 倍（58.9％对 4.9％），而白人男性之间的阶级差距为 16：1（11.2％对 0.7％）[34]。20 年前，这些比例对非洲裔美国人和欧洲裔美国人来说都要低得多（分别为 3∶1 和 8∶1）。这一事实证实，种族内部的阶级对扩大监禁有很大的选择性。

如何实现这种双重嵌套选择？为什么表面上为了避免阶级和肤色偏见而制定的刑法会导致如此多的（次）无产阶级的美国黑人男子陷入困境，而不是其他的非洲裔美国人[35]？种族化监禁中的阶级梯度是以某一特定地点为目标获得的：贫民区的残余物。我在这里坚持使用"残余物"（remnants）这个词，是因为旧的犹太人聚居区已经统合在一起，如果是分层的，便不再是非洲裔美国人社区。福特主义时代的公共黑带，一群杰出的非洲裔美国社会学家——从 W. E. B. 杜波依斯、E. 富兰克林・弗拉齐托・德雷克（E. Franklin Frazierto Drake）和凯顿（Cayton），到肯尼思・克拉克（Kenneth Clark）——将之描述为福特主义时代的黑带（Black Belt）。（这一黑带）在 20 世纪 60 年代崩溃，取而代之的是一种双重的、中心化的隔离结构：这种隔离结构一方面是一个被种族和阶级双重隔离的堕落的超级贫民区；另一方面，是由于大批白人外流到郊区而空出的近郊地区如雨后春笋般生长的卫星状的非洲裔美国中产阶级地区[36]。

但要发现日益衰败的贫民区与蓬勃发展的监狱之间的紧密联系，需要一种影响两项分析行动的措施。第一项（分析行动），我们必须打破"犯罪和惩罚"范式的狭窄范围，这种模式持续束缚着学术和政策辩论，尽管它的不足越来越明显。一个简单的比例足以证明犯罪不是引起极度通货膨胀背后的原因：州和联邦监狱的犯人数量从 1975 年的每千名 21 人增加到 2005 年的每千名 125 人。换句话说，保持犯罪率不变表明，美国刑事州今天的惩罚力度比 30 年前高出六倍[37]。人们必须认识到，监狱不仅是政府的一个旨在遏制犯罪的技术工具，而且是一个致力于管理被剥夺财产和被剥夺荣誉的人口的核心国家能力，而不是对犯罪—惩罚之间关系的调查。回顾漫长的 16 世纪监狱的早期历史时，不难发现，刑罚奴役并不是为了打击犯罪，而是为了增加统治者的权威，以及抑制流浪汉、乞丐和各类因资本主义的出现而被抛弃的人的懒惰并强化他们的道德感[38]。监狱的崛起是早期现代国家建设的重要组成部分，以约束新生的城市无产者，并为了新兴公民的利益而树立主权。四个世纪后，在新自由资本主义的二元化大都市中，情况也是如此[39]。

第二项分析行动需要转变，以找出过度贫民区与过度监禁之间的因果关系：要认识到，贫民区不是一个隔离区、一个贫穷的社区，也不是一个因住房破旧、暴力、罪恶或声名狼藉而受损的城市地区，而是城市中种族控制的手段。对社会历史的另一次回归表明，贫民区是一种社会空间装置，一个占主导地位的民族通过它将一个从属群体隔离起来，并限制其生活机会，以便利用它并将其排除在主导群体的生活范围之外。就像欧洲文艺复兴时期的犹太人聚居区一样，福特主义时代的美国大都市黑人区结合了四个要素——污名、约束、空间限制和制度约束——允许对被认为天生低劣、被污名化和与奴役有着直接联系的污名化人口进行经济剥削和社会排斥。继奴隶制度和吉姆·克劳（Jim Crow，美国白人嘲笑与藐视美国黑人的代名词）之后，贫民区是第三个"特殊机构"，负责界定、限制和控制城市工业秩序中的非洲裔美国人[40]。

20世纪70年代中期以后的刑事扩张是对贫民区崩溃的政治回应。但是为什么贫民区会崩溃呢？三个因果系列共同削弱了20世纪20年代至60年代非洲裔美国人所处的"白人中的黑人城市"。第一个原因是新的移民使非洲裔美国人成为多余的工人，削弱了贫民区作为非熟练劳动力的储备库的作用。第二个原因是大规模白人移居到郊区引起的政治置换：从20世纪50年代到70年代，数以百万计的白人家庭逃离了大都市，以应对来自南方农村的非洲裔美国人的涌入。这种由联邦政府补贴和法院支持的人口剧变削弱了全国选举制度中的城市，进而削弱了非洲裔美国人的政治吸引力。贫民区作为民族集装箱崩溃背后的第三个原因是非洲裔美国人的抗议，这主要是由社会和象征资本与贫民区化相关的积累所推动，最终的结果是民权立法、黑人权力激进主义的萌芽，以及1964年至1968年震撼全国的城市骚乱的爆发。

与吉姆·克劳不同的是，贫民区没有被强有力的政府行动摧毁。由于工资劳动力市场和福利国家的联合撤离，在失业、贫困和犯罪的漩涡中的属于下层阶级的非洲裔美国人只能自食其力。而不断壮大的非洲裔美国中产阶级通过殖民历史上的黑带附近的地区，实现了有限的社会和空间隔离[41]。由于贫民区失去了提供劳动力的经济功能，并被证明无法确保种族隔离，监狱被要求帮助遏制被广泛认为是离经叛道、贫困和危险的污名人口。出现这种联系的原因，如前所述，是因为贫民区和监狱属于同一组织范畴，即强迫监禁的机构：贫民区是城市中的一种"民族监狱"，而监狱则以"司法贫民区"的形式运作。两者都被认为存在污名化，这或许能够化解其对将其排除在外的社会所带来的实质和/或象征性的威胁。

可以肯定的是，贫民区和监狱的结构同源性和功能替代性并不要求前者被后者取代或与后者相结合。为此，必须制定、实施和支持具体的政策选择。这种支持源自白人对 20 世纪 60 年代的城市骚乱和相关种族剧变的恐惧反应，以及面对 20 世纪 70 年代的滞胀以及随后沿着三条路径蔓延的社会不安全所产生的政治不满情绪。第一，中产阶级白人加速了他们逃离城市的速度，这使联邦政府得以拆除对救助市中心居民而言至关重要的项目。第二，工人阶级中的白人加入他们的中产阶级同胞，反对福利国家，要求削减公共援助，导致 1996 年"我们所知道的福利的终结"。第三，不同阶层的白人联合起来，为"法律和秩序"措施提供了强烈的政治支持，这些措施启动了"刑罚泵"，并将其置于超级贫民区。这三个政治推力的汇合点和战区是"复仇主义城市"[42]，在这种城市中，日益加剧的不平等、社会不稳定和日益恶化的边缘化加剧了公民对所谓的对贫困的非洲裔美国人过分慷慨的福利和宽大的刑事司法的怨恨。

贫民区和监狱编织的监禁网，诱骗被放松管制的劳动力市场和内部城市的公共机构失职的底层非洲裔美国人[43]。一方面，这个贫民区是具有"监禁性"的，因为它的阶级组成变得单调而贫困，其内部社会充满了不信任和恐惧，其原本的组织逐渐衰弱，取而代之的是国家的社会控制机构。另一方面，监狱被"贫民区化"，因为严格的种族隔离充斥着拘留设施；街头掠夺性文化取代了传统上组织"囚犯社会"[44]的"罪犯法典"。放弃恢复名誉有利于中立化；刑事定罪的耻辱被深化和扩散，使其类似于种族侮辱。由此产生的超级贫民区和监狱之间的共生关系不仅使非洲裔美国无产阶级的社会经济边缘性和象征性污点长期存在，还助长了失控的监禁系统的发展。它还在改造"种族"方面发挥着关键作用，将黑人民族性与暴力和危险联系在一起[45]，通过制造丑化罪犯的种族主义公共文化来重新定义公民，并建立后凯恩斯主义国家，用惩罚性手段代替给予穷人的社会福利。

然而，超级贫民区与监狱之间日益紧密的联系并没有反映出民权革命后美国刑罚制度疯狂发展的整个历程。在 1970 年代中期之后的监狱装置采取了更广泛的改革，使国家倾向于将贫困及其后果定性为犯罪，从而使不安全、低收入的工作成为后工业无产阶级非技术阶层的就业模式。刑罚国家的突然过度增长与社会状态的萎缩相配合和补充，最终达成了 1996 年关于个人责任和工作机会的法律，该法以"工作报酬"的义务取代了"福利"的权利。其涉及每一种生活方式、工作方式和囚犯待遇，不仅是因为贫民区作为社会空间隔离非洲裔美国人装置的手段面临挑战，而且是对福特主义工资契约和战后几十年凯恩斯主义社会妥协的否定。

同时，其把大都市的边缘人口集中在一个援助网络中，目的是进行道德培养和物质劝导，并解除对就业的管制。如果事实证明他们过于顽固不化，就把他们安置在"城市黑带"中满目疮痍的核心地带和已经成为其遥远而直接的卫星的监狱里。

工作福利革命和刑罚扩张是同一历史硬币的正反两面，是国家在建立一个新的政治体制的过程中重建和强化的两个方面，这种政体可能被称为自由主义者-家庭主义者：它在上层实行自由放任——对企业和特权阶层实行放任政策，但在处理社会投资削减和经济放松管制对下层阶级及其地区的结果时，则具有侵扰性和惩罚性。而且，正如种族污名在贫民窟和监狱的交汇处起着关键作用一样，"黑"的污点也是 20 世纪末社会福利的限制性和惩罚性改革的中心。随着 20 世纪 60 年代的贫民区叛乱，犯罪的黑暗形象的扩散加强了人们对罪犯的敌意，并加强了（白人）对狭隘的、旨在惩罚和中立的监狱政策的要求[46]。在同一时期，城市贫困和依赖的黑暗形象的传播也同样加强了人们对公共援助的日益高涨的怨恨，导致（白人）支持以威慑和强制为核心的限制性福利措施[47]。事实证明，种族是协调这两个公共政策部门对穷人的政策转变的象征性关键[48]。

与超级贫民区和监狱的联结一样，通过关注工作福利制度与监狱费用在结构、功能和文化上的相似之处，我们可以更好地理解第二种体制配对，即针对问题人群和社区的"人员处理机构"（people-pro-cessing organization）[49]。这两种国家行动方案都狭隘地指向阶级和种族等级的底层；这两种做法都有效地假定其接受者"在被证明无罪之前是有罪的"，他们的行为必须受到密切监督，并通过限制性和强制性措施加以纠正；两者都使用威慑和污名来达到行为上的改变。

在资本高度流动、工资与工作间关系弱化的时代，对工人阶级中不稳定阶层的监控，不再像弗朗西斯·福克斯·皮文（Frances Fox Piven）和理查德·克洛尔德（Richard Cloward）于 1971 年关于穷人的经典研究中所描述的那样，仅由福利国家的母系社会部门（maternal social arm）来处理[50]。它需要通过工作福利制与监狱部门共同行动来进行双重管制。

　　阶级和种族结构中的社会、刑事政策的这种动态联系是通过性别分工来实现的：公共援助局，重新转变为一个行政跳板，以援助贫困人口就业，承担起为贫困妇女找工作的义务，承担起向贫困妇女（并间接地向其子女）灌输为工作而工作的职责，而警察、法院、监狱和缓刑或假释官组成的刑事系统则肩负着驯服这些贫困妇女的男人——这些贫困妇女的男朋友或丈夫、兄弟和儿子的任务。福利供给和刑事司法遵循同样强调"客户端""个人责任"的惩罚性和愉快的家长主义哲学；它们都依赖于案件监督和官僚监督、威慑和污名化，以及旨在修正行为以强制遵行工作和礼貌的分级制裁；它们达到的公众规模大致相当。2001 年，有 210 万户家庭获得了对贫困家庭的临时援助，受益者总数约为 600 万人，而监禁人口高达 210 万，刑事司法监督下的存量超过 650 万。

　　此外，福利接受者和罪犯有着几乎相同的社会状况以及广泛的血缘关系和联盟关系，证实他们是同一群体中的两个构成部分。这两类人的生活水平都低于联邦贫困线的 50%（分别占联邦贫困线的一半和三分之二）；他们都是不均衡的非洲裔和西班牙裔美国人（37% 和 18% 与 41% 和 19%）；大多数人未完成高中学业；许多人患有严重的身体和精神残疾，限制了他们的劳动力参与（44% 的接受抚养未成年儿童家庭援助的母亲与 37% 的罪犯）。他们之间有着密切的亲属关系、婚姻关系和社会联系，绝大多数居住在同一贫困家庭和贫困地区，在阶级和种族结构的底层面临着同样凄苦的生活水平。这种相互交织表明，我们不能寄希望于解开阶级、种族和监禁的结，从而解释超员监禁，我们必须把国家的社会派别及其转变纳入我们的分析和政策范围。

　　复仇主义作为对被剥夺财产者的公共政策，把国家推入历史的死胡同，作为超级贫民区和超员监禁的双重联结，一方面是工作福利制和监禁费用的双重结合，另一方面是对社会和国家的双重破坏。对社会而言，刑事扩张的螺旋式升级已得以自我增强，且不容反驳：其后工业无产阶级的罢工运动被粉碎，其成员的生活选择被压缩，内城地区进一步遭到蹂躏，从而再现了社会混乱、物质不安全和本应减轻的象征性污名。其结果是，尽管 15 年来总的犯罪率急剧下降，但监狱中的人口仍在继续增长，产生了一种矛盾的监禁悬浮模式。对国家来说，对贫困的惩罚在财政上被证明是毁灭性的，因为它要与维持基本公共服务（如学校教育、卫生、交通和社会保护）所需的资金和工作人员竞争[51]。此外，推动刑事司法的惩罚性和全景逻辑的渗透削弱了福利部门的屏蔽能力，例如，通过夸大儿童保护服务，使其成为刑罚机构的附属机构[52]。同样，它也削弱了教育的跳板，由于大量失业和刑事破坏，提供服务的城内学校日渐减少，（所以要）通过犯罪控制的棱镜来优先考虑和管理学生纪律问题[53]。最后，法律和秩序的木偶戏转移了当选官员的注意力，并削弱了负责处理问题人口和城市二元化地区（问题）的官僚管理者的精力。

如果这里勾勒出的美国刑罚国家崛起的结论是正确的，那么沿着阶级、种族和空间的陡峭梯度上所进行的超员监禁，而不是大规模监禁，是一个新的社会不安全政府的衍生物，它的成立是为了吸收贫民区崩溃所带来的冲击，并使不稳定的雇佣劳动正常化。那么，旨在缩小监禁国家（规模）的政策必须有效地扭转复仇主义，其必须远远超出刑事司法改革的范围以完成决定了穷人的生活机会的政府项目。在20世纪70年代中期之后，这些项目同时转向管制和处罚，在阶级和种族秩序的底层增加了边缘性的发生率、强度和持续时间[54]。

过去十年来，学界在刑罚方面提出了各种有力的建议[55]。这些建议包括更新中间制裁、转移低级别毒品罪犯、废除强制判刑和普遍缩短刑期、改革撤销假释、将财政和社会影响纳入司法程序以及促进恢复性司法。无论选择什么手段，要实现持续的监禁缩减，都要求隔离司法和惩教专业人员，使他们免受来自媒体和政客的压力，并通过公共宣传活动来恢复正常生活，揭穿新保守主义的神话，即当涉及改造罪犯时，"什么都不起作用"[56]。

美国迫切需要进行深入和广泛的司法改革，以减少天文数字的财政成本、扭曲的社会和行政负担以及持续超员监禁所产生的涟漪犯罪效应的影响。但是，全面缩小监狱规模和覆盖范围的一般措施，很可能并不能触及监禁增长的萌芽中心——种族、阶级和刑罚汇聚的城市荒地——除非这些措施与对日益衰败的贫民区中的工人退化和社会荒凉的攻击相结合。要做到这一点，在减小刑罚部门的规模的同时，必须重建国家的经济和社会能力，并通过它们在大都市遭受破坏的地区及其周围积极部署。必须通过大量对学校、社会服务、医疗保健的投资，纠正市中心公共机构的程序疏漏。公共工程进度管理——公共工程计划风格瞄准"黑带"在历史上的残余部分，将立即帮助重建其破旧的基础设施，并为当地居民提供经济支持和公民融合[57]。

总之，对超员监禁的判断表明了，刺穿美国臃肿而贪婪的刑罚州，将需要通过经济、社会和司法领域的进步和包罗万象的政府计划，对消除社会不平等和种族边缘化做出充分的政治承诺。它还需要一个有针对性的政策来打破现在在种族化城市核心中具有约束力的超级贫民区、限制性工作福利制和扩张性监禁的有害关系。

注释

[1] Michael B. Katz. The "Underclass" Debate：Views from History. Princeton，N. J.：Princeton University Press，1995；Alice O'Connor. Poverty Knowledge：Social Science，Social Policy，and the Poor in Twentieth-Century U. S. History. Princeton，N. J.：Princeton University Press，2002.

[2] 尼尔·史密斯（Neil Smith）认为，复仇主义是一种对 1960 年代自由主义的声讨和对战后新秩序中的社会政治制度进行攻击过程中产生的本能反应，其有多种形式（Neil Smith. The New Urban Frontier：Gentrification and the Revanchist City. New York：Routledge，1996：42）。另见迈克尔·弗拉姆（Michael Flamm）关于种族骚乱、反战抗议、国内骚乱和街头犯罪如何在 20 世纪 70 年代阶级和种族混乱之后为"法律和秩序"的政治诉求奠定社会基础的叙述（Michael W. Flamm. Law and Order：Street Crime，Civil Unrest，and the Crisis of Liberalism in the 1960s. New York：Columbia University Press，2005）。

[3] Loïc Wacquant. Deadly Symbiosis：Race and the Rise of the Penal State. Cambridge：Polity Press，2010.

[4] Loïc Wacquant. Punishing the Poor：The Neoliberal Government of Social Insecurity. Durham，N. C.：Duke University Press，2009.

[5] Glenn C. Loury. Racial Stigma, Mass Incarceration，and American Values. Tanner Lectures on Human Values，Stanford University，April 4-6，2007. 与之相反的观点，参见 Glenn C. Loury，

with Pamela Karlan，Tommie Shelby，and Loïc Wacquant. Race，In-carceration，and American Values. Cambridge，Mass.：MIT Press，2008。

［6］同［4］.

［7］Frieder Dünkel and Sonja Snacken. Les Prisons en Europe. Paris：L'Harmattan，2005.

［8］同［4］262-263，121-125. 关于朱利亚尼恶意主导的"阶级清理"（class cleansing）运动及其种族歧视的弦外之音，请参见 Neil Smith. Giuliani Time：The Revanchist 1990s. Social Text，57（Win-ter 1998）：1-20。

［9］美国监狱的规模之大，使监狱中的犯人自成一个阶级。2000年，西方世界最大的三所监狱是洛杉矶（23 000 名罪犯）、纽约（18 000 名罪犯）和芝加哥（10 000 名罪犯）的监狱。相比之下，欧洲最大的监狱中心，位于巴黎南部的弗勒里-梅罗里斯监狱（Fleury-Merogis prison），关押了 3 900 人，按欧洲标准被认为规模过大。

［10］上一个关于大城市监狱日常运作及其对城市贫民影响的研究是约翰·欧文（John Irwin）关于旧金山监狱的优良人种论的研究，可追溯到 30 年前，参见 John Irwin. The Jail：Managing the Underclass in American Society. Berkeley：University of California Press，1985。

［11］Joan Petersilia. When Prisoners Come Home：Parole and Prisoner Reentry. New York：Oxford University Press，2003.

［12］仅在过去五年里，来自犯罪现场的国家 DNA 数据库、"警察所知"的人以及联邦调查局［根据综合 DNA 索引系统（Combined DNA Index System，CODIS）计划］汇编的（前）罪犯就增加了一倍多，达到 800 万人。在技术创新和组织需求的推动下，犯罪人数的爆炸性扩张正涌现出一种新的"种族化拖网"，主要是针对低阶层的美国黑人男性，其在被警察拦下的人中所占比例过高，参见 Troy Duster. The Exponential Growth of National and State DNA Databases："Cold Hits" and a Newly Combustible Intersection of Genomics，Forensics and Race. paper presented to the CSSI，University of California，Berkeley，February 24，2010。

［13］Devah Pager. Marked：Race，Crime，and Finding Work in an Era of Mass Incarceration. Chicago：University of Chicago Press，

2007；David Thacher. The Rise of Criminal Background Screening in Rental Housing. Law & Social Inquiry，2008，31（1）：5－30；Richard Tewksbury and Matthew B. Lees. Sex Offenders on Campus：University-Based Sex Offender Registries and the Collateral Consequences of Registration. Federal Probation，2006，70（3）：50－57. 关于出狱人员境况的拓展研究，参见 Megan L. Comfort. Punishment Beyond the Legal Offender. Annual Review of Law and Social Science，2007（3）：271－296。

[14] Kathleen M. Olivares，Velmer S. Burton，Jr.，and Francis T. Cullen. Collateral Consequences of a Felony Conviction：A National Study of State Legal Codes Ten Year Later. Federal Probation，1996，60（3）：10－17.

[15] Franklin E. Zimring and Gordon Hawkins. The Scale of Imprisonment. Chicago：University of Chicago Press，1991；Michael Tonry. Fragmentation of Sentencing and Corrections in America. Alternatives to Incarceration，6（2）：9－13.

[16] Vanessa Barker. The Politics of Imprisonment：How the Democratic Process Shapes the Way America Punishes Offenders. New York：Oxford University Press，2009.

[17] David F. Greenberg and Valerie West. State Prison Populations and Their Growth，1971—1991. Criminology，2001，39（1）：615－654；David Jacobs and Jason T. Carmichael. Politics of Punishment across Time and Space：A Pooled Time-Series Analysis of Imprisonment Rates. Social Forces，2001，80（1）：61－89；Kevin B. Smith. The Politics of Punishment：Evaluating Political Explanations of Incarceration Rates. The Journal of Politics，2004，66（3）：925－938.

[18] Franklin E. Zimring and David T. Johnson. Public Opinion and the Governance of Punishment in Democratic Political Systems. The Annals of the American Academy of Political and Social Science，2006（605）：265－280.

[19] Nancy E. Marion and Willard M. Oliver. Congress，Crime，and Budgetary Responsiveness：A Study in Symbolic Politics. Criminal Justice Policy Review，2009，20（2）：115－135.

[20] Lisa L. Miller. The Perils of Federalism：Race，Poverty，and the Politics of Crime Control. New York：Oxford University Press，2008.

[21] 这场打击犯罪的战争把 20 世纪 60 年代城市骚乱中燃烧的城市与（威利）霍顿的面孔混为一谈，使之成为（每一个）黑人、杀人犯、白人妇女的强奸犯。这场战争重新塑造了政党关系，并改造了政党本身，因为这场战争得到了共和党及民主党人的热烈拥护和大力推动，参见 Mary Louise Frampton，Ian Haney-López，and Jonathan Simon. After the War on Crime：Race，Democracy，and a New Reconstruction. New York：New York University Press，2008：7。

[22] Joel Dyer. The Perpetual Prisoner Machine：How America Profits from Crime. New York：Basic Books，1999；Paul Wright and Tara Herivel. Prison Nation：The Warehousing of America's Poor. New York：Routledge，2003；Michael Jacobson. Downsizing Prisons：How to Reduce Crime and End Mass Incarceration. New York：New York University Press，2005；Marie Gottschalk，The Prison and the Gallows：The Politics of Mass Incarceration in America. Cambridge：Cambridge University Press，2006；Todd R. Clear. Imprisoning Communities：How Mass Incarceration Makes Disadvantaged Neighborhoods Worse. New York：Oxford University Press，2007.

[23] David Garland. Mass Imprisonment：Social Causes and Consequences. London：Sage，2001. 具有讽刺意味的是，这一广义概念不是在关于美国监狱的研究中提出的，而是由法国的法官兼学者简-保罗·简在一次讨论法国监狱中"大规模监禁吸毒者"问题时提出的，参见 Jean-Paul Jean. Mettrefin? l'incarceration de masse des toxicomanes. Esprit，1995 (10)：130-131（1997 年至 2005 年，我在几本出版物中也使用了这个词，因此，对这一概念的修订在一定程度上也是一种自我批判）。

[24] Diane E. Bennett et al. Prevalence of Tuberculosis Infection in the United States Population：The National Health and Nutrition Examination Survey，1999—2000. American Journal of Respiratory and Critical Care Medicine，2008 (177)：348-355；Bridget F. Grant et al. The 12-month Prevalence and Trends in DSM-IV Alcohol Abuse

and Dependence：United States，1991—1992 and 2001—2002，Alcohol Research & Health，2004，74 (3)：223-234.

[25] 可以肯定的是，大卫·加兰 (David Garland) 列举了两个界定大规模监禁的本质特征："惊人的数量"（sheer numbers，即"监禁率和监狱人数明显高于这类社会的历史和比较标准"）和"大规模监禁的社会集中效应"（the social concentration of mass imprisonment's effects，"当全部人口都成为监禁对象时"，在这种情况下，"年轻的黑人男性也是在'大城市中心'的"），参见 David Garland，Mass Imprisonment：Social Causes and Consequences. London：Sage，2001：5-6。伯纳德·哈科特 (Bernard Harcourt) 指出，1938 年至 1962 年，如果将关于刑事监禁和精神庇护的统计数据合并起来，美国每 100 000 名居民中就有 600 人被强行拘留，参见 Bernard Harcourt. From the Asylum to the Prison：Rethinking the Incarceration Revolution. Texas Law Review，2006 (84)：1751—1786。对大众的定性是为了适应 20 世纪末美国监禁趋势的特点而精心设计出来的（正如加兰所观察到的那样，"用一个新的名称来描述一种全新的现象"）。

[26] "打击犯罪战争"的军事手段同样阻碍了对刑事政策转变和运作的分析。这些卷入战争的人，无论是主张扩大监禁还是批评扩大监禁都陷入了三重误区：它通过针对公民的民事措施，对外国敌人采取军事行动；它的目的是打击"犯罪"，一般是针对一小部分违法行为（在城市中被隔离的低阶层地区的街头犯罪）；它代表刑事司法的正义之翼，使限制社会福利和扩大监狱规模变得很有必要。

[27] Pieter Spierenburg. The Prison Experience：Disciplinary Institutions and Their Inmates in Early Modern Europe. New Brunswick，N. J.：Rutgers University Press，1991.

[28] David Rothman. The Discovery of the Asylum：Social Order and Disorder in the New Republic. New York：Aldine，1971；Scott Christianson. With Liberty for Some：Five Hundred Years of Imprisonment in America. Boston：Northeastern University Press，1998. 这一阶级规则的唯一例外是监狱被广泛使用的时期和国家作为政治镇压的工具，参见 Aryeh Neier. Confining Dissent：The Political Prison. in The Oxford History of Prison：The Practice of Punishment in Western Society，ed. Norval Morris and David Rothman. New

York：Oxford University Press，1995：350-380。

[29] 同 [4].

[30] William Julius Wilson. When Work Disappears：The World of the New Urban Poor. New York：Knopf，1996；Loïc Wacquant. Urban Outcasts：A Comparative Sociology of Advanced Marginality. Cambridge：Polity Press，2008.

[31] Michael Tonry. Malign Neglect：Race，Class，and Punishment in America. New York：Oxford University Press，1995：17.

[32] Michael Tonry and Matthew Melewski. The Malign Effects of Drug and Crime Control Policies on Black Americans. Crime & Justice，2008（37）：18.

[33] Bruce Western. Punishment and Inequality in America. New York：Russell Sage Foundation，2006：27.

[34] 同 [33] 17，27.

[35] 在过去 20 年中，非洲裔美国女性被监禁人数增长最快，这导致被囚禁的非洲裔美国女性数量超过了整个西欧被囚禁的女性总数。但她们的被捕在很大程度上是针对其爱人、亲戚和邻居的积极的刑事政策的副产品（男性占全国所有罪犯的 94%）。无论如何，在女囚犯中有一个被判处"二级监禁"的男友或爱人的人数是占据压倒性数量的，参见 Megan Comfort. Doing Time Together：Love and Family in the Shadow of the Prison. Chicago：University of Chicago Press，2008。

[36] Loïc Wacquant. Urban Outcasts：A Comparative Sociology of Advanced Marginality. Cambridge：Polity Press，2008：117-118.

[37] "暴力犯罪"的增幅为 299%，而"指数犯罪"（暴力犯罪和主要财产犯罪的总和）的增幅为 495%，这表明刑罚州对较轻犯罪的处罚特别严重，因此小型犯罪的罪犯数量大幅增长.

[38] Georg Rusche and Otto Kirscheimer. Punishment and Social Structure. New Brunswick，N. J.：Transaction Press，2003；Catharina Lis and Hugo Soly. Poverty and Capitalism in Pre-Industrial Europe. Atlantic Highlands，N. J.：Humanities Press，1979；Pieter Spierenburg，The Prison Experience：Disciplinary Institution and Their Inmates in Early Modern Europe. New Brunswick，N. J. Rutgers University Press，1991.

［39］Loïc Wacquant. Crafting the Neoliberal State：Workfare，Prisonfare and Social Insecurity. Sociological Forum，2010，25（2）：197-220.

［40］Loïc Wacquant. Deadly Symbiosis：When Ghetto and Prison Meet and Mesh. Punishment & Society，2001，3（1）：95-133.

［41］William Julius Wilson. When Work Disappears：The World of the New Urban Poor. New York：Knopf，1996；Mary Patillo-McCoy. Black Picket Fences：Privilege and Perilamong the Black Middle Class. Chicago：University of Chicago Press，1999.

［42］Neil Smith. The New Urban Frontier：Gentrification and the Revanchist City. New York：Routledge，1996.

［43］同［40］.

［44］Gresham Sykes. The Society of Captives：A Study in a Maximum Security Prison. Princeton，N. J.：Princeton University Press，1958.

［45］Loïc Wacquant. Race as Civic Felony. International Social Science Journal，2005（181）：127-142.

［46］John Irwin. Prisons in Turmoil. Boston：Beacon Press，1980.

［47］Martin Gilens. Why Americans Hate Welfare. Chicago：University of Chicago Press，1999；Sanford F. Schram，Joe Soss，and Richard C. Fording. Race and the Politics of Welfare Reform. Ann Arbor：University of Michigan Press，2003.

［48］在导致 1996 年福利终止的媒体和政策辩论中，提出了三个种族化的人物化身：浮夸而狡猾的"福利女王"、不成熟和不负责任的"青少年的母亲"和无目标、失业的"游手好闲的父亲"。这三种形象成为对破旧内城中的非洲裔美国居民的刻板印象。

［49］Yeheskel Hasenfeld. People Processing Organizations：An Exchange Approach. American Sociological Review，1972，37（3）：256-263.

［50］Frances Fox Piven and Richard A. Cloward，Regulating the Poor：The Functions of Public Welfare. expanded edition. New York：Vintage，1993；first published in 1971.

［51］加州当前的困境很好地证明了这一点——加州雇用的监狱看

守人数比社会工作者还多：2009 年，加州削减了高等教育预算，增加了 30％的大学学费，以应对 200 亿美元的赤字，当时加州花费了 100 亿美元用于监狱系统（超过了连续 15 年用于大学的年度支出）。这个州现在面临着一个严峻的选择，要么把孩子送上大学，要么继续把大量的未成年罪犯送进监狱，进行残酷的长期监禁。

[52] Dorothy E. Roberts. Criminal Justice and Black Families: The Collateral Damage of Overenforcement. U. C. Davis Law Review, 2000 (34): 1005-1028.

[53] Paul J. Hirschfield. Preparing for Prison? The Criminalization of School Discipline in the USA. Theoretical Criminology, 2008, 12 (1): 79-101.

[54] 同 [36] 69-91, 280-287.

[55] Michael Tonry, ed., Penal Reform in Overcrowded Times. New York: Oxford University Press, 2001; Dorothy E. Roberts. The Social and Moral Cost of Mass Incarceration in African American Communities. Stanford Law Review, 2004, 56 (5): 1271 - 1305; Michael Jacobson, Downsizing Prisons: How to Reduce Crime and End Mass Incarceration. New York: New York University Press, 2005; Marie Gottschalk. Dismantling the Carceral State: The Future of Penal Policy Reform. Texas Law Review, 2005 (84): 1693-1750; Marc Mauer and the Sentencing Project, Race to Incarcerate. New York: Free Press, 2006; James Austin and Todd R. Clear. Reducing Mass Incarceration: Implications of the Iron Law of Prison Populations. Harvard Law & Policy Review, 2007 (3): 307-324.

[56] 与主流的公众观点相反，研究始终表明帮助出狱人员重新融入社会优于对曾经犯罪者的报复。监督和制裁充其量只能在大部分情况下减少再犯罪率，而且在某些情况下会产生相反的效果，增加再犯罪率。相比之下，在对帮助出狱人员重新融入社会的研究中发现的平均再犯罪率的变化一直是积极的，参见：Mark W. Lipsey and Francis T. Cullen. The Effectiveness of Correctional Rehabilitation: A Review of Systematic Reviews. Annual Review of Law and Social Science, 2007 (3): 297 - 320; Shadd Maruna. Making Good: How Ex-Convicts Reform and Rebuild Their Lives. Washington, D. C. : American

Psychological Association, 2001; John Irwin. Lifers: Seeking Redemption in Prison. New York: Routledge, 2009。

[57] Mary Pattillo. Investing in Poor Black Neighborhoods "As Is". in Margery Turner, Susan Popkin, and Lynette Rawlings. Legacy of Racial Discrimination and Segregation in Public Housing. Washington, D. C. : Urban Institute, 2008: 31-46.

图书在版编目（CIP）数据

当代资本主义社会阶级关系新论/吕梁山主编. --
北京：中国人民大学出版社，2021.12
（当代国外马克思主义前沿问题研究丛书/江洋总
主编）
ISBN 978-7-300-30053-5

Ⅰ.①当… Ⅱ.①吕… Ⅲ.①资本主义-阶级分析-
研究 Ⅳ.①D091.5

中国版本图书馆 CIP 数据核字（2021）第 259621 号

国家出版基金项目
当代国外马克思主义前沿问题研究丛书
总主编　江　洋
当代资本主义社会阶级关系新论
吕梁山　主编
Dangdai Zibenzhuyi Shehui Jieji Guanxi Xinlun

出版发行	中国人民大学出版社			
社　　址	北京中关村大街 31 号		**邮政编码**	100080
电　　话	010-62511242（总编室）		010-62511770（质管部）	
	010-82501766（邮购部）		010-62514148（门市部）	
	010-62515195（发行公司）		010-62515275（盗版举报）	
网　　址	http://www.crup.com.cn			
经　　销	新华书店			
印　　刷	北京联兴盛业印刷股份有限公司			
规　　格	160 mm×235 mm　16 开本		**版　次**	2021 年 12 月第 1 版
印　　张	20.25 插页 3		**印　次**	2021 年 12 月第 1 次印刷
字　　数	311 000		**定　价**	89.00 元